数据驱动的铁路集装箱空箱调配优化理论与方法

黎浩东　徐建光　著

中国铁道出版社有限公司

2024年·北京

内 容 简 介

本书系统梳理了数据驱动下铁路集装箱空箱调配优化理论与方法。全书共7章,包括铁路集装箱运输及空箱调配态势、铁路集装箱空箱供需预测与平衡调整、基于数据驱动的铁路集装箱运输时间预测研究、铁路集装箱空箱调配基础模型与方法、数据驱动的铁路集装箱空箱调配方法,以及铁路集装箱空箱调配分布式鲁棒优化方法。

本书可供从事轨道交通运力资源调配与运用方面的技术人员及科研人员工作、学习使用。

图书在版编目(CIP)数据

数据驱动的铁路集装箱空箱调配优化理论与方法 / 黎浩东, 徐建光著. -- 北京 : 中国铁道出版社有限公司, 2024. 12. -- ISBN 978-7-113-31615-0

Ⅰ. U294.3

中国国家版本馆 CIP 数据核字第 20242W3F92 号

书　　名: **数据驱动的铁路集装箱空箱调配优化理论与方法**
作　　者: 黎浩东　徐建光

责任编辑: 悦　彩　王佳琪　　**编辑部电话:** (010)51873206　　**电子邮箱:** sxyuecai@163.com
封面设计: 高博越
责任校对: 苗　丹
责任印制: 樊启鹏

出版发行: 中国铁道出版社有限公司(100054,北京市西城区右安门西街8号)
网　　址: https://www.tdpress.com
印　　刷: 北京盛通印刷股份有限公司
版　　次: 2024年12月第1版　2024年12月第1次印刷
开　　本: 787 mm×1 092 mm 1/16　**印张:** 9.5　**字数:** 223千
书　　号: ISBN 978-7-113-31615-0
定　　价: 58.00元

前　言

集装箱运输具有运输效率高、安全环保等特点，在海铁联运、国际联运和现代物流中发挥着十分重要的作用。随着我国交通运输行业的快速发展和运输结构调整的不断深化，铁路大力推进集装箱货物运输，中国国家铁路集团有限公司（以下简称国铁集团）积极加强铁路集装箱运输基础设施建设，大力发展铁路集装箱运输，推进发展集约高效的货运物流体系，推动铁路与现代物流融合发展。得益于政策的推动和市场的发展，我国铁路集装箱运输实现了快速发展，发送标箱量不断提升。为支撑铁路集装箱运量的提升，集装箱保有量快速增加，集装箱运用效率的提升，特别是空箱调配质量的提升，受到了越来越多的关注。本书以此为背景，依托国铁集团科技研发计划课题"铁路集装箱空箱调配优化方案研究"、国家重点研发计划"高速铁路成网条件下铁路综合效能与服务水平提升技术"项目"铁路客货运效益与服务水平提升技术（编号：2018YFB1201402）"课题，运用铁路信息化发展累积的大规模集装箱运用数据，开展数据驱动下铁路集装箱空箱调配优化理论与方法的研究。

全书分为7章。第1章概述我国铁路集装箱空箱调配流程，综述集装箱空箱调配理论与方法；第2章分析我国铁路集装箱运输及空箱调配总体态势，选择保有量最大的20英尺通用标准箱与20英尺35 t敞顶箱为对象，详细说明集装箱空箱供需特征；第3章运用机器学习方法，结合既有空箱测算方法，研究提出集装箱空箱供需预测与平衡调整方法，实现对不同类型、不同级别集装箱办理站空箱供需的精准测算；第4章运用集装箱轨迹数据，研究形成集装箱运输时间预测技术，即实现不同办理站在未来不同时间周期内重空箱到达量的预测，辅助集装箱空箱供需的测算；第5～7章从不同角度介绍铁路集装箱空箱调配方法，包括空箱调配基础模型与方法、数据驱动的铁路集装箱空箱调配方法、分布式鲁棒优化方法等，解决确定与不确定条件下大规模路网空箱调配方案的优化编制问题。

本书由北京交通大学黎浩东、国铁集团运输调度指挥中心徐建光著。在撰写过程中，国铁集团运输调度指挥中心张凯、阮海涛、李文文、李崇，国铁集团运输部申宏楠、王道奇为本书提供了参考资料与撰写建议，北京交通大学研究生蔡民义、卢水生、丁洪轩、史锦堂、李韦良、王德将、于沫汉、陈楚阳、吴妍洁为本书的文稿编辑、图表编排付出了辛勤的劳动,在此向他们表示衷心感谢。本书参考了许多专家的研究成果,在此一并表示感谢。

由于时间仓促,作者水平有限,内容难免有所疏漏,欢迎各位专家与同行批评指正。

作　者

2024 年 6 月

目　录

第1章 概　　述

集装箱运输作为现代物流的主要形式，具有便于开展多式联运、降低运输成本、改善运输服务、减少倒装环节和货损、快速换装换运等多种优点。作为低碳环保、运载量大的一种货物运输方式，铁路集装箱运输在创建可持续性的环境、经济、生活方式等方面起着重要作用，如通过集装箱运输一些散装货物（如煤炭、金属矿石、谷物等），可有效控制粉尘污染。近年来，得益于政策的推动和市场的发展，中国铁路集装箱运输实现了快速发展，其发送标箱量不断提升。2023 年，国铁集团集装箱日均装车完成 4.55 万车，同比增加 2 258 车。集装箱运量完成 3 324 万标准箱、7.32 亿 t，集装箱装车量占货运总装车量的 25.5%，集装箱运输已成为推动铁路货运量增长的主要动力来源。

中国铁路现在拥有超过 100 万只的各箱种集装箱，包括 20 英尺 35 t 敞顶箱、20 英尺通用标准箱、20 英尺 35 t 通用箱、40 英尺通用标准箱、40 英尺 35 t 通用箱等，且铁路集装箱保有量还在快速增加。根据《"十四五"现代物流发展规划》《推进铁水联运高质量发展行动方案（2023—2025 年）》，我国铁路集装箱运输比重和集装箱铁水联运比重将大幅上升，未来我国铁路集装箱运输行业将迎来更大发展空间和挑战。虽然近年来我国铁路集装箱运输以较高速度持续发展，但集装箱运输占比仍然较少。此外，2023 年全国集装箱铁水联运量为 875 万标准箱，铁水联运在全国港口集装箱吞吐量的占比仅为3.29%，铁路集装箱运输具有较大发展空间。

我国幅员辽阔，地区间经济条件、贸易往来分布差异大，集装箱箱流在空间、时间上表现出明显的不平衡状态，如图 1-1 至图 1-3 所示的南宁局集团公司防城港站在 2022 年 5 月至 7 月各旬关于 20 英尺 35 t 敞顶箱发出、到达的重箱箱流，图中 OD（origin and destination）线条宽度与箱数成比例。因此，在保证车站兼顾发出重箱（发重）需求和到达重箱（到重）接车需求的前提下，需进行空箱调配，以避免车站集装箱紧缺或积压。

目前铁路施行的国铁集团与铁路局集团公司两层级空箱调配管理模式，受调度人员自身经验、工作能力差异的影响，人工方式编制的空箱调配方案精细化程度不足，空箱周转运用效率较低。如根据 2022 年 7 月 1 日至 5 日到卸空箱数据测算，五日内全路 20 英尺 35 t 敞顶箱、20 英尺通用标准箱、40 英尺通用标准箱的平均空驶距离分别为 515.7 km、737.4 km、695.1 km。同期中国铁路信息化建设快速推进，在该发展过程中积累了海量的集装箱运用数据，空驶率有压缩空间，其蕴含着多样化的集装箱货运业务信息，为运用新的优化技术、方法研究铁路空箱调配问题提供了数据支持。在我国铁路物流化转型发展的背景下，需结合信息系统既有数据对大规模路网的空箱精准调配问题展开研究，以期提高空箱利用率，降低空驶距离，支撑集装箱运用效率的提升。

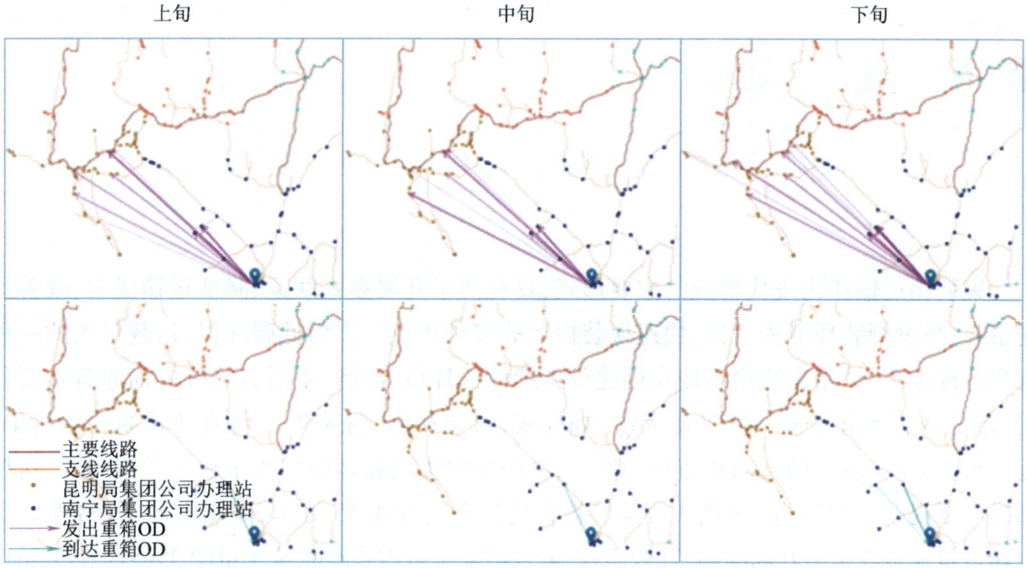

图 1-1　防城港站 2022 年 5 月各旬发出、到达重箱箱流

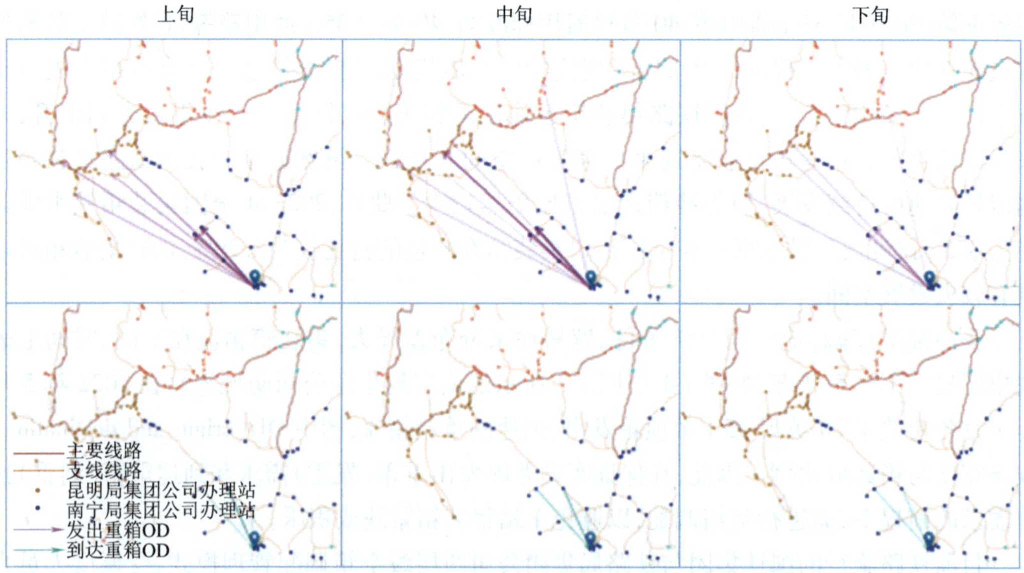

图 1-2　防城港站 2022 年 6 月各旬发出、到达重箱箱流

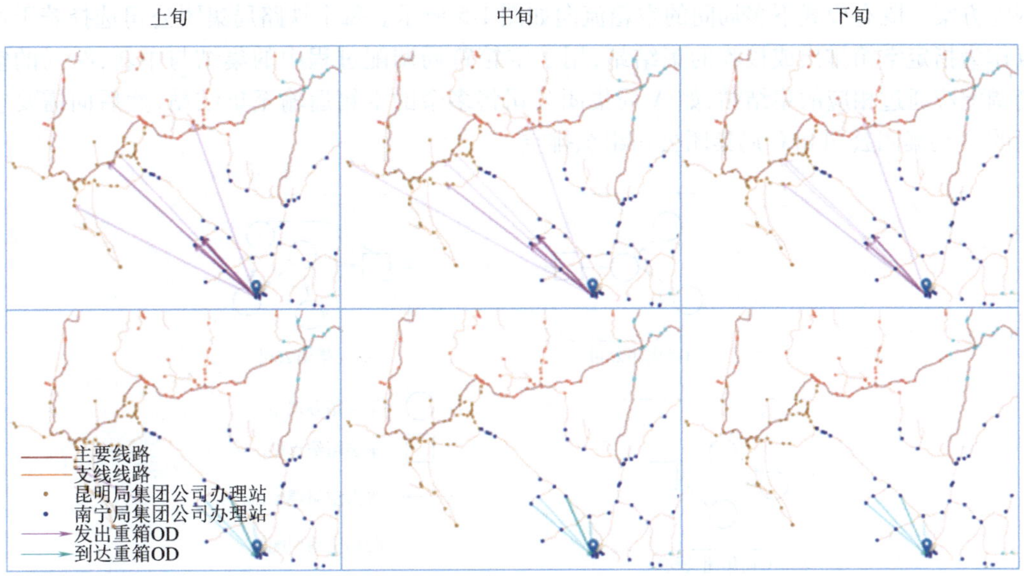

图 1-3　防城港站 2022 年 7 月各旬发出、到达重箱箱流

1.1　集装箱空箱调配流程

目前我国铁路集装箱空箱调配采用两级管理模式,如图 1-4 所示(箭头表示集装箱空箱去向)。其中,第一层级为铁路局集团公司之间的空箱调配,由国铁集团运输调度指挥中心集装箱调度完成。国铁集团基于各铁路局集团公司空箱保有量统计、提报的空箱需求,制订铁路局集团公司之间的空箱调配方案,力求实现区域之间集装箱供需平衡。第二层级为铁路局集团公司内部的空箱调配,由铁路局集团公司集装箱调度负责。基于各集装箱办理站的空箱保有量、提报的空箱需求等信息,在完成国铁集团运输调度指挥中心要求任务的基础上,制订局管范围内的空箱调配方案。

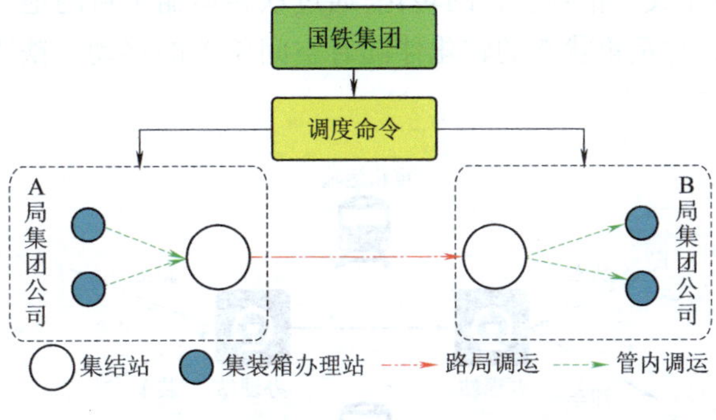

图 1-4　既有集装箱空箱调配流程

在该模式下,集装箱空箱调配通过执行调度命令来完成。每个铁路局集团公司会选定部分站点作为集结站,集装箱排空局基于国铁集团运输调度指挥中心发布的调度命令,通过集结站会集空箱,然后向空箱需求局的集结站排空。通过国铁集团运输调度指挥中心与铁路局集团公司调度所两层级的协调配合,可以较好地通过人工编制满足实际需求的空箱

调配方案。既有模式下多局间的空箱流向如图 1-5 所示。每个铁路局集团公司选择若干站点作为指定空箱排出或接收的集结站,用于空箱跨局调配过程中的集结与中转,跨局的空箱调配应通过相应的集结站,如 A 局集团公司将多余的空箱运输至集结站,然后向需要空箱的 B 局集团公司和 C 局集团公司组织排空。

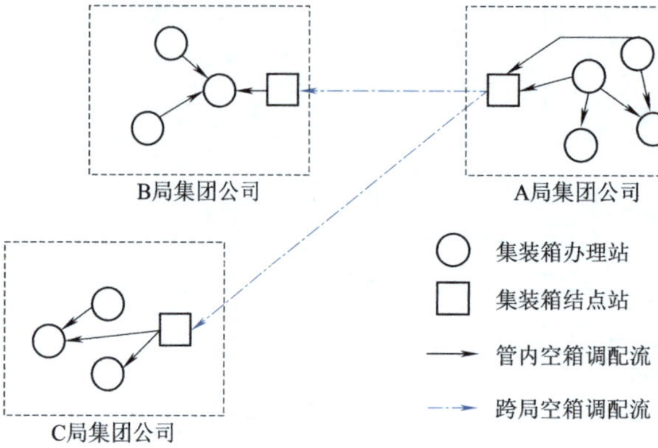

图 1-5　两层级空箱调配管理模式下多局间的空箱流动

当前两层级空箱调配管理模式通过国铁集团与铁路局集团公司两层级间的协同合作,可以较好地以人工方式编制满足装运需求的空箱调配方案,但随着铁路集装箱运量、集装箱保有量的快速增加,既有全路集装箱空箱调配模式存在的问题会进一步凸显,如国铁集团与铁路局集团公司两个层级在空箱调配的目标、手段上具有一定差异,可能导致部分集装箱空箱对流运输,产生额外、不合理的空箱空驶距离及调运成本,需统筹协调两层级的决策目标与方法手段,以进一步提高该模式下的空箱调配质量,确保系统的协同运作。

1.2　铁路集装箱周转流程

铁路集装箱分为空箱和重箱两种状态,在一次完整的集装箱周转过程中,空箱在始发地经货物装箱作业后完成空箱到重箱的转化,通过铁路运输至目的地经掏箱作业后又完成重箱到空箱的转化,即空重箱状态的转化伴随着空间位置的移动。铁路集装箱周转流程如图 1-6 所示。

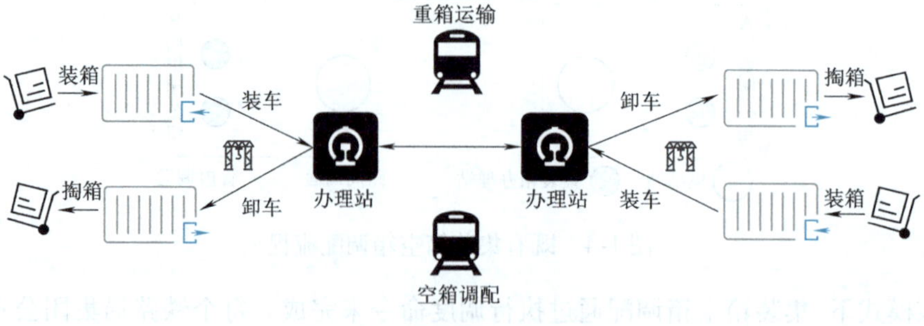

图 1-6　铁路集装箱周转流程

从集装箱个体层面出发,虽然重箱和空箱有着显著的差异,但它们之间又存在着紧密的联系,重箱是由空箱装箱而来,空箱则是由重箱掏箱后产生的,两者之间相互转化。空箱调配的服务对象为发出重箱及到达重箱，前者指的是空箱调配用于满足其他站点的发重用箱需求；后者指的是空箱调配运输的是重箱运输完成后产生的空箱。同时，即使全路处于总空箱供给大于总空箱需求的用箱淡季，仍需向部分没有空箱需求的办理站调配空箱，以提前应对卸箱站未来的到达重箱，避免其作业拥堵。重箱运输与空箱调配间的关系如图1-7所示。

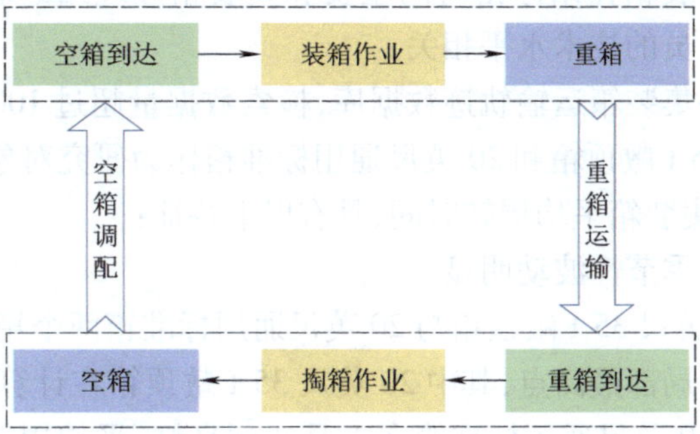

图1-7　重箱运输与空箱调配间的关系

集装箱办理站层面，各个空箱调配计划周期内，办理站的在站空箱数量受当前在站空箱、发出重箱、到达重箱、发出空箱（发空）和到达空箱（到空）影响下动态变化，如图1-8所示。当办理站产生发重需求时，需将车站在站空箱装箱后发出。而在每个空箱调配计划周期内，办理站的空箱除当前在站空箱外，主要来源于该周期内到达的重箱转化后的空箱和从其他车站调配的空箱。同时任何空箱调配计划周期内，办理站的当前在站空箱数量都不应超过其空箱堆存能力（办理站最多可以容纳的空箱数量）。

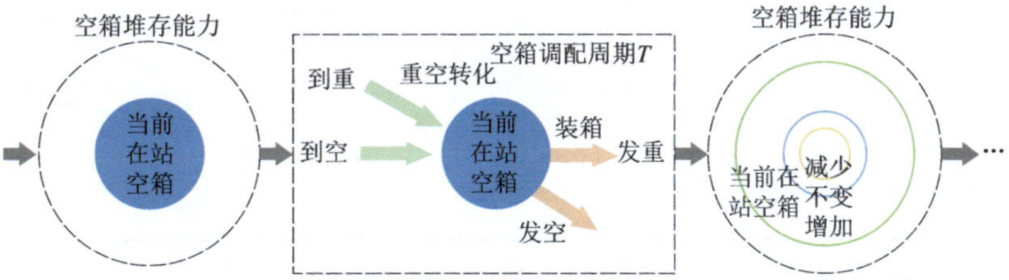

图1-8　空箱调配计划周期内办理站的集装箱数量变化

1.3　集装箱空箱调配方案质量评价

集装箱装卸统计包含集装箱装车数、卸车数、集装箱增加使用车数和增加卸空车数、发送箱数、到达箱数等装卸工作量指标；集装箱运用效率统计包含集装箱停留时间（在站停留时间及在企停留时间）、在途时间、运用成绩统计，其中集装箱运用成绩统计指标包含集装箱工作量、周转时间、运用率、发送率等。从空箱调配管理的角度，其核心是通过优化空箱的调配运用，提高货运需求的满足度、加速集装箱的运用周转、提高集装箱运用率。

1.3.1　集装箱周转时间

集装箱周转时间是指集装箱重箱或空箱从一次装车完成时起，经重空转换后再次装箱或掏箱，至下一次装车完成时为止的间隔时间，周转时间包括集装箱在途周转时间和集装箱在站掏、装箱、检修等作业的整备时间。集装箱在区间的运行时间主要与集装箱在区间的运行时分、在中间站的停站时间和在折返站的折返作业时间有关。集装箱在站的停留时间主要是集装箱在站内的作业所消耗的时间，集装箱在站作业流程包括集装箱班列到达、办理到达技术作业、集装箱卸车作业、进入堆放场集结、集装箱装车作业、办理出发技术作业、集装箱班列出发，集装箱在站停留时间主要和集装箱办理站的装卸线长度、装卸能力、场库设备容量和作业人员的技术水平相关。

统计数据来自全路集装箱运输轨迹数据库，检索数据量超过 100 000 000 条，由于数据量过大，选取 20 英尺 35 t 敞顶箱和 20 英尺通用标准箱作为研究对象，计算得到如图 1-9 所示的某年度 12 个月的集装箱平均周转时间，具有以下特征：

1. 集装箱周转时间季节性波动明显

如图 1-9 所示，20 英尺 35 t 敞顶箱与 20 英尺通用标准箱两个箱型周转时间波动一致，均在7 月、1 月出现两个局部最高点，其中 20 英尺 35 t 敞顶箱在计算年度 7 月达到高峰，平均周转时间为 8.58 d，20 英尺通用标准箱在 1 月达到高峰，平均周转时间为 12.06 d，相较于 2 月份和 6 月份的最低点，20 英尺 35 t 敞顶箱和 20 英尺通用标准箱的平均周转时间分别增加 0.83 d、1.87 d。由于春运和暑运期间大量的客运需求，铁路运力在这些时段可能会优先分配给旅客运输，导致货物运输能力紧张、周转时间延长。在暑运以及春运客流高峰结束后，集装箱平均周转时间逐渐减少。

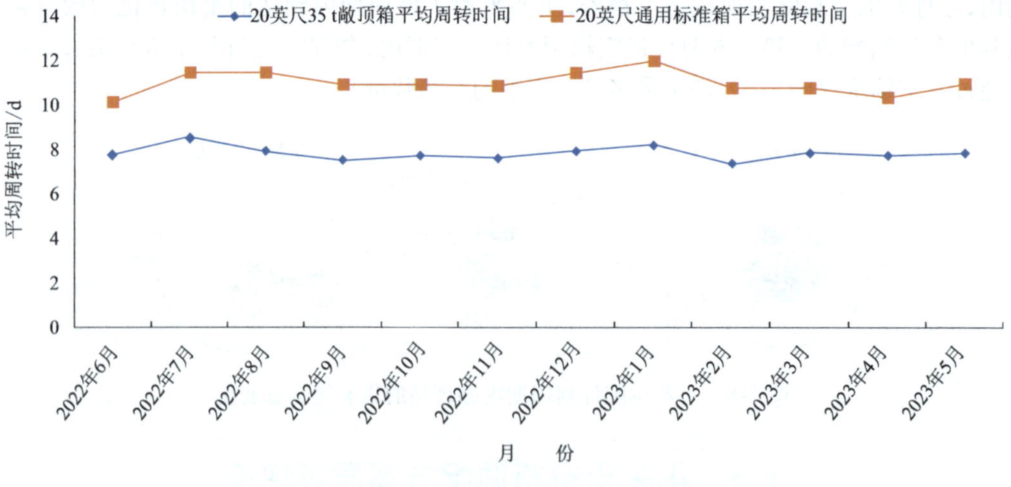

图 1-9　集装箱平均周转时间

2. 不同箱型周转时间差异较大

从统计结果可以得出，20 英尺 35 t 敞顶箱平均周转时间普遍少于 20 英尺通用标准箱。从两种箱型主要的装箱货物维度进行分析，敞顶箱装运的货物主要是以煤炭、矿石以及粮食为主的散堆装货物，单箱运载重量大，对于集装箱平车及机车的性能要求较高。一方面，除部分煤炭衍生品以及粮食需要进行远距离运输外，绝大部分煤、矿加工企业均位于煤田、矿山或者大型港口附近，铁路运输里程较短，集装箱在途周转时间较短。另一方面，敞顶箱和通用标准箱在结构和特性上有所不同，这导致它们在装卸、运输、处理等方面的效率不同,如随着集装箱装卸等各种设备的成熟,敞顶箱更易于处理和操作,大大压缩了敞顶箱在站装卸车作业时间,因此在整个周转过程中耗时相对较少。通用标准箱装运货物种类繁多,主要以各类工业制品和半成品为主,运达目的站点随机性大,且各种货物在站、在途作业内容各不相同,造成通用标准箱平均周转时间相对较长。以上因素都决定了 20 英尺 35 t 敞顶箱周转时间要小于 20 英尺通用标准箱的周转时间。

1.3.2 空箱平均走行距离

全路集装箱运输空驶率如图 1-10 所示。从集装箱重空箱走行里程来看,某年下半年集装箱运输平均空驶率为 41.49%,集装箱空箱平均运输里程 478.72 km,重箱平均运输里程 675.01 km,空箱运输里程达重箱运输里程的 70.92%,空箱运输里程较长。

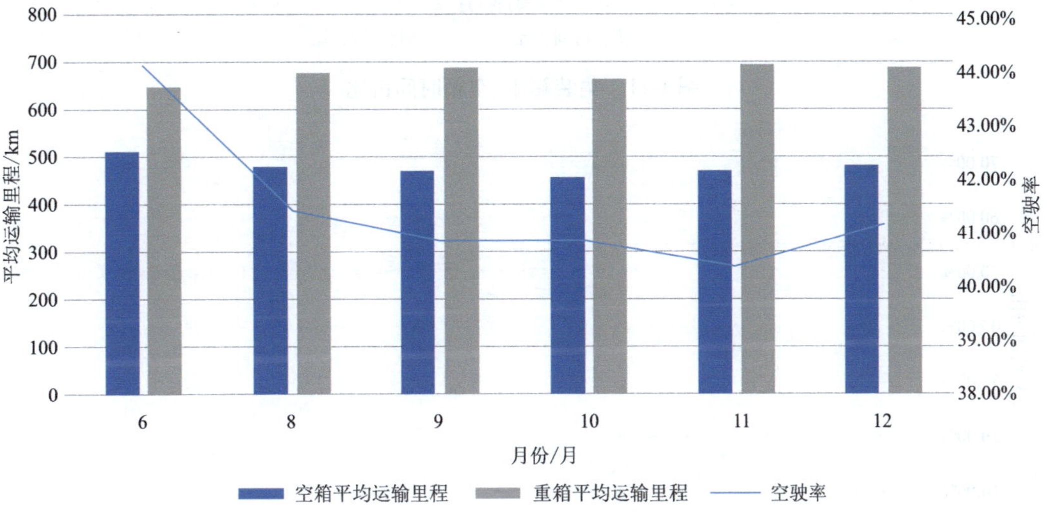

图 1-10 全路集装箱运输空驶率

1.3.3 重空箱时间占比

选取某年度集装箱运输轨迹数据表,统计全路集装箱空箱、重箱运输总时间占比,在铁路集装箱运输过程中,集装箱重箱平均时间占比为 55.94%,空箱平均时间占比为 44.06%,集装箱空状态时间较长。较高的空状态时间占比暴露了我国铁路集装箱供给极不平衡,集装箱空箱调配能力较低等问题。

从变化趋势来看,6—9 月重箱时间占比总体呈上升趋势,集装箱重箱运用时间占比逐渐增加,在 10 月份有小幅度下滑,空箱时间占比一度超越重箱时间占比,11 月份开始重箱调配逐渐发力,重、空箱时间占比逐渐拉开差距,具体如图 1-11 所示。

选择 20 英尺通用标准箱与 20 英尺 35 t 敞顶箱两种箱型,分别统计重箱时间占比,得到如图 1-12所示的结果。敞顶箱重箱时间占比波动较小,稳定在 50% ~ 58%之间;通用标准箱重箱时间占比波动较大,8 月份有较大幅度下滑。

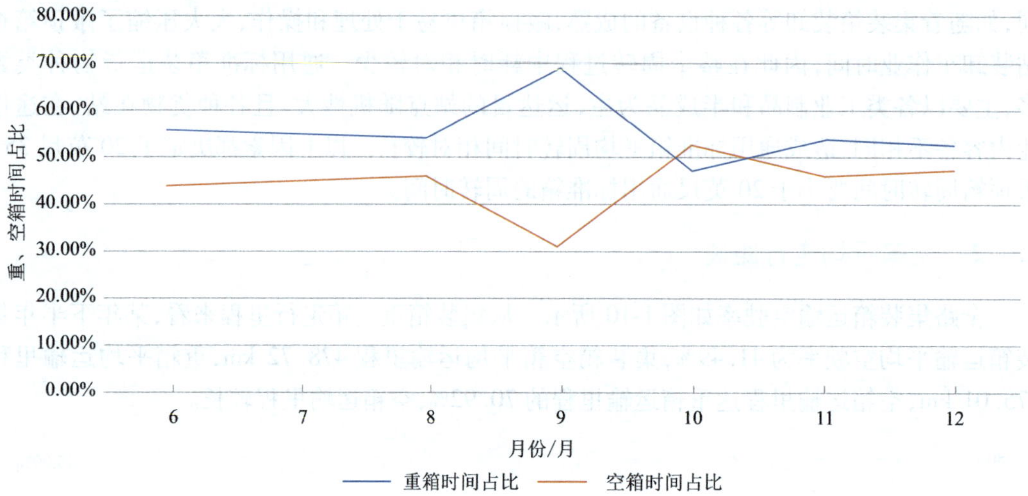

图 1-11　集装箱重、空箱时间占比

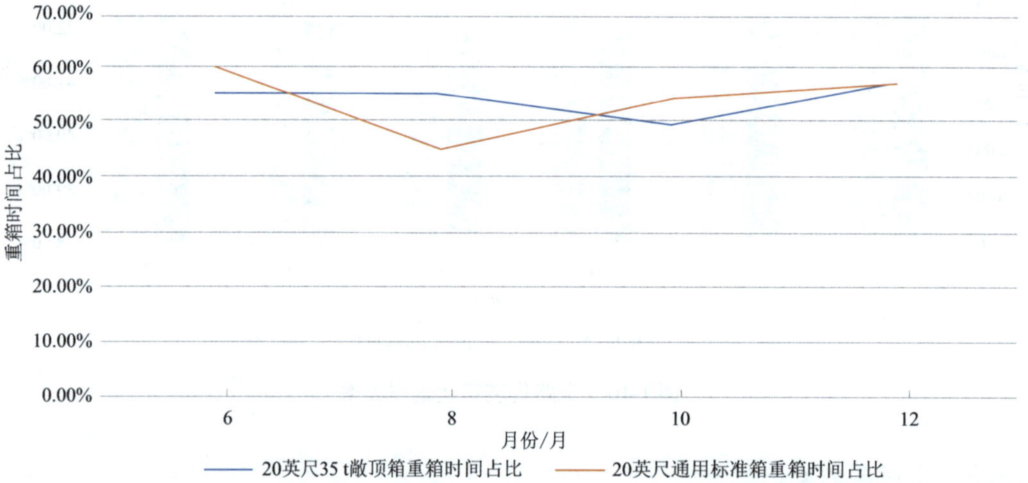

图 1-12　20 英尺 35 t 敞顶箱与 20 英尺通用标准箱重箱时间占比

1.3.4　其他空箱调配考核指标

1. 装箱满足度

空箱调运给哪个集装箱办理站、调运给哪个具体客户、调运多少具体类型的空箱，是集装箱空箱调配需解决的重要问题之一，可用装箱满足度来反映。装箱满足度的测算方法为计算在一定周期内（如 5 d），集装箱办理站或者具体客户获得的空箱数量与其需求量的比值。

2. 客户满意度

客户满意度是指客户期望值与客户体验的匹配程度，即客户通过对一种产品可感知的效果与其期望值相比较后得出的指数。对于铁路集装箱运输，客户满意度主要体现在准时性、便捷性、经济性、装箱满足度等方面。

1.4　国内外铁路集装箱空箱调配问题研究综述

1.4.1　数据驱动方面

所谓数据驱动，即通过对海量数据进行挖掘与分析，得到需求信息并加以提炼及整合，为后期研究提供数据支撑与决策依据，目前广泛用于建模与参数标定、数据预测和决策优化等方面[1]。面对铁路数据的不确定性，王舒啸[2]采用机器学习技术进行铁路事故的预测，由此获取了基于数据驱动的预测结果，预测效果显著提升。类似地，曹文秀[3]则运用数据驱动技术实现了高速铁路客运量的预测目标，有利于为高速铁路的投资与运营提供数据支撑。李诗林[4]结合大量的集装箱运输与维修信息，综合考虑集装箱使用环境及其维修费用建立了优化模型，实现集装箱耐用性的度量。为了挖掘道路车辆历史轨迹数据的隐藏信息，鲁斌[5]采用数据驱动技术，运用支持向量回归构建了改进的车辆跟驰模型。MELNIKON V R 等[6]提出了一种数据驱动的多尺度建模方法，通过构建对应的交通流模型并结合历史数据不断校准和确定模型参数，以准确模拟现实交通网络中的道路交通情况。KAMANDANIPOUR K 等[7]采用数据驱动方法，以企业收入最大化为目标，构建优化模型确定铁路客运中如何划分不同等级座位数量并确定售价，解决了铁路客运多等级动态定价与运力分配的问题。传统报童问题通常根据某一假定的需求分布进行求解，但在实际中决策者很难获得相应的需求分布及其参数，为此，HUBER J 等[8]提出了一种基于机器学习和分位数回归的数据驱动方法，并验证了该方法相较于传统方法的优越性。同样针对需求分布难以获取的决策问题，BAN G Y 等[9]和 LEVI R 等[10]均利用一种非参数化的数据驱动启发式算法“样本均值近似（SAA）”进行需求预测，从而实现库存的最优决策。CHEN C 等[11]以最小化网络零售商成本和最大化顾客节约等待收货时长为目标，构建了多阶段超前发货数据驱动决策框架，解决了顾客下单前商家何时配送适量商品以缩短顾客收货时间的问题。聂佩林等[12]提出了将数据驱动技术与交通仿真相融合的思路，以提高交通流参数的预测精度，使仿真模型更加符合实际的交通流变化。连文博等[13]根据降维处理后的海量列车运行数据，运用 SVM 实现了列车控制器的性能监控。CHI Z X 等[14]根据高速铁路历史运行数据，构建了贝叶斯数据驱动模型，实现环境因素对高速列车轮对磨损与多边形化的影响评估。对于数据驱动基础理论方法的研究，SACHS A L 等[15]、ZHANG Y 等[16]、OROOJLOOYJADID A 等[17]、VANDER LAAN N 等[18]、NEGHAB D P 等[19]以报童问题为例，PRAK D 等[20]、MAMANI H 等[21]、ZHI B 等[22]以库存管理为例开展了深入研究。

1.4.2　集装箱空箱调配研究方面

MISRA S C[23]较早地构建了运输问题基本模型，实现空车调配问题的求解。JORDAN W C 等[24]从最大化运输企业经济效益的方向出发，建立了空箱调配优化模型。为提高调配方案编制效率，降低空车走行成本，美国的 CSX 和 BNSF 铁路货运公司开发了动态空车调配优化系统，在实际生产应用中效果显著[25,26]。WANG R 等[27]结合影响空箱调配的各种因素构建了空箱调配线性规划优化模型，并结合算例进行了模型验证。

然而上述模型并未考虑箱型因素，而合理的空箱代用有利于避免空箱对流，减少走行成本。张高鹏[28]考虑了不同箱型的影响，以最小化调配费用为目标，引入箱种代用惩罚因子,构建了多箱型下的空箱调配优化模型。为了减小集装箱的返空。CHANG H 等[29]将多箱型间的可替代性纳入研究范围,通过对原问题进行拆解,并运用分支定界法实现了模型的求解。SHINTANI K 等[30]创造性地提出了采用组合式集装箱替代多种类型集装箱实现货物装运,并构建了相应的网络流模型,算例表明采用组合式集装箱可节约大量空箱调运成本。胡剑鹏等[31]对空箱调运成本和排空需求进行综合考虑,构建了多箱型下的空箱调运双层规划模型。

部分学者还考虑了实际空箱调运过程中的动态性和不确定性。FLOREZ H[32]结合一个网络流模型阐述空箱调配的动态过程,并借鉴网络算法确定了最终的调配方案。CRAINIC T G 等[33]在建立空箱调配网络模型基础上,综合考虑箱型因素,以运输成本最小化为目标构建优化模型,并设计算法实现求解。刘超[34]考虑了集装箱空箱调运过程中空箱供需等不确定性因素的影响,利用 Petri 网的动态性和随机性,以集装箱中心办理站为轴心,构建了相应的空箱调配优化模型。此外,一些学者则建立了基于时间窗的空箱调配优化模型。针对客户对集装箱运输要求日渐提高,铁路运输部门如何合理制订空箱调配方案的问题,张得志等[35]构建了基于客户偏好的空箱调配优化模型,并设计了遗传算法实现模型求解。段刚等[36]考虑集装箱运输时间的潜在波动,建立了基于鲁棒软时间窗的空箱调运通用模型,为实现模型求解对其进行了对偶与等价变换,为解决空箱调运提供了一种新思路。SHEN W S 等[37]构建了一个结合约束松弛的网络模型以解决空箱多周期分配的大规模规划问题。

此外,考虑到集装箱空箱调运过程受诸多不确定因素影响,如运输时间、客户满意度、空箱供需量、物资急需度、集装箱优先级等,一些学者建立了集装箱空箱调配的多目标组合优化模型及不确定条件下的随机机会约束规划模型。彭华[38]同时考虑集装箱空箱利用率和空箱调度成本,构建了空箱调配问题的多目标数学模型,运用优先等级法和遗传算法进行模型求解,有效解决了空箱调度问题。常空[39]在分析不确定因素对集装箱运输的影响,以及运输部门根据空箱供需预测值编制局间宏观空箱调运计划因误差大而难以实施的基础上,采用鲁棒优化和两阶段优化模型,实现了不确定条件下的空箱调运决策。对于中欧班列空箱调运的不确定性问题,邢磊等[40]采用分布式鲁棒机会规划构建了多周期空箱调运优化模型,通过对模型的鲁棒约束进行等价转换得到确定的空箱需求,从而实现模型求解。考虑到集装箱改编和不确定走行时间的影响,李永军等[41]构建了空箱调运鲁棒软时间窗优化模型,通过模型简化实现求解。

此外,随着国家“多式联运提速行动”的落实,多式联运逐渐成为一种调整运输结构与经济结构的重要手段,有效降低了运输成本与能耗,关于多式联运的集装箱空箱调运研究也相继出现。王勇[42]分析了海铁联运过程中空箱产生的原因及调运过程,以最小运输成本为原则,构建了多箱种的空箱调配模型,并采用 LINGO 软件实现求解。许晓毅[43]首先分析空箱调运产生的主客观因素,结合定量与定性分析,从供需数量、客户需求和时间要素等多层面考虑,构建了多式联运下的集装箱空箱调配模型。水运与联运集装箱空箱调配的研究较多,具体可参考文献[44]~[49]。

第2章　铁路集装箱运输及空箱调配态势

2.1　铁路集装箱运输总体态势

随着我国交通运输行业的快速发展，运输结构调整的不断深化，铁路物流化转型的不断推进，铁路大力推进集装箱货物运输，积极扩大集装箱运输市场份额。铁路集装箱运输是铁路货物运输的一种形式，具备运量大、效率高、价格低、安全环保等特点，在海铁联运、国际联运和现代物流中发挥着十分重要的作用。近年来，随着大宗货物及制成品集装箱适箱率的进一步提升，铁路集装箱运输优势愈发明显。2020 年 7 月，国铁集团印发《新时代交通强国铁路先行规划纲要》，要求发展集约高效的货运物流体系，大力发展铁路集装箱运输，提高专业物流发展水平，推动铁路与现代物流融合发展。2023 年，国铁集团印发《国铁集团关于加快铁路现代物流体系建设的意见》，提出“逐步建立 35 吨宽体箱多式联运体系”“打造铁海快线品牌”等，以实现现代物流网络高效联通。政策措施的推进实施促进了铁路集装箱运输的快速发展，集装箱运量逐年增加，铁路集装箱客户数量规模在持续扩大。

2.1.1　我国铁路集装箱运输市场现状

自 2013 年铁路开始实行货运组织改革，我国铁路系统积极地扩大了白货市场，并在铁路集装箱运输、多式联运以及铁路信息化建设等多个方面实施了一系列重要措施，从而推动了铁路集装箱运输的快速发展。图 2-1、图 2-2 展示了 2006—2023 年期间铁路集装箱的运输量和增长率。从图 2-1、图 2-2 可以观察到，集装箱的发送量从 2006 年的 277 万 TEU 增长到 2023 年的 3 324 万 TEU。同时，铁路集装箱的运输量在铁路总运输量中的占比也在持续上升，从 2012 年的 2.8%增加到 2023 年的 25.5%。2020 年之后，由于全球经济增长速度的减缓，贸易和地缘政治的不稳定性增加，我国主要港口的集装箱吞吐量减少，众多的企业恢复工作的步伐滞后，导致成品供应不足，港口集装箱的运输需求大幅下滑。尽管如此，铁路集装箱的运输量依然呈现出逆市增长的趋势，使得其在铁路集装箱铁水联运和国际联运战略通道中的地位更为突出。

随着国内不同省市与欧洲等国家经济合作领域逐渐深入，商品贸易种类和数量不断增加，中欧班列作为地区间商贸往来的重要载体，覆盖的区域范围不断扩大。截至 2023 年底，国内开行中欧班列的城市有 122 个，中欧班列累计开行数量过百列的城市达 33 个，包括重庆、哈尔滨、南京、义乌、西安、武汉、郑州、成都、乌鲁木齐等城市，到达欧洲 25 个国家 223 个城市，运输网络覆盖亚欧大陆的主要区域，部分国内城市中欧班列开行数量如图 2-3 所示，其中，西安、重庆、成都开行班列数量明显领先于其他地区。

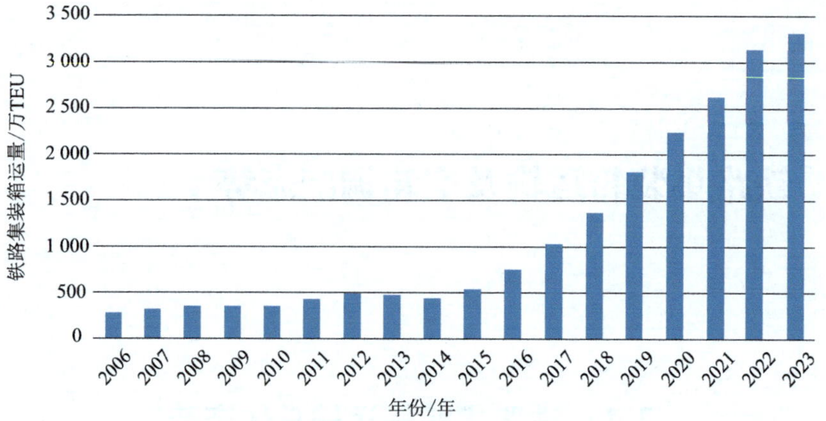

图 2-1　2006—2023 年铁路集装箱运量趋势

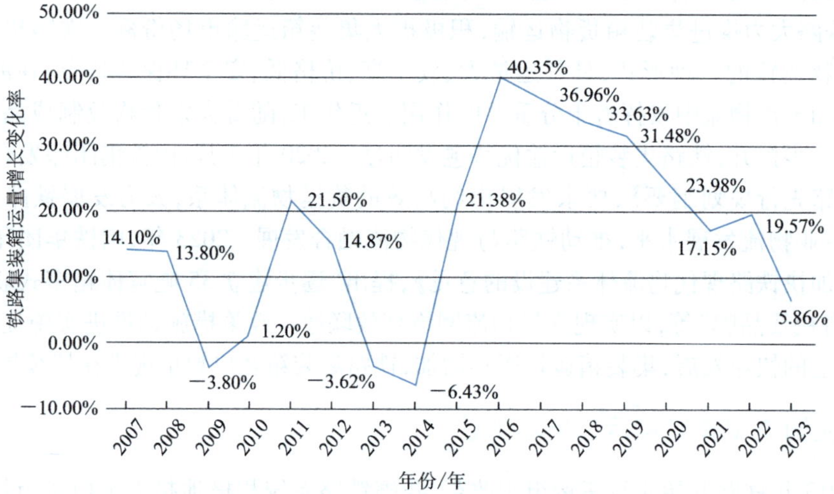

图 2-2　2007—2023 年铁路集装箱运量增长率变化情况

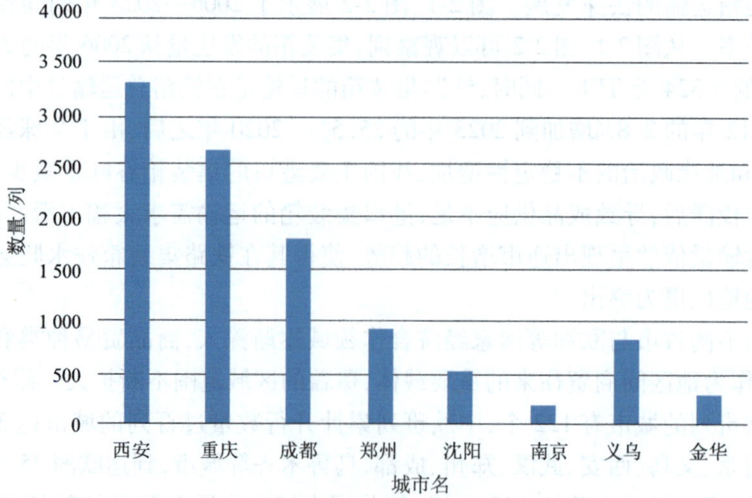

图 2-3　部分国内城市中欧班列开行情况

自2016年以后，铁路集装箱运量年增长率虽然出现下降趋势，但是铁路集装箱运输总量仍然保持平稳增长态势，这与铁水联运的发展也有着密不可分的关系。近几年来，多式联运进入快速发展时期，相关政策文件陆续出台，多式联运成为促进物流业降本增效和切实转变发展方式的重要举措。铁水联运作为多式联运的主要形式之一，为推进运输结构调整、提高港口服务水平、促进港口转型升级提供了有力抓手，成为港口发展新增长点。

按照地理位置的特点，我国港口可划分为环渤海、长三角、东南沿海、珠三角及西南沿海五大港口群。这些港口群的集装箱铁水联运运量见表2-1。

表2-1　五大港口群集装箱铁水联运运量

港口群	2020年运量/万TEU	2020年总运量占比	年均增速/%
环渤海	433.4	6.6	21.5
长三角	172	2.2	37.8
东南沿海	8.5	0.5	50.6
珠三角	29.1	0.6	17.6
西南沿海	25.4	4.1	138.2

由表2-1可知，环渤海港口群铁水联运规模大、占比高，占全国铁水联运集装箱总量的64.8%，其中青岛港完成集装箱铁水联运运量170.8万TEU。同时长江三角洲地区随着长江经济带高质量发展战略的实施，铁路运输企业、长江沿线港口、航运企业特别重视铁水联运的发展。2023年，全国主要港口铁路疏港日均装车3.2万车，同比增长5%。尽管铁水联运总量增长较快，但其占港口吞吐量比例还较小，未来增量空间较大。

2.1.2　铁路局集团公司集装箱运量分布

近年来，全路大部分铁路局集团公司的集装箱运量都呈现逐年增长的趋势。2022年全国各铁路局集团公司内贸集装箱运量如图2-4所示，从中可知，济南局集团公司、乌鲁木齐局集团公司、北京局集团公司、南宁局集团公司、西安局集团公司的铁路集装箱总运量较大。

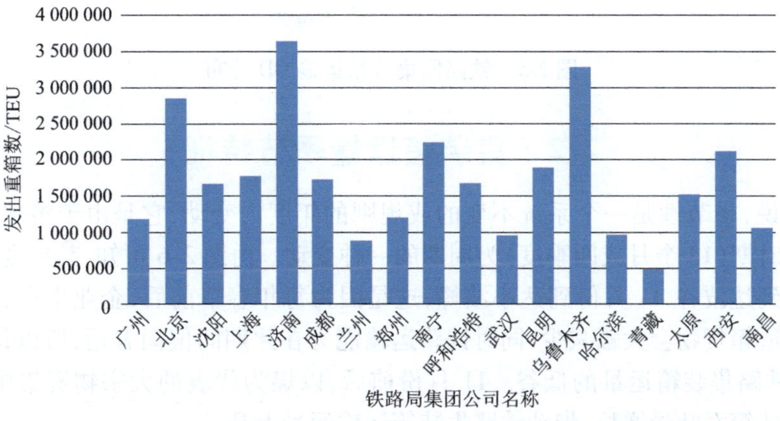

图2-4　2022年我国各铁路局集团公司集装箱运量分布情况

2.1.3 铁路集装箱主要流向特征

无论是集装箱海铁联运还是内陆集装箱运输、中欧(中亚)班列等,其运输通道和运输格局各有特点。以某年度集装箱运输为例,全路集装箱主要 OD 分布如图 2-5 所示。由图中可以看出,乌鲁木齐局集团公司与兰州局集团公司间、呼和浩特局集团公司与北京局集团公司间的集装箱运量较大,成都局集团公司是以到卸为主,东北地区的集装箱流量主要分布在哈尔滨局集团公司和沈阳局集团公司两者之间,西南地区成都局集团公司、昆明局集团公司、南宁局集团公司三者之间形成稳定的“运输三角”,集装箱流向较为稳定,该年度各铁路局集团公司间铁路集装箱运量分布情况见表 2-2。

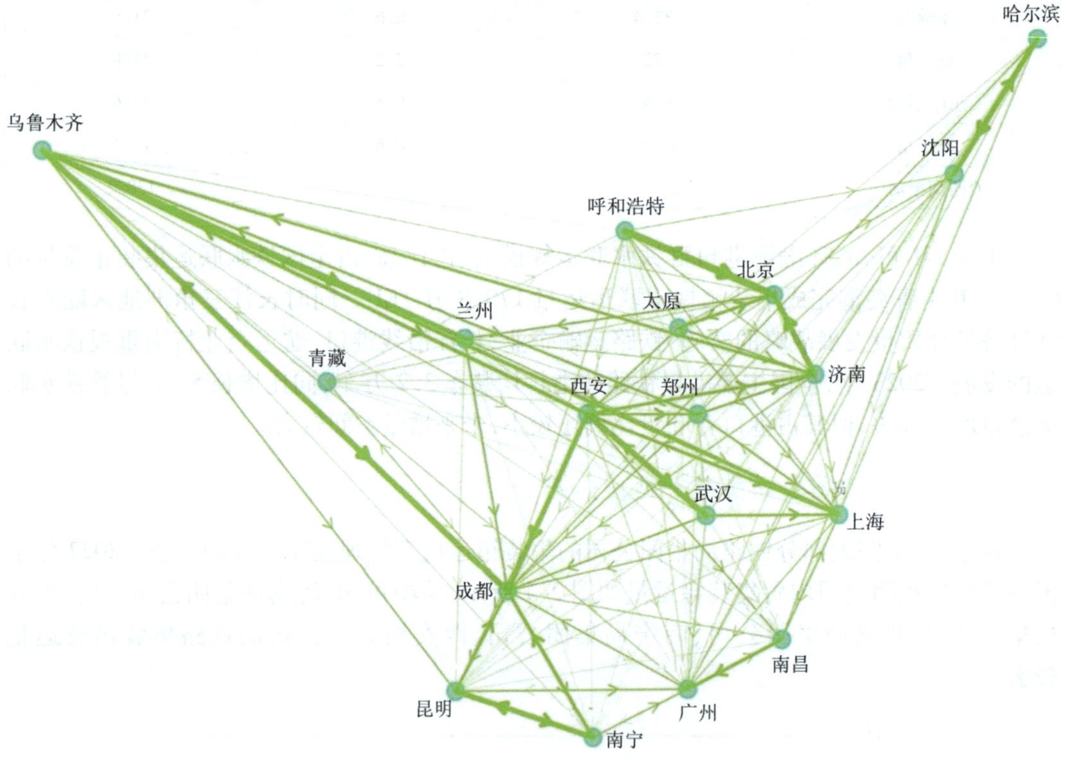

图 2-5 铁路网集装箱运输 OD 分布

2.2 集装箱运量季节特征

一般来说,季节性是一个系统不变的或规则的年度内变动,它是由于多种因素引起的以大致固定时期(12 个月或四季度)为周期的一种变动。由图 2-6 可知,某年度 2 月份铁路集装箱运量到达波谷,11 月份到达小波峰,这是因为每年春节前后,企业生产放缓或停滞,导致内外贸适箱货物会大幅减少,同时铁路运输能力在此期间偏向客运,所以每年 2 月份、3 月份成为铁路集装箱运量的低谷。11 月份前后,以煤为代表的大宗物资集中运输,同时沿海港口集装箱吞吐量增长,带动铁路集装箱运输运量上升。

表 2-2　各铁路局集团公司间铁路集装箱运量分布

到局	发局																	
	成	广	哈	呼	济	京	昆	兰	南	宁	青	上	沈	太	乌	武	西	郑
成	411 103	19 538	7 503	6 095	12 128	2 531	74 931	19 022	30 367	93 287	31 195	30 088	1 704	3 437	169 583	3 047	19 245	17 207
广	53 081	443 819	18 712	10 582	950	166	22 076	2 238	42 293	26 125	224	16 453	2 087	522	24 484	7 921	17 478	4 139
哈	69 951	26 030	91 404	485	40 369	15 956	7 421	394	9 898	1 768	8	35 641	326 252	2 369	55	15 591	33 652	13 512
呼	32 621	15 664	1 204	317 456	56 842	393 693	2 601	8 511	7 770	2 979	3 359	44 820	30 344	42 906	9 499	7 970	18 529	12 876
济	47 596	21 608	28 366	13 885	1 044 312	217 243	15 070	34 413	5 281	2 320	23 975	36 920	5 875	44 266	110 558	10 491	81 052	54 405
京	19 330	3 245	4 383	208 348	52 976	788 905	4 352	119 194	1 546	2 636	1 980	22 149	4 818	94 245	11 777	5 137	20 444	13 589
昆	138 287	71 827	1 057	628	1 882	1 776	389 780	10 285	5 750	161 137	1 246	16 812	2 198	766	17 023	2 382	5 843	1 389
兰	84 503	15 636	514	3 980	40 670	44 414	21 639	49 931	15 579	11 714	2 842	67 781	3 613	8 633	66 143	23 318	29 363	19 711
南	25 211	140 995	4 197	2 853	1 257	230	9 522	1 031	327 122	3 509	283	60 031	6 253	490	7 686	2 736	40 951	607
宁	164 989	62 216	638	546	1 222	89	226 618	1 043	3 512	538 718	73	2 002	827	13	19 736	1 681	5 372	1 187
青	29 067	3 214	22	16 922	8 053	28 358	5 785	8 205	2 521	1 477	45 666	11 342	3 522	3 535	12 750	11 146	1 326	12 928
上	50 291	47 149	22 193	23 266	16 187	7 819	9 283	11 163	40 304	3 213	944	1 390 317	1 801	30 917	80 377	25 622	45 259	62 109
沈	39 163	17 131	217 743	11 426	15 585	25 439	23 367	1 876	34 404	4 205	300	22 554	674 290	9 431	4 601	14 692	3 867	6 833
太	29 398	5 310	2 390	19 067	91 740	134 630	11 454	11 733	11 118	2 166	7 259	62 400	35 034	275 199	34 104	11 796	39 675	16 559
乌	237 859	35 198	356	6 333	32 660	28 053	51 560	196 447	15 596	8 814	14 650	148 277	5 046	7 618	2 546 383	28 518	128 711	81 653
武	88 067	39 189	2 320	3 514	6 621	1 657	16 754	8 367	24 060	7 362	2 796	110 055	3 542	552	21 085	55 966	86 201	2 281
西	183 488	31 925	4 115	2 559	142 998	44 254	33 983	4 559	74 541	7 904	2 267	108 607	1 053	36 473	155 795	199 826	223 520	99 432
郑	39 614	17 351	2 072	5 063	88 583	20 733	14 492	4 483	10 299	17 275	2 022	91 132	2 970	3 618	104 100	28 970	36 228	82 237

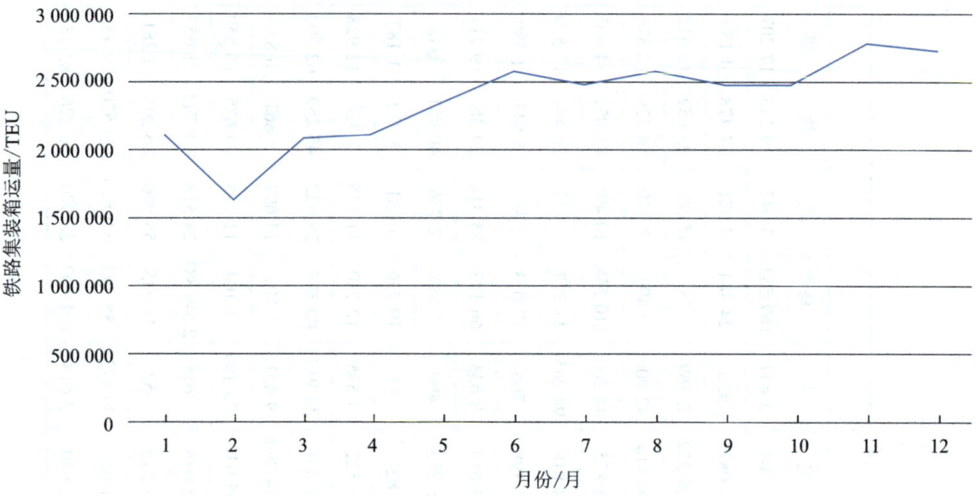

图 2-6　某年度各月份铁路集装箱运量趋势

以武汉局集团公司、上海局集团公司为例，分析其在某年度的集装箱运量波动，如图 2-7、图 2-8 所示。图 2-7 是以运量为纵坐标轴，时间为横坐标轴的变化折线图，以每五天为一个运行周期，所以每个折点之间的时间间隔为 5 d，相较于以月度运量去进行比较分析更为精确，同时也可以更直观地看出集装箱运量的上升与下降趋势。由图 2-7、图 2-8 可知，武汉局集团公司与上海局集团公司集装箱运量呈现相似的波动规律，在 11 月份至次年 1 月份运量较大，在 2—4 月份运量较小，月份间的运量差异较图 2-6 所示全路集装箱运量的月间差异小，其原因在于该铁路局集团公司货运结构中，始发的大宗货物运量相对较小，11 月份前后以煤为代表的大宗物资集中运输对其运量影响较小。需要说明的是该年度 11 月份周期运量的大幅波动是非正常运输外部环境影响导致的。

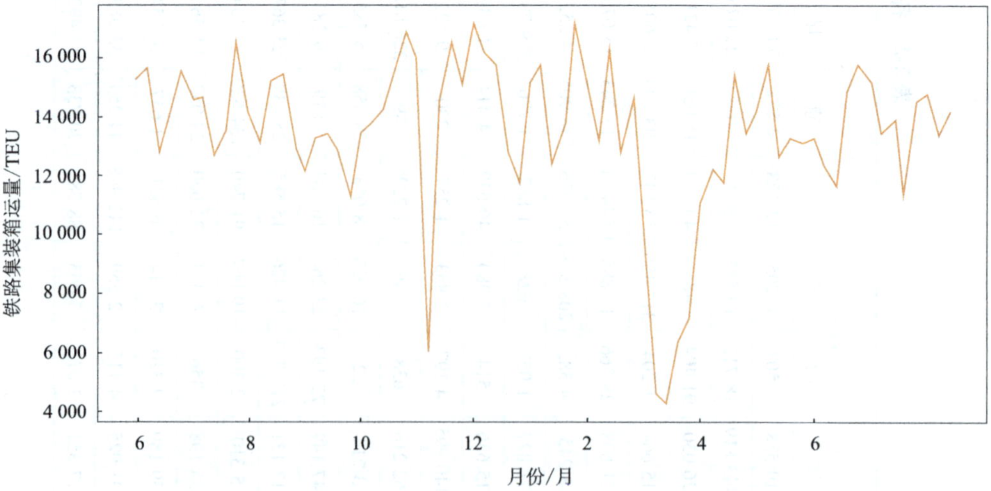

图 2-7　武汉局集团公司某年度铁路集装箱运量变化趋势

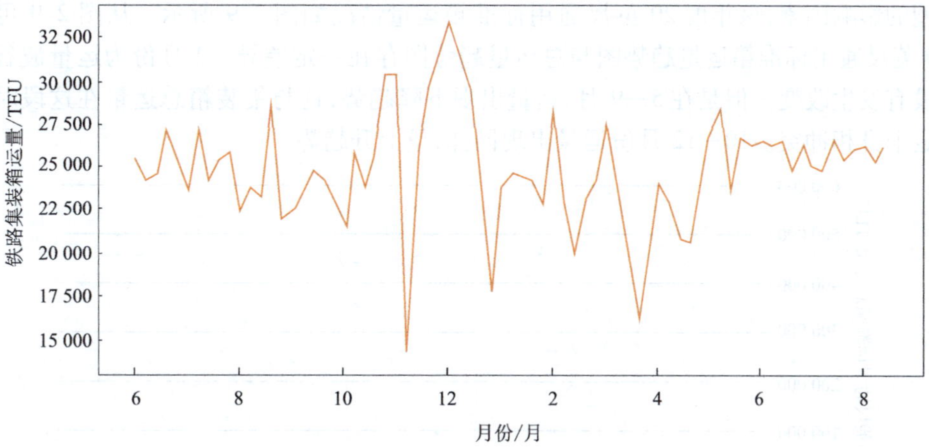

图 2-8 上海局集团公司某年度铁路集装箱运量波动

2.3 分箱型的集装箱运输特征

铁路集装箱箱型种类繁多，按照运输货物品类划分可分为干货集装箱、散货集装箱、液体货集装箱、冷藏箱集装箱，以及一些特种专用集装箱，如汽车集装箱、冷藏集装箱等，以满足铁路集装箱运输中的不同需求。从中选取两种运量占比较大的箱型进行分析，分别为20 英尺通用标准箱和 20 英尺 35 t 敞顶箱，这两种集装箱保有量占全路集装箱保有量的比重分别为 18.2%和 69.3%。

20 英尺通用标准箱箱型技术参数见表 2-3，20 英尺 35 t 敞顶箱箱型技术参数见表 2-4。20 英尺 35 t 敞顶箱按开顶式设计，方便装载货物，其顶部可使用专门的篷布，保证货物运输安全，是一种方便、快捷、低碳、环保的集装化载运工具。20 英尺 35 t 敞顶箱适用于装载散堆装货物，也适合装载成件包装货物，广泛用于煤炭、焦炭等货物的运输，成为当前铁路集装箱运量增长的重要驱动。

表 2-3 20 英尺通用标准箱技术参数

自重/kg		2 210
允许载重/kg		24 000
容积/m^3		33.2
最大外廓尺寸	长/mm	6 058
	宽/mm	2 438
	高/mm	2 591
内部尺寸	长/mm	5 898
	宽/mm	2 352
	高/mm	2 393

表 2-4 20 英尺 35 t 敞顶箱技术参数

自重/kg		2 780
允许载重/kg		32 220
容积/m^3		39.4
最大外廓尺寸	长/mm	6 058
	宽/mm	2 550
	高/mm	2 896
内部尺寸	长/mm	5 897
	宽/mm	2 436
	高/mm	2 717

2.3.1 20 英尺通用标准箱运输特征

以 20 英尺通用标准箱为例，调用某年度该箱型的各月份运量数据，分析不同季节对特定箱型的影响因素，该年度20英尺通用标准箱运量情况如图2-9所示。从图2-9可以看出，20英尺通用标准箱运量趋势图与总运量趋势图存在一定差异。2月份为运量波谷这一特征没有发生改变。但是在5—9月，运量出现下降趋势，这与集装箱总运量在这段时间运量稳定上升相冲突。10—12月份运量出现回弹，呈上升趋势。

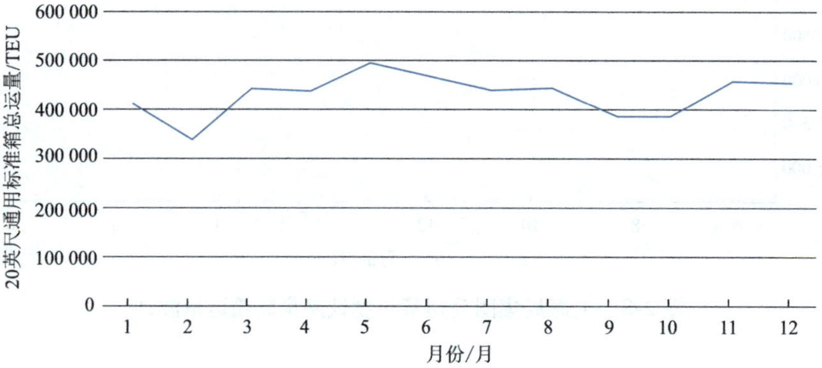

图2-9　某年度20英尺通用标准箱各月份运量变化

通过对各铁路局集团公司间发送20英尺通用标准箱进行分析，OD分布图如图2-10所示，各铁路局集团公司间20英尺通用标准箱运量分布情况见表2-5。可见，乌鲁木齐局集团公司20英尺通用标准箱以到达为主，主要来自济南局集团公司、郑州局集团公司、成都局集团公司等，这与中欧班列的流量流向分布相符。成都局集团公司20英尺通用标准箱也以到达为主，主要来自南宁局集团公司、昆明局集团公司等，说明西南地区内部及其通过区域内的港口、铁路口岸对外有大量的商贸物流量。

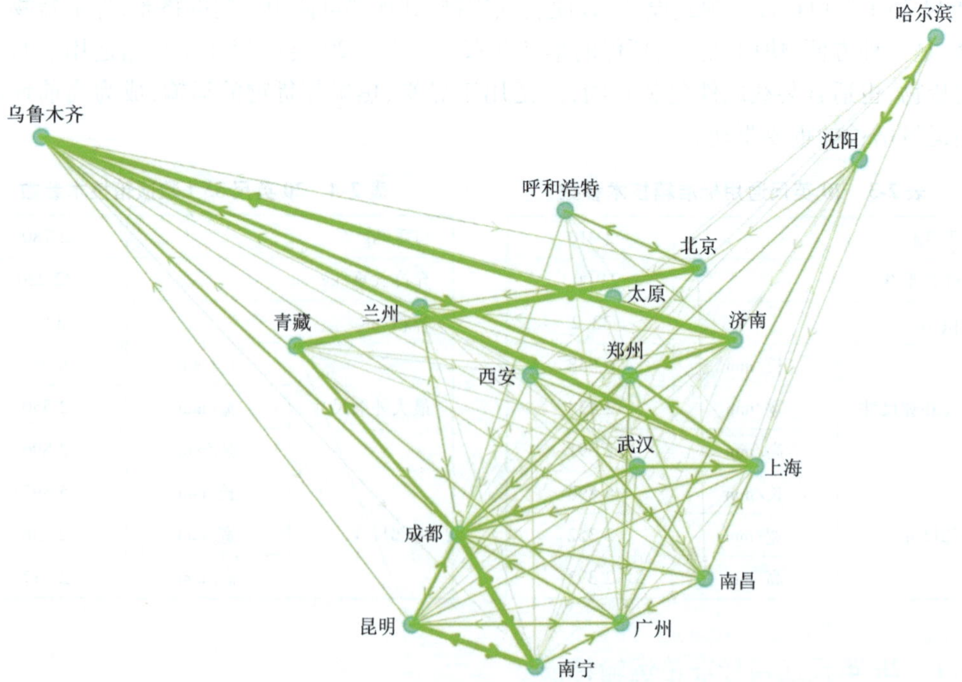

图2-10　各铁路局集团公司20英尺通用标准箱OD分布

表 2-5　各铁路局集团公司 20 英尺通用标准箱运量分布

到局	发局																	
	成	广	哈	呼	济	京	昆	兰	南	宁	青	上	沈	太	乌	武	西	郑
成	66 333	6 678	64	30	1 597	744	20 657	9 151	26 253	41 989	14 461	5 784	196	0	21 094	664	9 470	5 283
广	13 008	74 903	224	54	2	2	7 269	50	12 344	5 953	82	506	138	18	1 678	186	5 085	2 710
哈	13 412	2 134	7 986	2	4 165	6 970	2 052	84	1 461	340	0	5 338	64 016	999	8	2 095	4 842	2 881
呼	10 822	2 685	64	4 453	9 038	29 521	230	1 505	2 499	457	1 508	7 181	3 662	3 103	2 356	1 172	1 492	1 268
济	20 002	4 612	387	416	120 431	647	7 436	5 198	1 298	1 928	14 485	4 118	816	10 495	75 427	2 868	8 767	30 894
京	15 423	1 250	286	30 075	340	44 048	3 301	18 624	306	2 260	1 876	527	682	13 318	2 622	444	1 220	512
昆	36 259	29 370	0	18	529	173	39 325	668	4 986	46 390	1 118	13 853	356	10	3 521	1 831	2 642	936
兰	8 896	3 318	4	229	6 833	8 327	448	2 242	7 580	3 776	874	34 094	276	1 384	984	2 567	339	10 053
南	18 662	29 846	54	2	34	152	7 386	38	125 249	1 973	267	16 536	0	38	1 452	574	27 596	64
宁	93 483	27 356	16	50	1 007	59	40 847	415	3 367	151 841	72	1 756	0	0	1 147	492	3 649	632
青	18 978	2 850	22	222	572	25 180	564	944	1 987	392	1 416	9 817	448	1 777	684	6 598	576	7 606
上	10 956	5 386	1 602	313	1 589	306	3 287	5 321	12 331	1 114	419	31 359	98	5 590	12 812	3 311	8 207	31 696
沈	8 978	4 027	44 099	1 114	6 274	6 266	5 794	588	5 264	564	228	12 649	203 891	1 059	432	2 717	224	2 762
太	5 432	1 147	585	3 243	480	2 464	1 106	2 762	424	213	7 227	4 439	1 869	22 468	32 084	440	552	2 763
乌	27 178	17 805	94	224	6 721	9 298	4 964	3 509	9 848	6 378	352	63 485	148	323	16 521	4 347	1 342	44 175
武	29 096	17 713	650	200	3 018	420	10 749	1 258	10 752	3 133	234	39 534	276	18	1 835	3 719	3 679	190
西	12 648	5 222	100	6	11 421	1 510	2 985	2	26 936	2 244	524	6 850	0	350	3 867	2 430	1 866	3 646
郑	26 332	10 444	6	464	8 167	510	9 824	1 566	7 779	10 127	1 035	17 746	36	46	40 412	1 512	3 292	216

下面将通过分析各铁路局集团公司间主要运输货物品类来确定因货运需求所决定的集装箱运输流向，货物品类见表2-6。可知，乌鲁木齐局集团公司发往上海局集团公司与济南局集团公司的货物多为金属、化工原料等大宗货物。而东北地区则使用集装箱更多地进行粮食、农作物等产品的运输。

表2-6　各铁路局集团公司间主要运输货物品类

发局	到局	品类	箱数	发局	到局	品类	箱数
乌	济	氢氧化钠	2 227	成	宁	聚乙烯醇	360
乌	济	末煤	2 094	成	宁	三聚氰胺	334
乌	济	金属硅	438	成	宁	玻璃纤维	327
乌	济	金精矿	418	成	宁	磷酸二铵	296
乌	济	润滑油	392	成	宁	复混肥料(复合肥料)	285
乌	上	铝锭	26 529	哈	沈	味精	14380
乌	上	铝棒	19 331	哈	沈	玉米	12 383
乌	上	铬铁合金	6 658	哈	沈	糙米	11 630
乌	上	氢氧化钠	1 893	哈	沈	大豆	10 066
乌	上	润滑油	1 564	哈	沈	大米	6 314
乌	上	锌锭	1 554	哈	沈	葡萄糖	2 869
乌	上	铅锭	1 104	哈	沈	饲料	2 539
乌	上	末煤	954	哈	沈	淀粉	780
乌	上	金属硅	601	哈	沈	葡萄糖粉	672
乌	上	三聚氰胺	386	哈	沈	集装箱	618
乌	上	电解铜	382	哈	沈	铜精矿	498
乌	上	硅锰铁合金	354	哈	沈	聚丙烯	470
乌	上	电解锰	288				

由表2-6分析可知，乌鲁木齐局集团公司发往上海局集团公司与济南局集团公司的货物多为金属、化工原料等大宗货物，考虑到兰新线运输过程中风沙大，运输环境相对较差，为了避免运输过程中出现货物损耗，在运输中通用标准箱用量较大。而东北地区则使用通用标准箱进行粮食、农作物等产品的运输更多一些，东北地区冬季气温较低，常遇大风天气，使用通用标准箱避免了夏季风吹日晒和冬季寒冷天气导致粮食加工品发生变质。

2.3.2　20英尺35 t敞顶箱运输特征

某年度各月份20英尺35 t敞顶箱的运量如图2-11所示。从图中可以看出，20英尺35 t敞顶箱各月运量的波动趋势与集装箱总运量大致相同，都是在2月份到达波谷，在夏季和秋季运量稳步上升，在11月、12月份到达波峰，12月至次年2月出现下降趋势，其中所包含的影响因素与集装箱总运量基本相同。2月份达到波谷是因为国家法定假日春节，货运需求下降，导致集装箱运量呈下降趋势。3—9月运量增加是因为夏季与秋季粮食、农作物、矿石、煤炭等大宗货物运量上升，运输需求扩大，所以运量处于稳步上升状态。12月份达到波峰是因为冬煤运输需求的大幅提升。

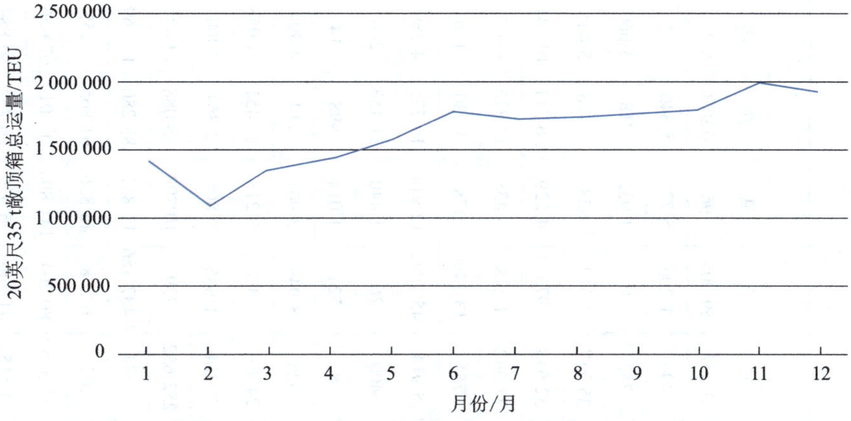

图 2-11 20 英尺 35 t 敞顶箱各月份运量变化

通过对某年度各铁路局集团公司间发送 20 英尺 35 t 敞顶箱进行分析，OD 分布如图 2-12所示，与图 2-5 铁路网集装箱总运量 OD 分布图大体相似，部分铁路局集团公司间特定箱型运量下降，总体流向基本保持不变，内陆呈现网状化分散状态。各铁路局集团公司间 20 英尺 35 t 敞顶箱运量分布情况见表 2-7，其中乌鲁木齐局集团公司、太原局集团公司、呼和浩特局集团公司的 20 英尺 35 t 敞顶箱运量较大，这与我国铁路煤炭运输的流量流向分布相符，20 英尺 35 t 敞顶箱承担了大量煤炭、焦炭运输。北京局集团公司 20 英尺 35 t 敞顶箱以到卸为主，其主要来源有呼和浩特局集团公司、济南局集团公司与太原局集团公司；成都局集团公司 20 英尺 35 t 敞顶箱也以到卸为主，其主要来源有乌鲁木齐局集团公司、西安局集团公司与昆明局集团公司。

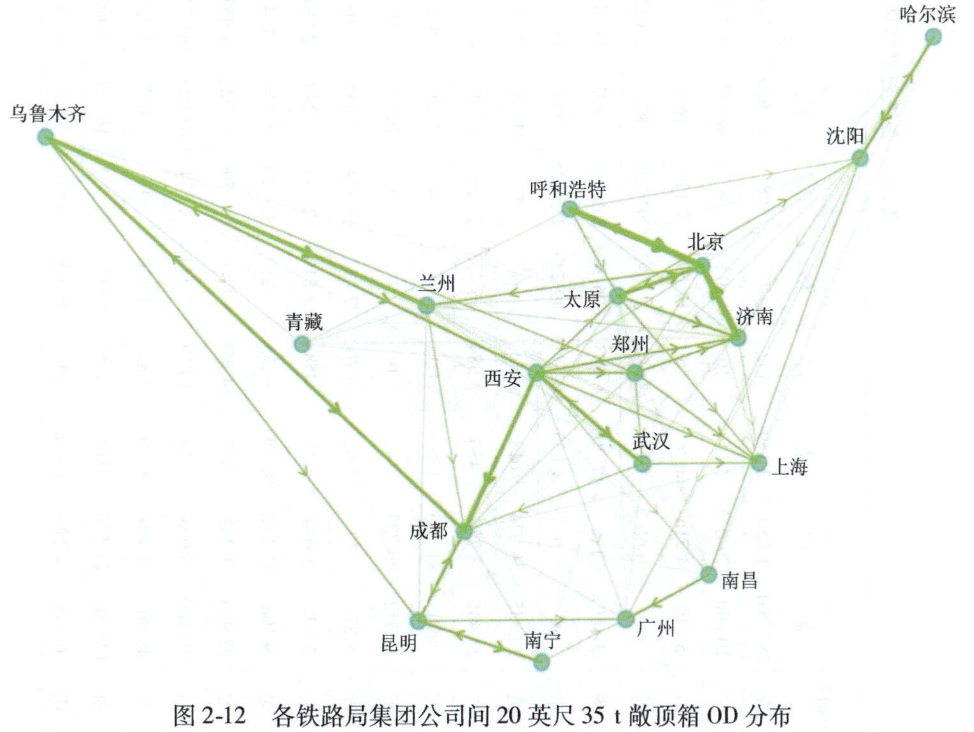

图 2-12 各铁路局集团公司间 20 英尺 35 t 敞顶箱 OD 分布

表 2-7 各铁路局集团公司间 20 英尺 35 t 敞顶箱运量分布

到局	发局																	
	成	广	哈	呼	济	京	昆	兰	南	宁	青	上	沈	太	乌	武	西	郑
成	282 790	1 650	2 159	432	72	98	49 619	5 544	130	9 515	0	326	1 202	3 067	59 905	96	6 973	8 220
广	10 890	179 015	2 114	16	0	6	8 633	1 482	9 656	19 210	0	6	1 922	494	1 206	5 771	5 346	72
哈	5 110	4 716	66 592	76	17 696	2 178	686	94	2 010	450	0	4 596	165 628	352	0	1 932	718	5 660
呼	842	660	778	284 933	27 692	297 356	871	5 012	1 922	1 664	584	1 032	22 587	35 717	2 619	628	2 718	5 445
济	3 869	128	12 205	6 668	606 149	209 598	1 855	13 678	2 051	0	1 785	16 589	858	32 948	975	4 229	56 311	10 341
京	64	0	1 835	102 713	49 283	735 545	344	87 612	202	106	2	13 539	2 111	77 342	1 348	3 438	14 873	8 487
昆	93 335	38 874	618	342	6	56	318 836	7 033	588	82 588	0	32	1 551	751	13 149	378	3 030	156
兰	25 446	3 258	430	3 384	16 473	24 292	15 206	41 621	3 402	5 581	296	10 555	2 091	5 914	45 797	12 914	19 775	4 389
南	990	81 366	1 146	60	0	0	1 143	516	155 147	660	0	16 816	6 190	400	266	1 440	11 153	246
宁	10 712	20 723	142	0	0	0	78 137	46	100	362 860	0	4	818	8	524	1 014	998	14
青	5 271	20	0	16 700	7 431	2 444	5 034	7 160	4	1 023	43 783	936	3 074	326	8 949	3 901	714	4 794
上	7 470	1 034	2 333	458	7 819	2 386	1 249	2 594	3 596	592	368	749 936	682	24 491	1 398	7 218	14 451	24 058
沈	9 306	10 912	95 451	5 255	7 259	12 828	5 334	114	24 520	2 218	0	6 110	284 851	7 974	1 685	9 804	2 364	2 846
太	22 956	3 262	470	14 956	90 847	131 796	10 322	8 967	10 178	1 002	32	56 802	32 685	252 652	229	10 792	35 088	13 421
乌	131 095	6 095	124	4 819	7 244	4 554	43 023	161 538	2 671	1 670	10 112	9 311	446	5 384	2 437 186	11 857	88 280	17 169
武	48 802	4 469	1 016	883	1 130	60	3 012	3 332	7 876	2 407	2 350	46 305	2 469	502	6 298	46 826	61 865	1 155
西	124 317	21 576	418	215	90 074	32 795	16 721	3 400	34 371	3 620	1 662	56 986	242	31 535	80 204	141 894	219 019	67 056
郑	6 506	4 275	1 698	841	70 930	18 699	3 127	1 460	1 607	4 980	852	67 115	2 540	3 515	41 246	26 529	26 252	80 884

2.4　铁路集装箱空箱供需特征分析

本节提取某年度各铁路局集团公司空箱的发到数据及各集装箱办理站空箱发到数据，对全路集装箱空箱供需总体特征、典型集装箱办理站空箱供需特征进行分析。

2.4.1　空箱供需总体特征

各铁路局集团公司空箱到达量如图 2-13 所示。

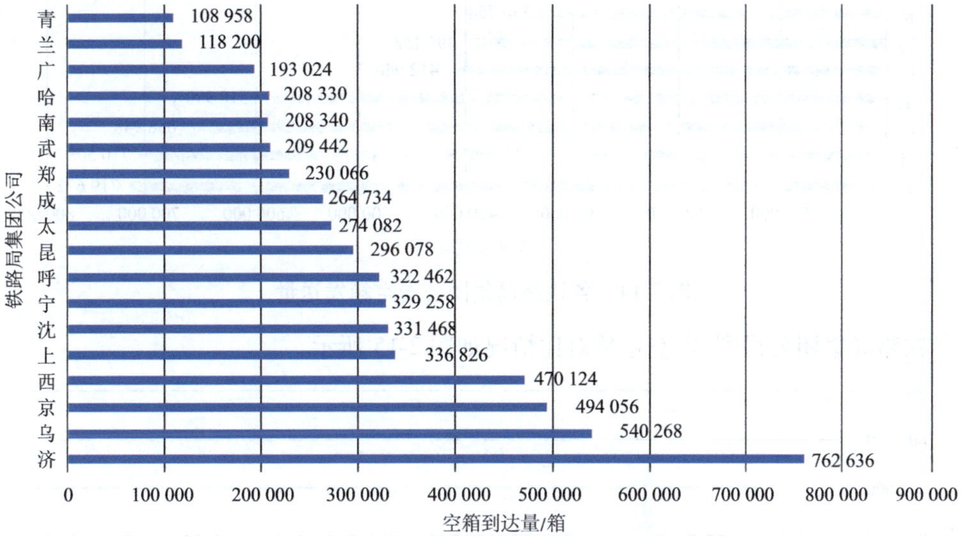

图 2-13　各铁路局集团公司空箱到达量

由图 2-13 可见，济南局集团公司的空箱到达量和其他铁路局集团公司有显著差异，其空箱到达量高达 762 636 箱。山东省位于中国东部沿海，毗邻黄海和渤海，拥有诸多港口城市，地理优势明显，且拥有丰富的出口资源和较强的生产能力，其货物进出口量较大，大量的货运需求决定其对空箱的需求量较大。

乌鲁木齐局集团公司、北京局集团公司和西安局集团公司处于同一水平，都在 450 000 箱以上。其中，乌鲁木齐局集团公司所在区域有大量煤矿产地，近年来疆煤外运需求大幅提升，大量采用 20 英尺 35 t 敞顶箱运输，导致其空箱需求量的提升。北京局集团公司、西安局集团公司是重要的货物集散地，拥有较多的大规模铁路枢纽，承载着各个地区之间货物流通与中转。

青藏集团公司和兰州局集团公司的空箱到达量最少，两个铁路局集团公司都地处西北地区，铁路运输网络布局较为稀疏，地广人稀，货运需求量小，对集装箱的需求量较小，导致集装箱空箱到达量少。

各铁路局集团公司空箱发送量如图 2-14 所示。

由图 2-14 可知，北京局集团公司、济南局集团公司、成都局集团公司和上海局集团公司的集装箱空箱发送量排名靠前。上述铁路局集团公司管辖范围内社会、经济相对发达，货物运输以到达为主。如成都局集团公司以到卸为主，需要往外局调配大量的集装箱空箱。青藏集团公司和哈尔滨局集团公司的空箱到达量最少。

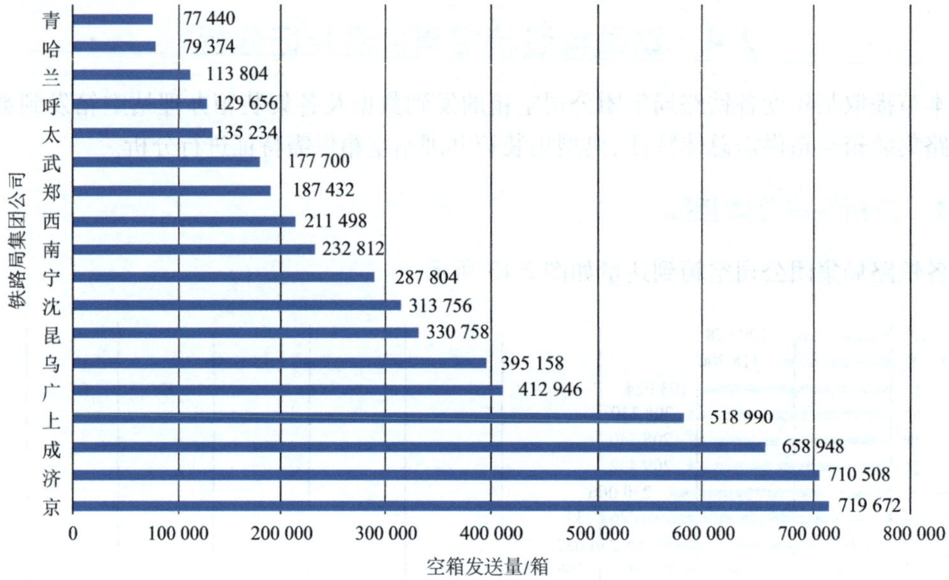

图 2-14　各铁路局集团公司空箱发送量

各铁路局集团公司到、发空箱量对比情况如图 2-15 所示。

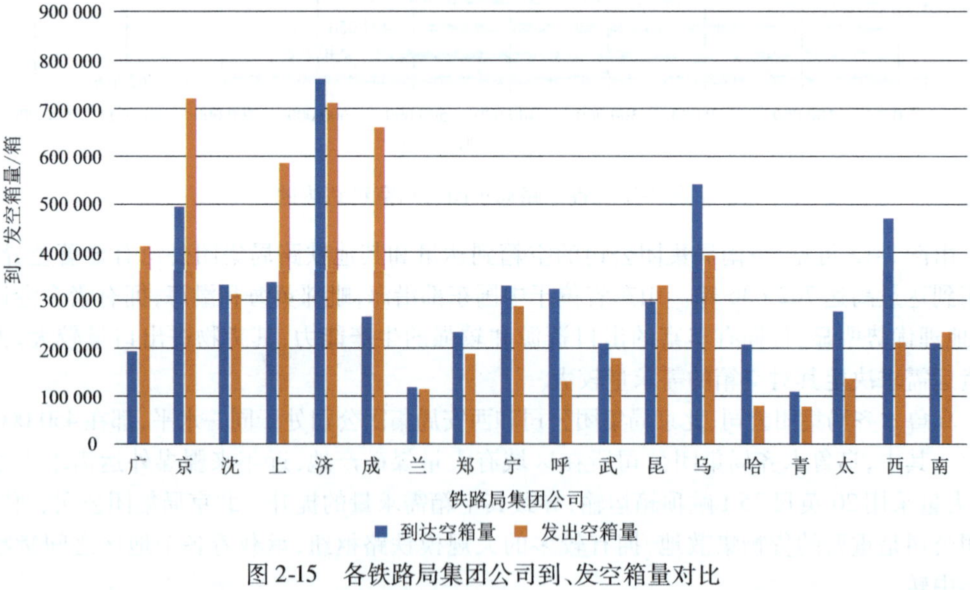

图 2-15　各铁路局集团公司到、发空箱量对比

如图 2-15 所示,对比发空和到空的数量可知,西安局集团公司的空箱到达量是空箱发送量的两倍,是以空箱需求为主的铁路局集团公司,乌鲁木齐局集团公司、太原局集团公司与呼和浩特局集团公司也都是以空箱需求为主。成都局集团公司的空箱发送量远大于空箱到达量,是以空箱供给为主的铁路局集团公司,上海局集团公司、广州局集团公司、北京局集团公司等亦以空箱供给为主。

各铁路局集团公司 20 英尺通用标准箱空箱到达量如图 2-16 所示。

如图 2-16 所示,各铁路局集团公司 20 英尺通用标准箱的空箱到达量差异较大,其中济南局集团公司的 20 英尺通用标准箱空箱到达量最大,与其所在地区社会经济发展水平、工业生产水平、国际商贸发展水平等相关。沈阳局集团公司、南宁局集团公司、武汉局集团公司和成都局集团公司的 20 英尺通用标准箱空箱到达量也相对较大。西安局集团公司的 20 英尺通用标准箱的空箱到达量最少。

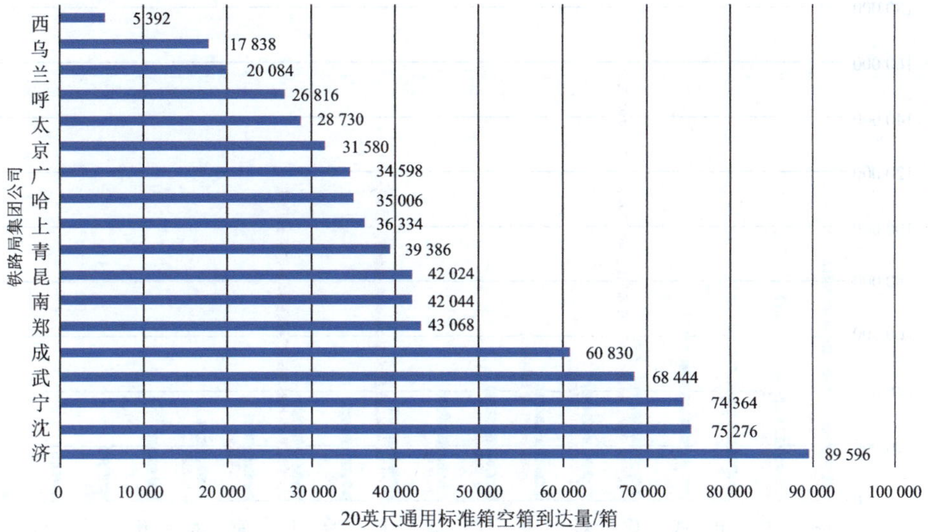

图 2-16　各铁路局集团公司 20 英尺通用标准箱空箱到达量

各铁路局集团公司 20 英尺通用标准箱空箱发送量如图 2-17 所示。

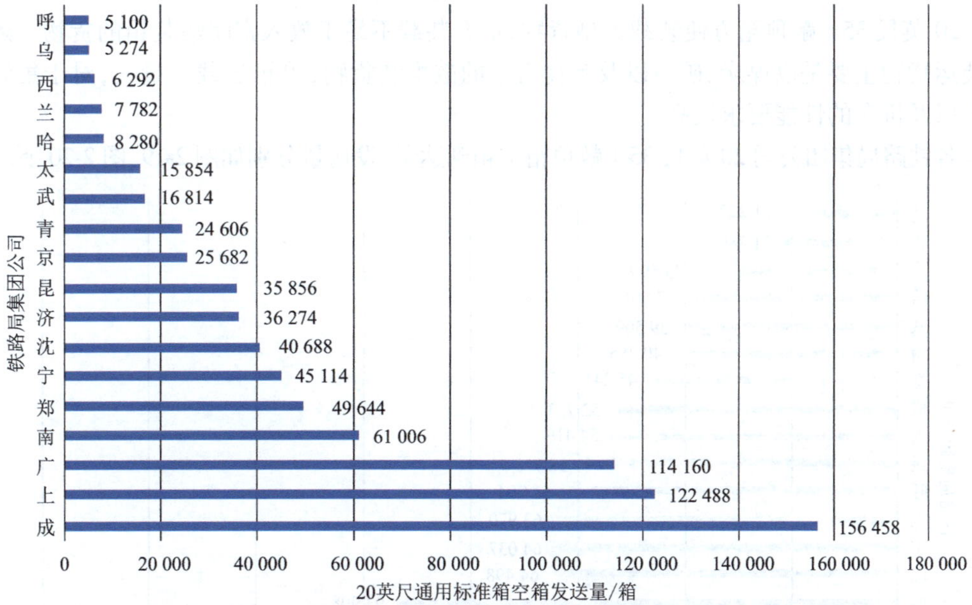

图 2-17　各铁路局集团公司 20 英尺通用标准箱空箱发送量

铁路局集团公司管辖范围内的重箱到达量大于货物装车需求，则会导致空箱富余，需往其他铁路局集团公司调配。如图 2-17 所示，成都局集团公司 20 英尺通用标准箱的空箱发送量最大，上海局集团公司和广州局集团公司 20 英尺通用标准箱空箱发送量也相对较大。

通过空箱到达量和空箱发送量的差值可以判断出该铁路局集团公司是以空箱供给为

主还是以空箱需求为主。图 2-18 中,成都局集团公司、上海局集团公司和广州局集团公司的空箱到达量和空箱发送量有着显著差异,都是以空箱供给为主。济南局集团公司和武汉局集团公司则是以空箱需求为主,需要其他铁路局集团公司发送的空箱以供货物的装载。

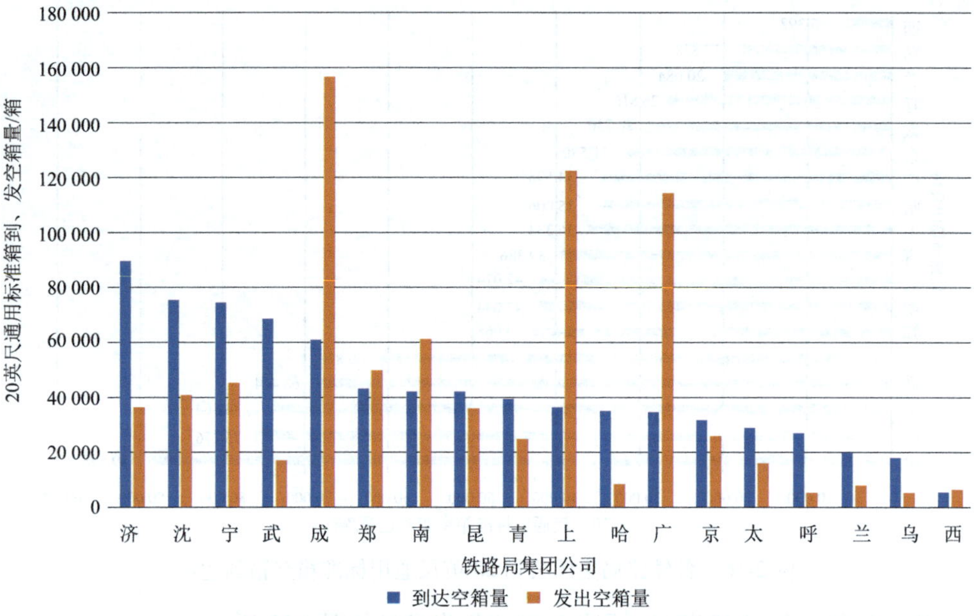

图 2-18 各铁路局集团公司 20 英尺通用标准箱到、发空箱量对比

20 英尺 35 t 敞顶箱方便装载大型货物,适合装载不易于放入密闭集装箱的货物。敞顶箱装运货物主要是以煤炭、矿石以及粮食为主的散堆装货物,单箱运载重量大,对于集装箱平车以及机车的性能要求较高。

各铁路局集团公司 20 英尺 35 t 敞顶箱空箱到达量、发送量分别如图 2-19、图 2-20 所示。

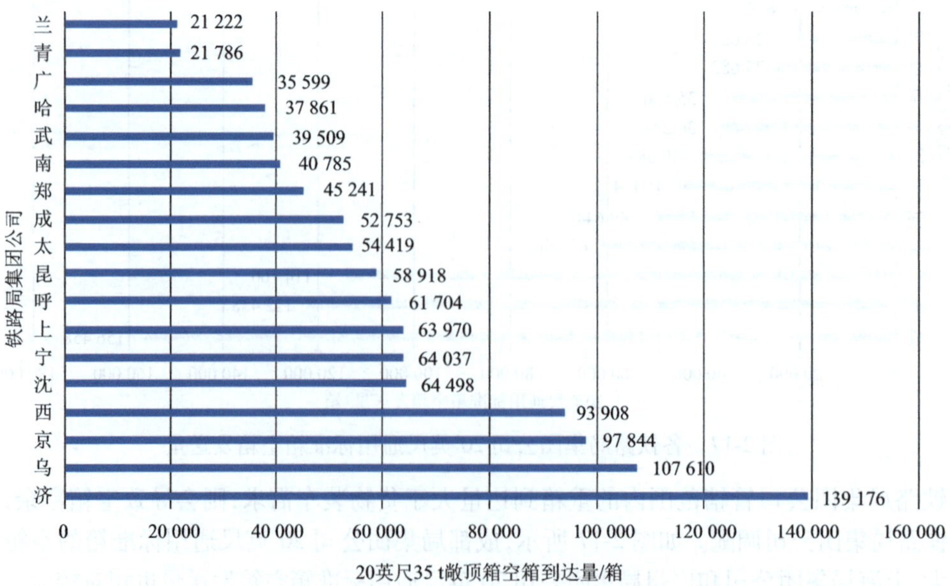

图 2-19 各铁路局集团公司 20 英尺 35 t 敞顶箱空箱到达量

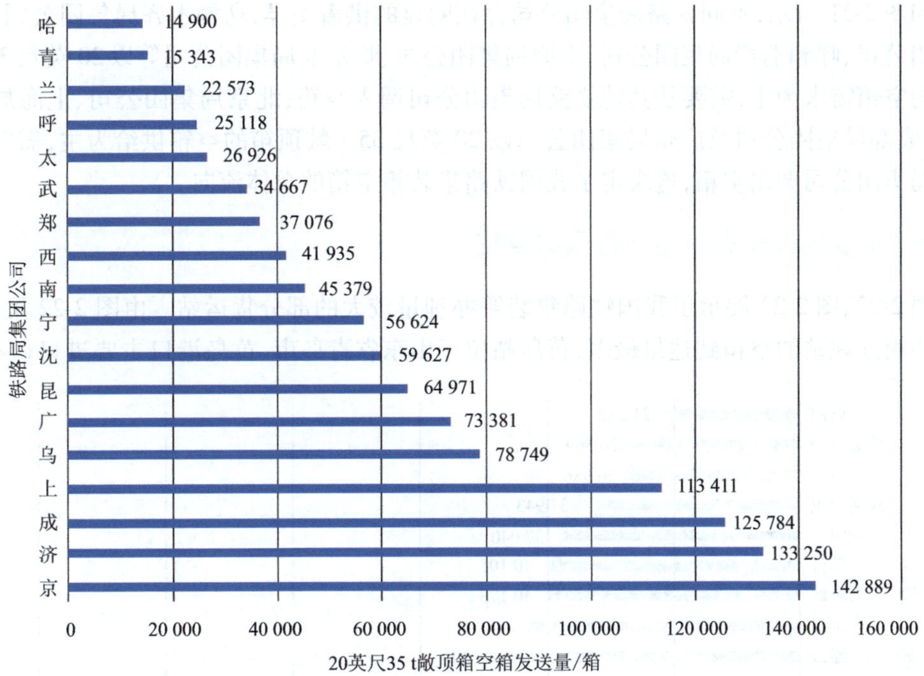

图 2-20　各铁路局集团公司 20 英尺 35 t 敞顶箱空箱发送量

20 英尺 35 t 敞顶箱方便装运大宗货物，目前主要运输煤炭、矿石以及粮食等散堆装货物。如图 2-19、图 2-20 所示，济南局集团公司、乌鲁木齐局集团公司、北京局集团公司及西安局集团公司的 20 英尺 35 t 敞顶箱空箱到达量较大，兰州局集团公司和青藏集团公司的到达量较小。北京局集团公司、济南局集团公司、成都局集团公司和上海局集团公司的 20 英尺 35 t 敞顶箱空箱发送量相对较大，哈尔滨局集团公司的发送量较小，这与各铁路局集团公司空箱发送量的对比结果一致。

各铁路局集团公司 20 英尺 35 t 敞顶箱到、发空箱量对比情况如图 2-21 所示。

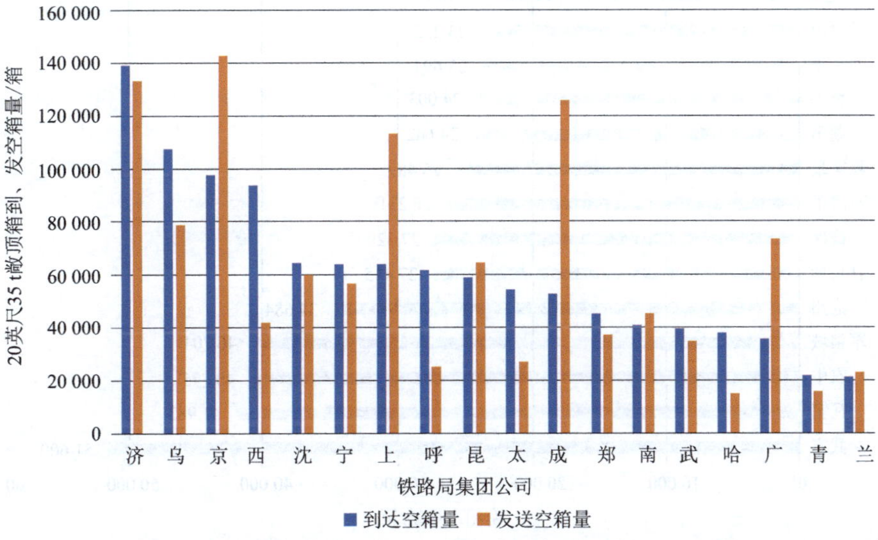

图 2-21　各铁路局集团公司 20 英尺 35 t 敞顶箱到、发空箱量对比

如图 2-21 所示，不同铁路局集团公司存在明显的供需差异，乌鲁木齐局集团公司、西安局集团公司、呼和浩特局集团公司、太原局集团公司、哈尔滨局集团公司等以 20 英尺 35 t 敞顶箱的空箱需求为主，需要从其他铁路局集团公司调入空箱；北京局集团公司、上海局集团公司、成都局集团公司及广州局集团公司以 20 英尺 35 t 敞顶箱的空箱供给为主，需向其他铁路局集团公司调出空箱，这决定了我国铁路集装箱空箱的总体流向。

2.4.2 主要集装箱办理站空箱供需特征

图 2-22、图 2-23 展示了我国铁路集装箱办理量较大的部分货运站。由图 2-22 可知，黄岛集装箱办理站的空箱到达量最多，黄岛站位于山东省青岛市，黄岛港口主要进口矿石、原

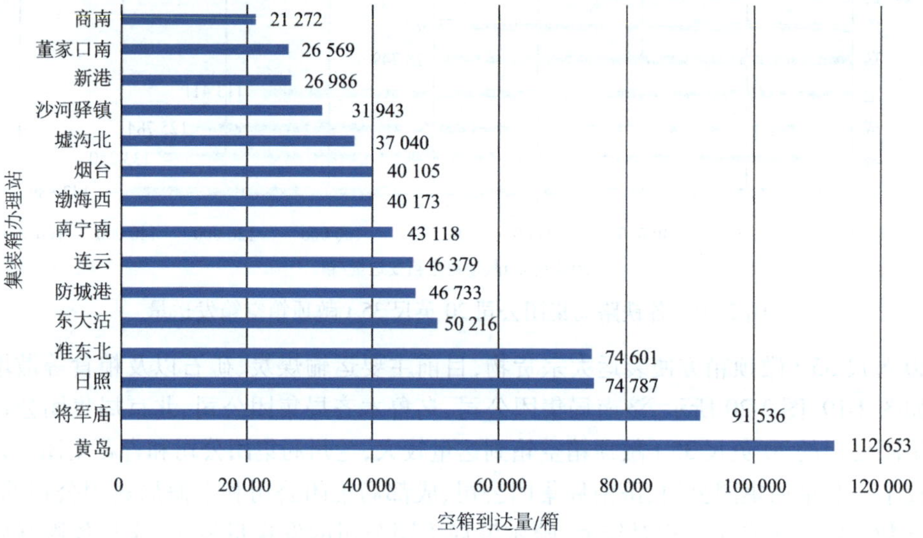

图 2-22　各集装箱办理站空箱到达量

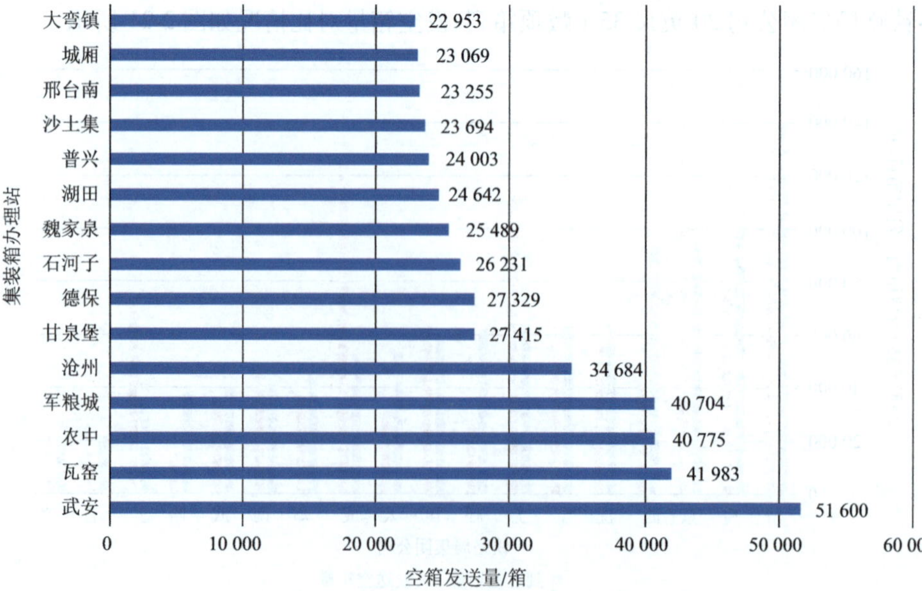

图 2-23　各集装箱办理站空箱发送量

纸和燃料油等大宗散货及集装箱货物，是全国最大的自动化集装箱码头，集装箱装车需求量大。排名第二的是将军庙集装箱办理站，该站隶属于乌鲁木齐局集团公司，煤炭、焦炭等物资的装车需求量大，导致其空箱需求量的提升。由图2-23可知，武安站的空箱发送量较大，武安地区的第二产业以钢铁工业为主，有较大量矿石运输需求，进而产生大量的卸后空箱需要往外调配。

1. 主要集装箱办理站20英尺通用标准箱供需特征

图2-24、图2-25展示了我国铁路20英尺通用标准箱办理量较大的部分办理站。由图2-24可知，麻城站、德令哈站、防城港站的空箱到达量多于其他集装箱办理站，其中麻城站隶属于武汉局集团公司，德令哈站隶属于青藏集团公司，防城港站隶属于南宁局集团公司，图2-24中所示车站所在地区运输需求量较大，且以工业制品和半成品为主，适合采用

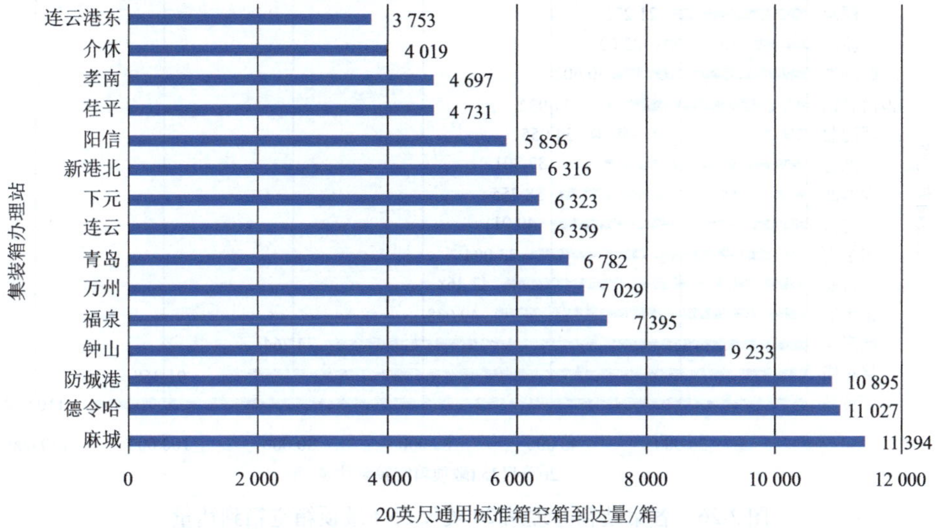

图2-24　主要集装箱办理站20英尺通用标准箱空箱到达量

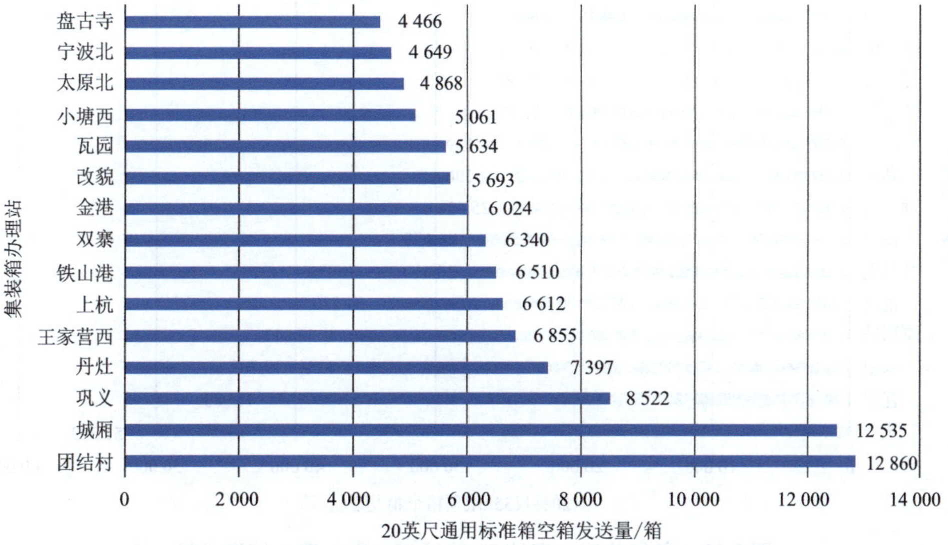

图2-25　主要集装箱办理站20英尺通用标准箱空箱发送量

20 英尺通用标准箱运输。由图 2-25 可知,成都局集团公司的团结村站和城厢站的 20 英尺通用标准箱的空箱发送量较大,成都局集团公司以到卸为主,需通过团结村站和城厢站等站向其他铁路局集团公司调配大量空箱。

2. 主要集装箱办理站 20 英尺 35 t 敞顶箱供需特征

图 2-26、图 2-27 展示了我国铁路 20 英尺 35 t 敞顶箱办理量较大的部分办理站。20 英尺 35 t 敞顶箱主要承担煤炭、矿石、焦炭等大宗货物的运输,由图 2-26 可知,黄岛站、将军庙站、准东北站的空箱到达量较大,反映出青岛港区的矿石、新疆准东地区的煤炭资源等大宗货物的装车需求。由图 2-27 可知,武安站、瓦窑站、农中站、军粮城站和沧州站的空箱供给量相对较大,反映出矿石、煤炭等大宗货物的到卸需求。

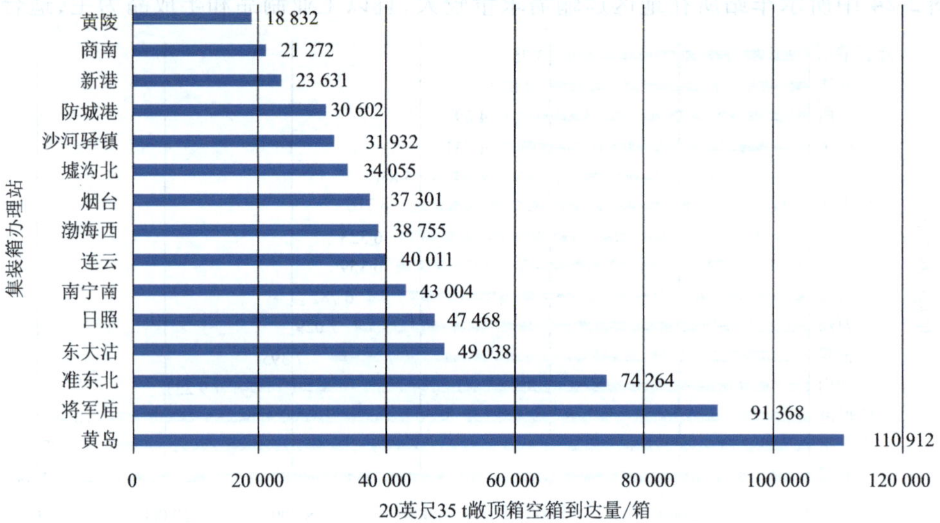

图 2-26　各集装箱办理站 20 英尺 35 t 敞顶箱空箱到达量

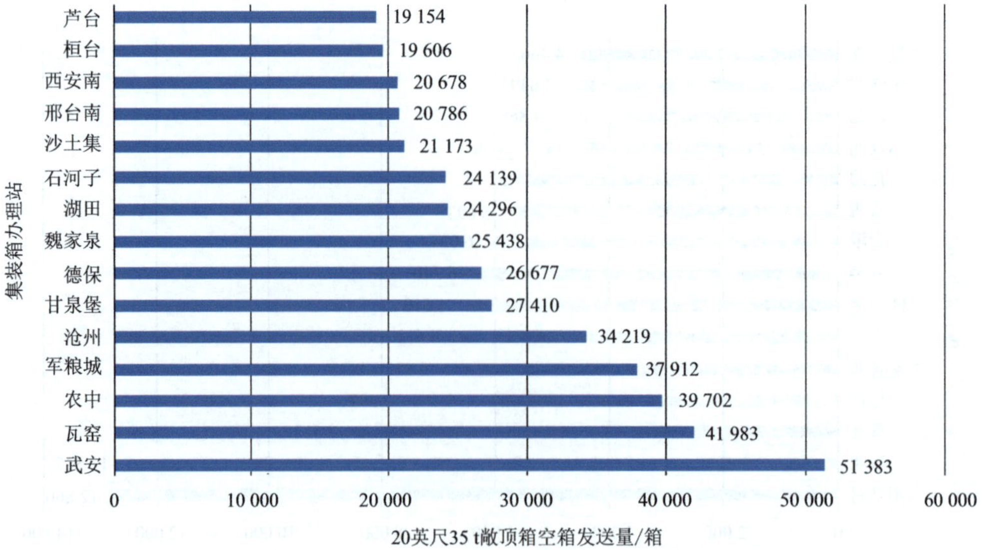

图 2-27　各集装箱办理站 20 英尺 35 t 敞顶箱空箱发送量

2.4.3　空箱流量与流向分析

不同铁路局集团公司对于20英尺35 t敞顶箱的日均供给数量和需求数量表现出一定的层级差异，为确认不同铁路局集团公司之间的集装箱空箱调运情况，通过统计空箱的发到信息并按铁路局集团公司汇总，得到空箱在各铁路局集团公司间的走向及平均每天的调运量。

绝大部分的空箱调运均发生在局管范围内，以避免长距离运输而增加空箱调运成本。由图2-28管内空箱发送量的数据可知，乌鲁木齐局集团公司范围内的空箱运输远超于其他铁路局集团公司，这与乌鲁木齐局集团公司管辖范围大，以及地区间经济社会发展差异、资源分布不均、“一带一路”倡议下国际陆路港的发展有关。上海局集团公司、济南局集团公司、北京局集团公司的空箱运输量也相对较大。

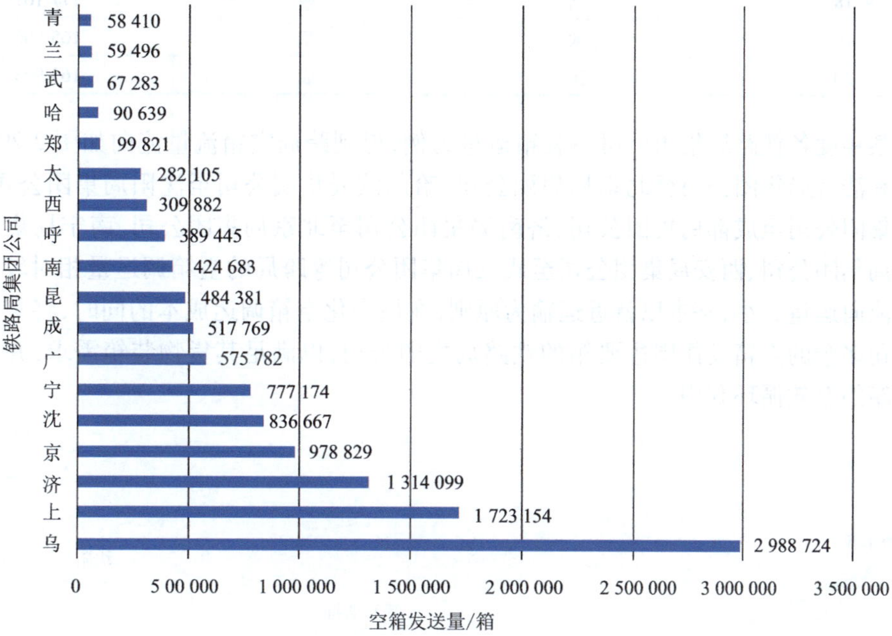

图2-28　各铁路局集团公司管内空箱发送量

除此之外，各铁路局集团公司之间的空箱发送量统计见表2-8，展示了发送量前20的铁路局集团公司间空箱流向。

表2-8　铁路局集团公司间的空箱发送情况

序　号	发　局	到　局	总发送量/箱
1	呼	京	450 845
2	哈	沈	362 019
3	乌	成	308 137
4	济	京	294 406
5	宁	昆	271 724
6	西	武	269 694
7	乌	兰	266 306
8	沈	哈	252 420

续上表

序　号	发　局	到　局	总发送量/箱
9	西	成	247 091
10	京	呼	240 128
11	成	乌	233 497
12	昆	宁	212 167
13	西	乌	206 991
14	宁	成	201 755
15	乌	上	182 885
16	昌	广	179 999
17	西	济	177 870
18	乌	西	177 161
19	太	京	165 906
20	昆	成	163 993

以某年度各铁路局集团公司集装箱运量为例，得到跨局空箱流量流向如图 2-29 所示，其中呼和浩特局集团公司至北京局集团公司、哈尔滨局集团公司至沈阳局集团公司、乌鲁木齐局集团公司至成都局集团公司、济南局集团公司至北京局集团公司、南宁局集团公司至昆明局集团公司、西安局集团公司至武汉局集团公司等跨局的空箱调运量相对较大。无论空箱流向运量大小，基本以就近运输为原则，在最小化空箱调运成本的同时，将某铁路局集团公司多余的空箱发往周边要箱的铁路局集团公司，以满足其货物装箱需求，并实现全路集装箱的有效循环利用。

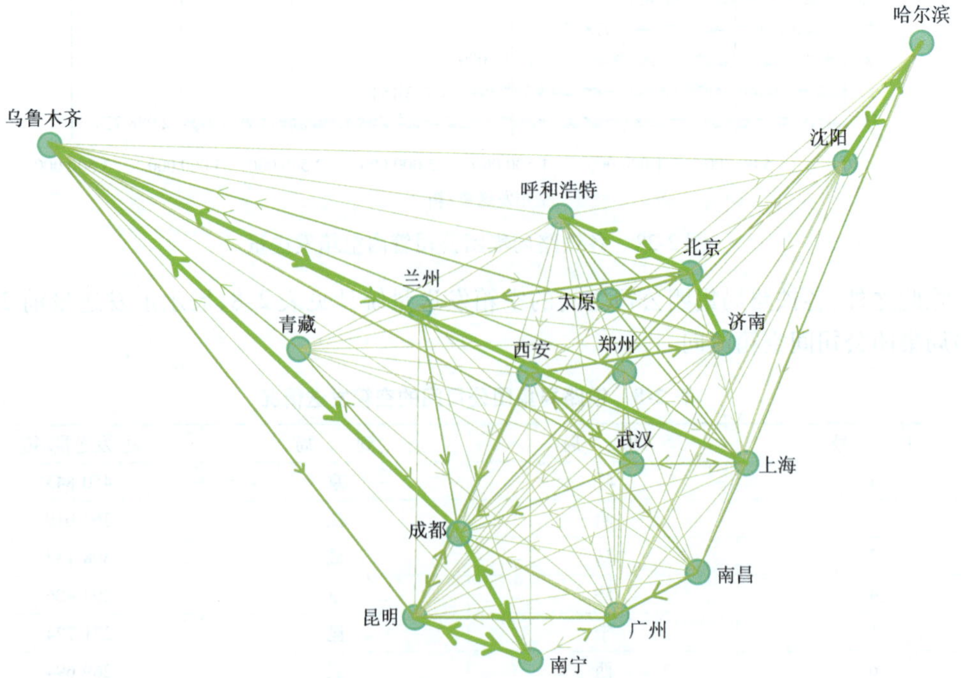

图 2-29　各铁路局集团公司空箱流向

第3章　铁路集装箱空箱供需预测与平衡调整

3.1　集装箱空箱供需测算方法

实现全路集装箱空箱调配优化，其基础与前提是集装箱办理站空箱供需量的精准测算。目前没有准确获取集装箱办理站空箱供需量的渠道与方法，“集装箱全程追踪管理系统”具有提报空箱供需量的功能，但在空箱供需矛盾的不同阶段，各办理站对空箱保有量控制的策略各不相同，导致提报的数值参考意义不大。在此背景下，首先设计全路集装箱办理站空箱供需量的测算方法，然后开展集装箱空箱调配优化方法的研究。

我国铁路集装箱办理站数量众多，不同办理站供需特征差异明显，为实现集装箱办理站空箱供需量的精准测算，需要针对不同类型的办理站设计不同的测算方法，因此，本书对集装箱办理站进行了分类研究。与此同时，空箱供需量测算过程中，还需要对办理站的空箱供需趋势进行研判，如预测未来 2 ~ 3 个计划周期空箱供需趋势，若某个集装箱空箱供给站未来空箱供给量有变小的趋势，则可通过设计调整参数，减少本计划周期内空箱供给量。基于这种考虑，设计了基于机器学习的集装箱空箱供需预测方法，用以研判空箱供需的趋势；同时为了减少计算量，对集装箱办理站进行分级，重点针对空箱供需量较大的高等级（如一级、二级）集装箱办理站进行预测分析，最终可形成如图 3-1 所示的集装箱空箱供需测算方法框架。下面将分节介绍集装箱办理站分级分类、铁路集装箱空箱供需预测方法、铁路集装箱空箱供需测算等技术，其中在途集装箱到达预测将在第 4 章 4.3 节介绍。

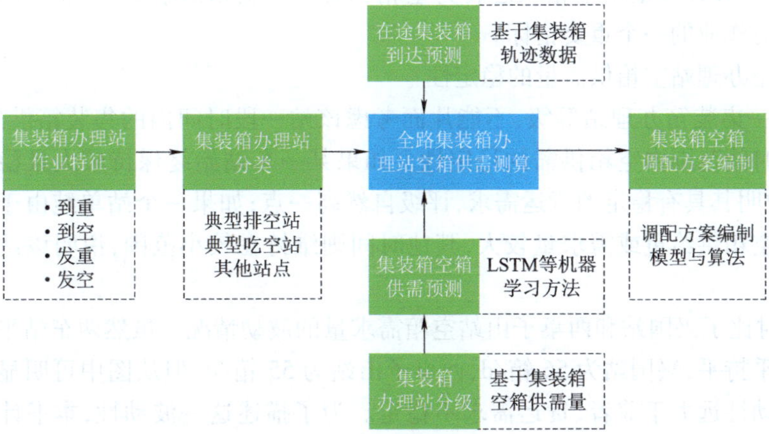

图 3-1　全路集装箱空箱供需测算技术框架

3.2 集装箱办理站分级分类

我国铁路集装箱办理站超过了 2 000 个,已形成规模庞大的集装箱运输网络。为支撑全路空箱调配方案的高效编制,本书对全部集装箱办理站进行分级研究,主要考虑如下两大原因:

(1)通过对集装箱办理站分级处理,可支撑更灵活的空箱调配优化模式设计,如在优化过程中进行分层计算,逐级完成办理站之间的空箱调配方案编制,降低优化计算难度。

(2)通过对集装箱办理站分级处理,为后续空箱供需趋势预测过程中对于预测方法的选择提供依据。如只针对一级、二级集装箱办理站的供需趋势进行预测,因其数量占比较少,能够压缩预测分析所需的计算时间,提高决策效率。

3.2.1 集装箱办理站分级分类影响因素

要实现集装箱办理站分级分类任务,首先需考虑与其紧密相关的主要因素,然后对这些因素进行综合评价,确定每一影响因素在集装箱办理站分级过程中所占的权重,得出分级分类结果。

1. 集装箱办理站作业量

集装箱办理站作业量与办理站分级关系最为紧密,是直接影响因素之一,因此在不同集装箱办理站评级时所占权重相应较大。它主要包括以下两方面要素:

(1)空箱需求量

集装箱办理站对空箱的需求是反映该站货运作业的一个重要指标,集装箱办理站对空箱需求越大,反映该站装箱需求越大,货运作业较为繁忙。在考虑集装箱办理站的空箱需求量大小时,还可以考虑车站对于某一具体型号(如 20 英尺、40 英尺)集装箱的需求大小。如果车站一天内对某一型号、某一去向的空箱满足整列要求,有利于该站开行整列直达列车,提高运行效率并节省运输成本。

(2)空箱供给量

集装箱办理站空箱供给量反映了该站卸货能力及到达货物量的多少,供给量较大的车站,铁路集装箱在此大量由重箱状态转为空箱状态。同空箱需求量类似,空箱供给量也是反映车站货运作业的一个重要指标。

2. 集装箱办理站空箱供需量的稳定性

评价某一集装箱办理站等级,不能片面考虑该站一段时间内的集装箱供需量的大小,还应关注该时间范围内空箱供需的稳定性。如果某一车站始终保持较大且稳定的空箱供给或需求,说明其具有稳定的货运需求,评级自然高一点;如果一个站单纯由于特殊原因在一两天内的空箱供给量或需求量较大,其他时间则维持在较小范围,说明该站货运需求波动性较大。

图 3-2 对比了兴国站和西桌子山站空箱需求量的波动情况。虽然两车站平均每天的提箱量大小几乎持平,兴国站为 56 箱/d,西桌子山站为 55 箱/d,但从图中可明显看出后者的空箱需求波动性远大于前者,货运需求不稳定。为了描述这一波动性,本书计算了一段时间范围内集装箱办理站空箱供需量的方差,作为评价该站等级的一个重要指标。

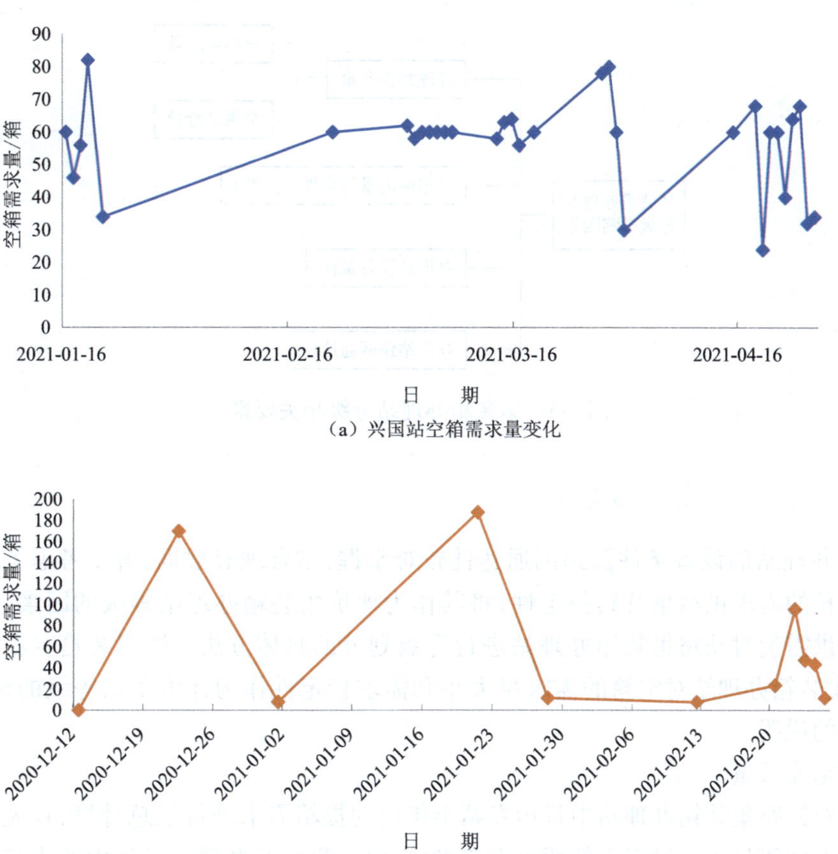

（a）兴国站空箱需求量变化

（b）西桌子山站空箱需求量变化

图 3-2 不同办理站空箱需求量波动对比

3. 集装箱办理站的设备条件

办理站自身设备条件反映了该站集装箱装卸的能力，关系集装箱在办理站的作业时间及作业安全。一般而言，办理站设备条件越好，相应该站规模也越大，有利于作业效率的提高，保证作业质量和安全。因此，在集装箱办理站分级过程中也应考虑其设备条件。

4. 集装箱办理站在路网的地理位置

空箱调运过程中，先将周围小站的空箱供给或需求汇集到附近大站，在大站间进行一次调配后，再由其将需求分配到周围覆盖的小站中，因此作为较高等级的集装箱办理站，应考虑其与路网的衔接程度，即反映出该站与其所覆盖的小站间的通达性状况。路网通达性良好，有利于该集装箱办理站及时且便捷地将重空箱发往周围的其他办理站，或将周围所覆盖的其他较小办理站的重空箱集中后发往其他铁路局集团公司管理范围内的规模较大的集装箱办理站。此外，通达性较好的集装箱办理站一般位于县市级以上的行政单位，这些地方的货运需求及供给较大，且公路条件较好，有利于货物的集散，节省运输成本，提高作业效率。

综上所述，影响集装箱办理站分级的主要因素如图 3-3 所示。

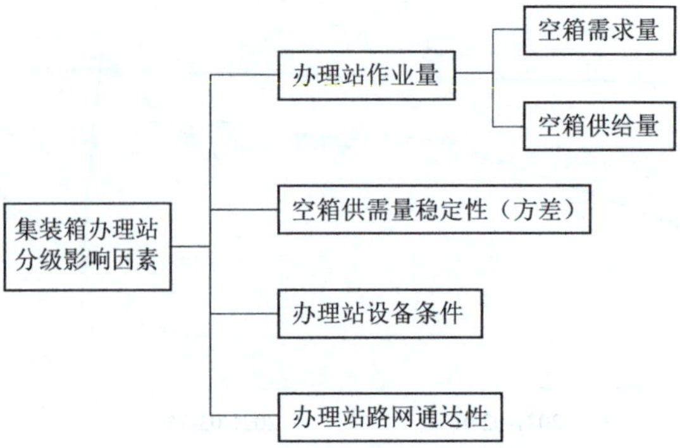

图 3-3　集装箱办理站分级相关要素

3.2.2　集装箱办理站分级方法

由于办理站的设备条件及路网通达性较难掌握,结合现有数据,着重考虑了集装箱办理站对空箱的需求供给量及其稳定性,将其作为评价集装箱办理站等级的因素,并提出了基于空箱供需量对铁路集装箱办理站进行等级划分的具体方法。以集装箱空箱需求站为例,选取集装箱办理站对空箱的需求量大小和需求稳定性作为评价车站等级的标准,进行分级方法的说明。

1. 空箱需求量

通过对铁路集装箱办理站中货运发站半年内的提箱需求进行汇总计算,首先得出了这一分级标准中衡量提箱量需求的两个重要参数:每一集装箱办理站半年内的集装箱需求总量以及该站实际提箱天数内平均每天的集装箱提箱量。选取其中的集装箱办理站实际提箱天数内平均每天的集装箱提箱量来衡量该站的空箱需求量大小。

由于车站平均每天的提箱量参差不齐且数值范围较大,因此需要对其进行归一化处理,采用离差标准化方法,通过对已有数据进行线性变换,得到一个介于[0,1]之间的值来反映一个数据在整个样本中的大小关系,使每一集装箱办理站得出的最终评分也限制在[0,1]之间,方便进行排序并分级。具体的转换函数如下:

$$x^* = \frac{x - x_{min}}{x_{max} - x_{min}}$$

其中,x_{max} 为整个样本数据中的最大值,x_{min} 为最小值,x 为原始数据,x^* 为归一化后的数据。但在进行加权时,对于取得最大值和最小值的集装箱办理站,如果评价指标取 1 和 0 会有较大误差,因此需将区间缩小到[0.2,0.8],转换方法如下:

$$Q_i = x^* \cdot (M - N) + N$$

式中,$M = 0.8$,$N = 0.2$。

集装箱办理站平均每天的空箱需求量经由上述处理方式处理后,最终得出每个集装箱办理站的归一化后的空箱需求量 $Q_i(i = 1,2,\cdots,m)$,m 为集装箱办理站个数。

2. 需求的稳定性

需求的稳定性反映一定时期内集装箱办理站稳定的货运需求,采用集装箱办理站每天提箱量的方差来衡量该集装箱办理站对空箱需求是否具有稳定性。基于集装箱办理站平

均每一天的提箱量 $\bar{x}$，可计算出该站实际提箱天数内提箱量的方差S_i为

$$S_i = \frac{(x_1 - \bar{x})^2 + (x_2 - \bar{x})^2 + \cdots + (x_n - \bar{x})^2}{n}$$

式中　$x_1, x_2, \cdots, x_n$——每一集装箱货运发站计算期内实际装箱天数中每一天的提箱量；

n——计算期内实际的提箱天数合计。

采用同样的方法对集装箱办理站每天提箱量的方差进行归一化处理。但由于方差越小空箱需求越稳定，越倾向于空箱的分配，为方便表述与计算，可对其方差值进行转换，设S'_i为转换后的方差值，则有 $S'_i = 1 - S_i$。此时，S'_i的值越大，说明办理站 i 的空箱需求越稳定。

根据以上集装箱办理站平均每天的提箱量及其方差，计算每个车站最终的得分并排序以确定其等级。考虑到日均集装箱办理量是划分集装箱办理站等级的一个非常重要的因素，因此按照车站平均每天提箱量占80%、提箱量方差占20%的权重来计算每一集装箱办理站最终的得分 L_i。最终评价结果的计算表达式如下：

$$L_i = 0.8 \times Q_i + 0.2 \times S'_i$$

通过上述计算过程得到每一集装箱办理站的评分并按从大到小排序后，按照20%、30%、50%的比例分别确定一级站、二级站、三级站的数量，至此，即完成按照提箱量大小对全路集装箱办理站进行分级的过程。

通过对全路集装箱某时间段的提箱数据进行分析（不考虑无提箱数据的集装箱办理站），通过这些车站按提箱量分级的最终评分进行排序，按照20%、30%、50%的比例划分一级、二级、三级集装箱办理站的数量，得出一级站272个，二级站406个，三级站678个。不同等级车站的分布状况见表3-1。

表3-1　集装箱办理站分级结果

车站等级	一级站	二级站	三级站
车站数量	272	406	678
车站数量占比	20%	30%	50%
空箱提箱量汇总	2 163 182	1 030 412	346 602
占比	61.1%	29.1%	9.8%

由表3-1可知，按照提箱量大小分级后的集装箱办理站，车站数量占比20%的一级站的提箱需求占了全路提箱量的61.1%，同时进一步细化发现，如果只取评分靠前的10%车站作为一级办理站，其提箱需求占全路提箱量的44.6%。大部分货运需求集中到一级站，说明分级结果的合理性。

3.2.3　集装箱办理站分类方法

根据集装箱办理站的日均到达空箱（以下简称到空）和日均发出空箱（以下简称发空）数据，计算出各办理站在连续周期内的空箱到发差（DF_C），以空箱到发差规律来划分集装箱办理站的类型。通过分析集装箱办理站的日均到达空箱和日均发出空箱数据可知，部分办理站的日均发空持续大于其日均到空（即 DF_C <0），说明该类办理站为典型的"排空"车站（以往外排出空箱为主），如图3-4所示的城厢站；相反，部分办理站的日均到空持续大于其日均发空（即 DF_C >0），为典型的"吃空"站（以调入空箱为主），如图3-5所示的防城港

站;除此之外,其余办理站的日均空箱到发差则无此类显著特征,在各统计周期内,到发差等于0或者正负交替变化,此类办理站是“吃空”还是“排空”,需要结合其他数据进行综合判断,如图3-6所示的白银市站与黄岛站。这符合我国资源分布不均、产业结构差异等带来的各区域货运到发不均衡的状况。图中展示的均为20英尺通用标准箱的数据。

START_DATE	END_DATE	BUREAU	STN_NAME	DD_Z	FC_Z	DD_K	FC_K	DF_C	ZZ_Z	ZZ_K	SJZZ_K	YJDA_K	YJDA_Z	YJHJ_K
20220206	20220210	成	城厢	16	19	0	143	-143	1723	1074	838	130	1389	2357
20220211	20220215	成	城厢	39	19	0	59	-59	1398	738	598	202	1734	2534
20220216	20220220	成	城厢	83	58	0	69	-69	1079	418	265	368	2178	2811
20220221	20220225	成	城厢	82	49	0	32	-32	1001	249	201	370	2505	3076
20220226	20220228	成	城厢	145	40	1	47	-46	1114	190	215	148	2472	2835
20220301	20220305	成	城厢	149	25	0	130	-130	1119	265	209	30	2944	3183
20220306	20220310	成	城厢	165	28	0	121	-121	1147	238	284	80	3051	3415
20220401	20220405	成	城厢	200	18	2	145	-143	1598	519	555	0	148	703
20220406	20220410	成	城厢	170	34	3	154	-151	1628	291	350	0	0	350
20220411	20220415	成	城厢	266	69	1	391	-390	1729	308	290	0	0	290

图3-4　DF_C<0,典型“排空”站——城厢站

START_DATE	END_DATE	BUREAU	STN_NAME	DD_Z	FC_Z	DD_K	FC_K	DF_C	ZZ_Z	ZZ_K	SJZZ_K	YJDA_K	YJDA_Z	YJHJ_K
20220206	20220210	宁	防城港	21	97	274	0	274	3112	3035	3232	73	446	3751
20220211	20220215	宁	防城港	6	103	100	0	100	3494	3394	3052	146	570	3768
20220216	20220220	宁	防城港	22	100	73	0	73	3056	2916	3056	38	447	3541
20220221	20220225	宁	防城港	25	214	110	0	110	2854	2666	2604	30	489	3123
20220226	20220228	宁	防城港	11	94	137	0	137	2802	2655	2584	271	776	3631
20220301	20220305	宁	防城港	14	151	92	0	92	2509	2414	2238	250	777	3265
20220306	20220310	宁	防城港	50	147	123	0	123	2331	2201	2302	464	744	3510
20220401	20220405	宁	防城港	16	129	100	0	100	2463	2189	2191	44	6	2241
20220406	20220410	宁	防城港	9	146	142	0	142	1328	1129	948	0	0	948
20220411	20220415	宁	防城港	43	191	87	0	87	1063	866	779	0	0	779

图3-5　DF_C>0,典型“吃空”站——防城港站

START_DATE	END_DATE	BUREAU	STN_NAME	DD_Z	FC_Z	DD_K	FC_K	DF_C	ZZ_Z	ZZ_K	SJZZ_K	YJDA_K	YJDA_Z	YJHJ_K
20220206	20220210	兰	白银市	60	36	0	0	0	742	281	377	21	202	600
20220211	20220215	兰	白银市	33	30	0	0	0	827	355	331	68	274	673
20220216	20220220	兰	白银市	4	32	0	0	0	586	260	226	350	442	1018
20220221	20220225	兰	白银市	43	41	16	0	16	484	171	197	368	476	1041
20220226	20220228	兰	白银市	59	42	15	0	15	606	256	386	1065	424	1875
20220301	20220305	兰	白银市	45	20	30	0	30	1024	473	418	746	500	1664
20220306	20220310	兰	白银市	25	37	0	2	-2	940	431	407	407	734	1548
20220401	20220405	兰	白银市	38	25	0	0	0	1063	253	273	0	20	293
20220406	20220410	兰	白银市	57	17	0	2	-2	776	281	393	0	0	393
20220411	20220415	兰	白银市	35	55	0	0	0	734	377	412	0	0	412

(a) 白银市站

START_DATE	END_DATE	BUREAU	STN_NAME	DD_Z	FC_Z	DD_K	FC_K	DF_C	ZZ_Z	ZZ_K	SJZZ_K	YJDA_K	YJDA_Z	YJHJ_K
20220206	20220210	济	黄岛	6	0	0	0	0	914	634	632	32	554	1218
20220211	20220215	济	黄岛	41	6	0	0	0	1029	671	710	0	330	1040
20220216	20220220	济	黄岛	25	12	0	0	0	1171	713	716	51	524	1291
20220221	20220225	济	黄岛	36	0	0	0	0	1311	711	748	38	248	1034
20220226	20220228	济	黄岛	19	3	0	0	0	1449	790	871	0	106	977
20220301	20220305	济	黄岛	7	0	0	0	0	1620	950	986	30	324	1340
20220306	20220310	济	黄岛	18	3	0	0	0	1679	1007	1111	10	410	1531
20220401	20220405	济	黄岛	25	0	4	4	0	1962	1231	1250	82	82	1414
20220406	20220410	济	黄岛	45	0	0	3	-3	1539	789	782	0	0	782
20220411	20220415	济	黄岛	74	11	0	13	-13	1689	771	750	0	0	750

(b) 黄岛站

图3-6　DF_C=0或交替变化——白银市站、黄岛站

对于上述三类日均空箱到发差变化特征明显不同的办理站，在3.4节分别采用了三种不同的计算方法判断其空箱供/需站性质，以及推算其不同周期内的空箱供给/需求数量。

3.3　铁路集装箱空箱供需预测方法

在交通运输领域，数据预测技术广泛运用于短时客流与交通流预测、客货运量预测与事故预测等方面。近年来，已发展出针对不同应用场景的多种数据预测技术，总体上可归类为统计数学模型与机器学习模型。

结合原始铁路集装箱办理站空箱需求的时间序列数据特征，依据ARIMA、LSTM等时间序列预测方法的原理构建预测模型，应用于对未来空箱需求的预测分析。其中差分整合移动平均自回归模型（ARIMA）要求所预测的时间序列必须经过平稳性检验和非白噪声检验，然后通常对随机误差项和变量做线性回归分析，因此ARIMA模型可以较好地提取数据中的线性变化趋势；长短期记忆神经网络模型（LSTM）先正向传播归一化数据得到预测值，再将其与实际值相比较，最后反向传播修正权重，拟合出预测曲线，对于长期数据和短期数据具有普适性。

3.3.1　ARIMA模型

1. ARIMA模型原理

ARIMA模型属于Box-Jenkins方法，其在时间序列预测算法中较为常用，Box-Jenkins方法中包含AR、MA、ARMA和ARIMA模型，其中ARIMA模型较为成熟。

（1）AR模型

根据多元回归分析原理构建的AR(p)自回归模型，其特点是将预测变量的时间变化趋势作为影响因素。设$\{y_t\}$为时间序列，则假设时间序列的每个未来值是p个过去观测值和白噪声项的线性函数，AR(p)模型的表达式如下：

$$y_t = \sum_{i=1}^{p} \varphi_i y_{t-i} + \varepsilon_t \tag{3-1}$$

在式（3-1）中，p为预测未来值采用的过去观测值数量，即自回归阶数；φ_i为自回归模型系数；ε_t为白噪声项。为了将AR(p)模型的表达式进行简化，后移算子D被提出，并定义$Dy_t = y_{t-1}$，则有

$$D^m y_t = y_{t-m} \tag{3-2}$$

$$D^m D^n y_t = y_{t-m-n} \tag{3-3}$$

AR(p)模型公式可表示为

$$\varphi(D) y_t = \varepsilon_t \tag{3-4}$$

在式（3-4）中，$\varphi(D) = 1 - \sum_{i=1}^{p} \varphi_i D^i$。

（2）MA模型

根据一次指数平滑方法构建的MA(q)移动平均模型，其理论是在模型预测过程中，检验既有的预测误差并不断对模型进行优化。设$\{y_t\}$为时间序列，则时间序列预测值为预测过程中滞后误差值的线性函数，MA(q)模型公式如下：

$$y_t = \varepsilon_t - \sum_{k=1}^{q} \theta_k \varepsilon_{t-k} \tag{3-5}$$

其中，q 表示模型阶数，θ_k 表示移动平均系数，ε_{t-k} 表示滞后误差。为了将 MA(q)模型表达式进行简化，提出后移算子 B，则 MA(q)模型公式可表示为

$$y_t = \theta(B)\varepsilon_t \tag{3-6}$$

在式(3-6)中，$\theta(B) = 1 - \sum_{k=1}^{q} \theta_k B^k$。

(3)ARMA 模型

自回归移动平均模型 ARMA(p,q)是以模型 AR(p)和模型 MA(q)为基础结合而成的，其可用公式表达为

$$y_t = \varphi_1 y_{t-1} + \cdots + \varphi_p y_{t-p} + \varepsilon_t - \theta_1 \varepsilon_{t-1} - \cdots - \theta_q \varepsilon_{t-q} \tag{3-7}$$

可以看出 AR 模型和 MA 模型是 ARMA 模型参数取特殊值 0 时的一种表达式。同样加入后移算子 B 简化模型，则 ARMA 模型表达式为

$$\varphi(B) y_t = \theta(B)\varepsilon_t \tag{3-8}$$

在式(3-8)中，$\varphi(B) = 1 - \sum_{k=1}^{p} \varphi_k B^k$，$\theta(B) = 1 - \sum_{i}^{q} \theta_i B^i$。

(4)ARIMA 模型

时间序列必须具有平稳性，模型 AR(p)、MA(q)和 ARMA(p,q)才可以进行应用。因此在实际问题中 ARMA(p,q)常无法直接使用，因为许多时间序列不是平稳序列，也无法近似为平稳序列。为了解决模型在非平稳序列应用受限的问题，Box 和 Jenkins 在模型 ARMA(p,q)的基础上于 20 世纪 70 年代提出了 ARIMA(p,d,q)模型。

ARIMA 模型采用普通的差分过程使时间序列平稳，通过假设时间序列的每个未来值是几个过去观测值和白噪声项的线性函数，以此对非平稳序列进行预测分析。

设$\{y_t\}$是非平稳时间序列，在公式中引入后移算子 B，然后将原始时间序列经过 d 阶差分化处理得到可供模型预测使用的平稳时间序列，则 ARIMA(p,d,q)模型可表示为

$$\varphi(B)(1-B)^d y_t = \theta(B)\varepsilon_t \tag{3-9}$$

在式(3-9)中，$\varphi(B) = 1 - \sum_{k=1}^{p} \varphi_k B^k$，$\theta(B) = 1 - \sum_{i=0}^{q} \theta_i B^i$。

2. 时间序列数据的平稳性

时间序列的平稳性(stationarity)分为宽平稳和严平稳。数据之间的依赖性稳定不变的序列为宽平稳序列，数据的分布不随着时间的变化而改变的序列为严平稳序列。

(1)宽平稳

设$\{X_t: t \in T\}$是随机序列，如果满足以下条件，则可确定$\{X_t: t \in T\}$序列具有宽平稳性质。①$E[X(t)]^2 < \infty$，$\forall t \in T$；②$E[X(t)]^2 < \mu$，μ 为常数，$\forall t \in T$；③$\gamma(s,t) = \gamma(k, k+t-s)$，$\forall t$、$s$、$k$、$k+t-s \in T$。

其中，$E[X(t)]$为随机变量 X_t 的数学期望，$\gamma(s,t)$为随机过程在时间点 s 和 t 之间的协方差。

(2)严平稳

设$\{X_t: t \in N\}$是随机序列，如果对任何正整数 n 和 $k \in N$，随机向量$(X_1, X_2, \cdots, X_n)^{\mathrm{T}}$和$(X_{1+k}, X_{2+k}, \cdots, X_{n+k})^{\mathrm{T}}$分布相同，则$\{X_t: t \in N\}$是严平稳序列。严平稳序列具有分布平移不变性，即序列所有统计特征随着时间的推移都不改变。严平稳条件严格，一般一组满足宽

平稳条件的时间序列数据即可判断为平稳序列。

检验时间序列的平稳性一般采用检验参数图和单位根检验的方法，其中迪基—福勒（ADF）统计检验方法相对严格且应用广泛，设$\{X_t\}$为一时间序列，迪基—福勒检验模型的三个公式形式为

$$\Delta X_t = \delta X_{t-1} + \sum_{t=1}^{m} \beta_i \Delta X_{t-i} + \varepsilon_t \tag{3-10}$$

$$\Delta X_t = \alpha + \delta X_{t-1} + \sum_{t=1}^{m} \beta_i \Delta X_{t-i} + \varepsilon_t \tag{3-11}$$

$$\Delta X_t = \alpha + \beta t + \delta X_{t-1} + \sum_{t=1}^{m} \beta_i \Delta X_{t-i} + \varepsilon_t \tag{3-12}$$

式（3-10）至式（3-12）中，t为时间变量，α为常数项，ε_t为误差项，βt为时间趋势项。ΔX_t表示时间序列X_t的一阶差分，即$\Delta X_t = X_t - X_{t-1}$。零假设建立为$H_0:\delta=0$，即有单位根存在。只要三个公式中有一个结果拒绝零假设（即系数$\delta \neq 0$），即可确定时间序列具有平稳性。

3. 时间序列的白噪声

完全随机序列被称为白噪声，白噪声中没有任何信息。白噪声的定义为若时间序列$\{\varepsilon_t, t=1,\cdots,T\}$满足：①$E(\varepsilon_t)=0$，$\mathrm{Var}(e)=\sigma^2$；②对$\forall s \neq t$，$E(\varepsilon_t \varepsilon_s)=0$，则$\{\varepsilon_t, t=1,\cdots,T\}$为白噪声序列。其中，$\mathrm{Var}(\varepsilon_t)$为随机变量$\varepsilon_t$的方差统计量，$\sigma^2$表示方差的值，对于白噪声序列来说这个值是常数。白噪声序列中任意两个随机变量均无关。

可采用构造一个检验统计量的方法检验一个序列是否为白噪声，其中Q统计量和杨·博格斯（Ljung-Box）统计量较为常用。用数学语言描述原假设$H_0:\rho_1=\rho_2=\cdots=\rho_m=0$，$\forall m \geqslant 1$；备选假设$H_1:\exists \rho_k \neq 0$，$\forall m \geqslant 1, k \leqslant m$。

（1）Q统计量

Box 和 Pierce 引入Q统计量检验上述综合假设，公式表达为

$$Q = n \sum_{k=1}^{m} \hat{\rho}_k^2 \tag{3-13}$$

式（3-13）中，n为序列延伸时间，m为滞后时间，$\hat{\rho}_k^2$是序列k阶滞后的相关系数。可见Q近似服从卡方分布，自由度为m，即

$$Q = n \sum_{k=1}^{m} \hat{\rho}_k^2 - \chi^2(m) \tag{3-14}$$

当Q大于$\chi^2_{1-a}(m)$分位点时，拒绝原假设，序列不是随机序列，置信水平$1-\alpha$；否则，该序列为白噪声序列，即随机序列。

（2）杨·博格斯统计量

杨·博格斯（LB）统计量可以解决Q统计量只在样本量较大时呈现出较好的检验效果，不适用于小样本检验的问题。其公式为

$$\mathrm{LB} = n(n+2) \sum_{k=1}^{m} \left(\frac{\hat{\rho}_k^2}{n-k} \right) \tag{3-15}$$

式（3-15）中，n为序列延伸时间，m为滞后时间，$\hat{\rho}_k^2$为k阶相关系数，该统计服从卡方分布。LB 统计量作为Q统计量的修正，目前被普遍应用。

4. ARIMA 模型识别方法

ARIMA 模型通常根据自相关函数(ACF)和偏自相关函数(PACF)进行识别。

(1)自相关函数(ACF)

设序列为$\{x_t\}$,滞后 k 阶的自协方差函数为

$$c_k = \frac{1}{n}\sum_{t=1}^{n-k}(x_t - \bar{x})(x_{t+k} - \bar{x}) \tag{3-16}$$

即有

$$c_0 = \frac{1}{n}\sum_{t=1}^{n}(x_t - \bar{x})^2 \tag{3-17}$$

由式(3-16)和式(3-17),ACF 可被定义为

$$\mathrm{acf}_k = \frac{c_k}{c_0} = \mathrm{Cor}(x_t, x_{t+k}) \tag{3-18}$$

式(3-18)中的 $\mathrm{Cor}(x_t, x_{t+k})$表示 x_t 和 x_{t+k}的 Pearson 相关系数。

(2)偏自相关函数(PACF)

偏自相关函数代表序列$\{x_t\}$与滞后 k 阶的序列$\{x_{t-k}\}$的线性相关性,滞后序列$\{x_{t-1}, x_{t-2}, \cdots, x_{t-(k-1)}\}$的线性依赖关系被消除了,PACF 函数公式为①当 $k=1$ 时,$\mathrm{pacf}_1 = \mathrm{Cor}(x_1, x_0) = r_1$;②当 $k \geqslant 2$ 时,$\mathrm{pacf}_k = \mathrm{Cor}(x_k - x_k^{k-1}, x_0 - x_0^{k-1})$。

5. ARIMA 模型选择方法

在参数估计问题中,为了平衡提高模型精度和防止模型过拟合两种情况,通常利用赤池信息准则和贝叶斯信息准则。

(1)赤池信息准则(AIC)

为实现模型预测精确度和结构复杂性共同达到最优情况,赤池弘次提出赤池信息准则,AIC 定义为

$$\mathrm{AIC} = 2k - 2\ln(L) \tag{3-19}$$

其中,k 表示模型中引入的参数数目,L 表示似然函数。可见,AIC 值随模型复杂度增大而减小,但模型太过复杂造成过拟合时,AIC 值增加。选用 AIC 值最小的模型为最优拟合模型。

(2)贝叶斯信息准则(BIC)

作为与 AIC 的原理相似的模型优化方法,贝叶斯信息准则由 Schwarz 提出。BIC 定义为

$$\mathrm{BIC} = k\ln(n) - 2\ln(L) \tag{3-20}$$

其中,k 为参数个数,n 为样本数,L 为似然函数。

BIC 中引入了样本容量的惩罚因子,避免了在样本量过大的情况下模型为提升精度出现过拟合的情况。

3.3.2 LSTM 模型

LSTM 是基于循环神经网络(RNN)建立的深度学习算法,可以充分挖掘数据的时间序列特征,在样本量大或小的时间序列分析中均有良好的表现。LSTM 模型在时间序列数据分析中表现出较强的适用性,已在不同领域的时间序列数据研究中取得了较好的效果,如股票预测、语音处理、图像识别、交通流速预测等。空箱需求数据呈现出较强的时间序列特

征，且目前 LSTM 模型在铁路空箱需求预测领域应用较少，利用 LSTM 算法对其进行预测具有相当的实验价值。

LSTM 算法作为特定形式的 RNN，最早是为了解决 RNN 模型梯度消失的问题，由 Sepp Hochreiter 提出。RNN 模型一般使用反向传播训练算法，返回的残差值在训练时间较长时呈指数减小，需要构建神经单元维持 RNN 长期记忆的特性，LSTM 算法由此被提出。

1. LSTM 模型的网络结构

在 RNN 结构的基础上，LSTM 构建名为单元状态的神经单元以确定信息是否有用，以此规避 RNN 梯度消失现象出现。一个单元状态包含输入、遗忘和输出门。信息被输入到 LSTM 网络中时，先根据规则判断其是否可用，遗忘门将无用信息筛除，将可用的信息进行保留和传递。

图 3-7 为 LSTM 网络的单元结构。LSTM 网络增加了隐藏状态 $C^{(t)}$，与向前传播的隐藏状态 $h^{(t)}$ 同时进行。

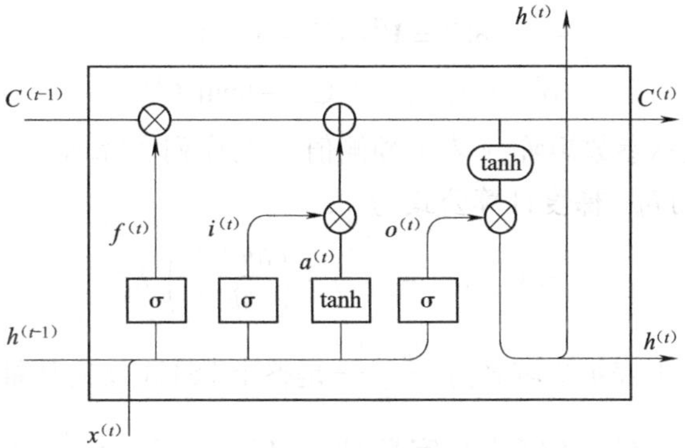

图 3-7　LSTM 网络的单元结构

2. LSTM 前向传播算法

LSTM 前向传播中遗忘门控制是否遗失前一层输入的信息。图 3-7 中，t 时刻的数据 $x^{(t)}$ 和 $t-1$ 时刻的隐藏状态 $h^{(t-1)}$ 被共同输入，遗忘门输出 $f^{(t)}$ 公式为

$$f^{(t)} = \sigma(W_f h^{(t-1)} + U_f x^{(t)} + b_f) \tag{3-21}$$

其中，b_f, U_f, W_f 表示线性参数，σ 表示 sigmoid 函数。

LSTM 输入门控制输入信息，由两个模块组成，一部分采用激活函数 sigmoid 并得到 $i^{(t)}$；另一部分采用激活函数 tanh 并得到 $a^{(t)}$。其表达式为

$$i^{(t)} = \sigma(W_i h^{(t-1)} + U_i x^{(t)} + b_i) \tag{3-22}$$

$$a^{(t)} = \tanh(W_a h^{(t-1)} + U_a X^{(t)} + b_a) \tag{3-23}$$

在式(3-22)和式(3-23)中，b_a、U_a、W_a、b_i、U_i、W_i 表示线性参数。

LSTM 输出门控制输出信息，也由两模块构成，一部分采用激活函数 sigmoid 并由 $h^{(t-1)}$ 和 $x^{(t)}$ 得到；另一部分采用 tanh 激活函数由单元状态 $C^{(t)}$ 得到。表达式为

$$o^{(t)} = \sigma(W_o h^{(t-1)} + U_o x^{(t)} + b_o) \tag{3-24}$$

$$h^{(t)} = o^{(t)} \odot \tanh C^{(t)} \tag{3-25}$$

最后，在序列 t 时刻 LSTM 模型最终预测输出 $\hat{y}^{(t)}$ 的表达式为

$$\hat{y}^{(t)}=\sigma(Vh^{(t)}+c) \tag{3-26}$$

式(3-26)中,V 表示参数矩阵,c 表示输出偏差。

3. LSTM 反向传播算法

首先定义两个 δ 分别为

$$\delta_h^{(t)}=\frac{\partial L}{\partial h^{(t)}} \tag{3-27}$$

$$\delta_C^{(t)}=\frac{\partial L}{\partial C^{(t)}} \tag{3-28}$$

定义时刻 t 位置的损失为 $l^{(t)}$,当 $t<\tau$ 时,定义损失函数 $L^{(t)}$ 为

$$L^{(t)}=l^{(t)}+L^{(t+1)} \tag{3-29}$$

而 $t=\tau$ 时,损失函数 $L^{(t)}$ 表达式为

$$L^{(t)}=l^{(t)} \tag{3-30}$$

设在序列最后的位置 τ 的 $\delta_h^{(\tau)}$ 和 $\delta_C^{(\tau)}$ 的梯度表达式分别为

$$\delta_h^{(\tau)}=V^{\mathrm{T}}(\hat{y}^{(\tau)}-y^{(\tau)}) \tag{3-31}$$

$$\delta_C^{(\tau)}=\delta_h^{(\tau)}\odot o^{(\tau)}\odot 1-\tanh^2 C^{(\tau)} \tag{3-32}$$

式(3-32)中,V 表示参数矩阵,$\hat{y}$ 表示预测值,y 为序列实际值。

设序列在 t 时刻的 $\delta_h^{(t)}$ 梯度计算公式为

$$\delta_h^{(t)}=V^{\mathrm{T}}(\hat{y}^{(t)}-y^{(t)})+\left(\frac{\partial h^{(t+1)}}{\partial h^{(t)}}\right)^{\mathrm{T}}\delta_h^{(t+1)} \tag{3-33}$$

式(3-33)中,上标 T 表示矩阵转置,$\frac{\partial h^{(t+1)}}{\partial h^{(t)}}$是整个 LSTM 反向传播推导过程中比较复杂的一部分,其中 $h^{(t)}=o^{(t)}\odot\tanh(C^{(t)})$,定义 $C^{(t)}=C^{(t-1)}\odot f^{(t)}+i^{(t)}\odot a^{(t)}$、$\Delta C=o^{(t+1)}\odot[1-\tanh^2(C^{(t+1)})]$,$\frac{\partial h^{(t+1)}}{\partial h^{(t)}}$的计算如下:

$$\begin{aligned}\frac{\partial h^{(t+1)}}{\partial h^{(t)}}=&\operatorname{diag}[o^{(t+1)}\odot(1-o^{(t+1)})\odot\tanh(C^{(t+1)})]W_o+\\&\operatorname{diag}[\Delta C\odot f^{(t+1)}\odot(1-f^{(t+1)})\odot C^{(t)}]W_f+\\&\operatorname{diag}\{\Delta C\odot i^{(t+1)}\odot[1-(a^{(t+1)})^2]W_a+\\&\operatorname{diag}[\Delta C\odot a^{(t+1)}\odot i^{(t+1)}\odot(1-i^{(i+1)})]W\end{aligned} \tag{3-34}$$

序列在 t 时刻的 $\delta_C^{(t)}$ 的梯度表达式为

$$\delta_C^{(t)}=\delta_C^{(t+1)}\odot f^{(t+1)}+\delta_h^{(t)}\odot o^{(t)}\odot[1-\tanh^2(C^{(t)})] \tag{3-35}$$

根据梯度 $\delta_h^{(t)}$ 和 $\delta_C^{(t)}$,进一步计算出 U_f、b_f、W_a、U_a、b_a、W_i、W_o、U_o、V、c 的梯度,如 W_f 的梯度计算表达式为

$$\frac{\partial L}{\partial W_f}=\sum_{t=1}^{\tau}[\delta_C^{(t)}\odot C^{(t-1)}\odot f^{(t)}\odot(1-f^{(t)})](h^{(t-1)})^{\mathrm{T}} \tag{3-36}$$

3.3.3 铁路集装箱空箱供需基础数据处理

1. 基础数据分析

选用某年防城港站 20 英尺 35 t 敞顶箱每日空箱需求量信息作为原始数据,数据包括站

点、日期、每日空箱需求量信息，原始数据中存在少量异常值，如部分时段内有2 d的需求量为0，不利于模型的训练。

首先对防城港站20英尺35 t敞顶箱每日需求量数据进行总体分布统计，其结果如图3-8所示。图3-8显示了该集装箱货运站在8个月的日需求量分布情况，可以看出该站点的日需求量分布比例均匀，初步判断呈正态分布。

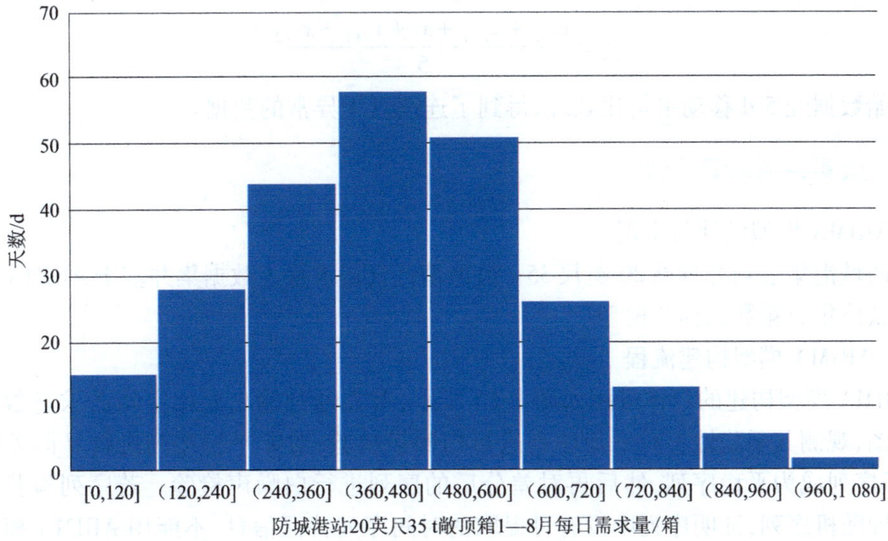

图3-8　防城港站20英尺35 t敞顶箱1—8月每日需求量分布直方图

图3-9表示防城港站在某年1—8月内20英尺35 t敞顶箱每日需求量数据统计结果。可见，需求量分布并没有呈现出明显的月度、季度变化趋势，分析原因是防城港站集装箱作业量大，覆盖的货物品类多，集装箱货运的货物种类多样化，因此月度、季度变化趋势不明显。

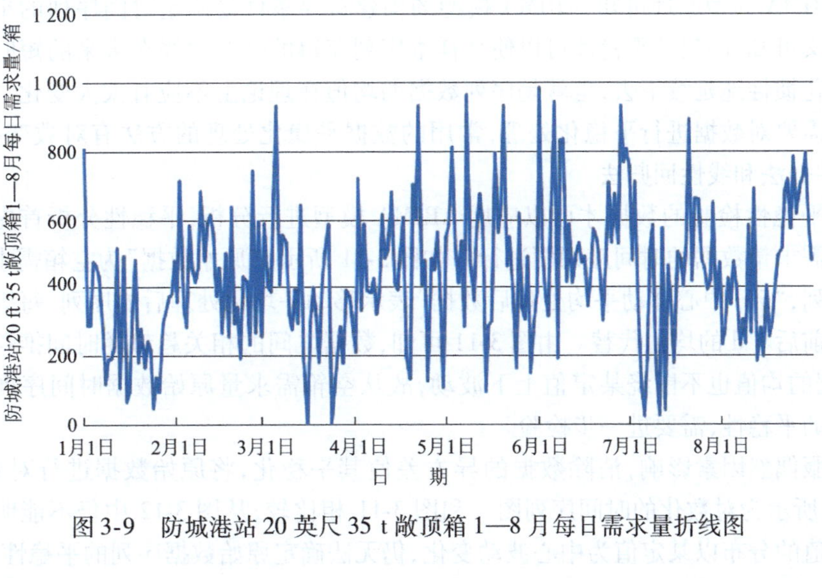

图3-9　防城港站20英尺35 t敞顶箱1—8月每日需求量折线图

2. 数据平滑处理

由于空箱需求量数据中包含需求量为0的异常值数据，为消除偶然因素影响，采用移动平均法处理，即以固定日期数为一个时间窗口，求数个样本的平均值作为窗口中间日期数据的替代，通过移动时间窗口增减新旧数据得到每个窗口的移动平均值。以某日期为中心前后5 d的数据计算并取均值来填补本日期的需求量数据。以5 d为周期的移动平均法公式如下：

$$y_i = \frac{x_{i-2} + x_{i-1} + x_i + x_{i+1} + x_{i+2}}{5}$$

原始数据经5 d移动平均化处理，得到了连续且无异常的数据。

3.3.4 预测结果验证分析

1. ARIMA模型设计与实现

以防城港集装箱办理站20英尺35 t敞顶箱每日需求量为数据集并基于ARIMA算法原理构建铁路集装箱数据预测模型。

(1) ARIMA模型构建流程

ARIMA模型构建的具体流程如图3-10所示，首先通过输出原始空箱需求量数据的时间序列图，观测其平稳性。对平稳序列进行白噪声检验；对非平稳序列进行d阶差分化处理，直至序列成为平稳序列，然后再对差分后的序列进行白噪声检验。若序列检验结果为白噪声即随机序列，证明序列中没有可提取的时间序列特征信息，不能用ARIMA模型进行分析预测，则终止模型构建。若序列展现出平稳性且非随机序列，则分别计算其自相关系数acf和偏自相关系数pacf，并通过输出ACF图和PACF图对其进行可视化分析，通过观察两图表的特征初步对ARIMA模型p和q的参数值进行定阶得。最后以既得参数值为基础，通过BIC准则对模型参数进行选择，进一步优化模型，得到对空箱需求数据适用性最佳的ARIMA模型。

(2) 平稳性检验

由ARIMA模型原理可知，ARIMA模型的构建首要条件是确定时间序列的平稳性。由平稳性定义可知，序列的平稳性可以使从样本序列获得的拟合曲线在未来的短时间内以现有趋势变化惯性地延续下去，也就是序列数据的均值在理论上不应有太大变化。对于不平稳的数据需要对数据进行平稳化处理，常用的数据平稳化处理的方法有对数变换法、指数平滑法、差分法和线性回归法。

经过平稳性检验的数据才可以应用ARIMA模型进行分析，平稳性分析首先通过观察原始空箱需求量数据的时间序列图进行。如图3-11所示，“原始数据”为空箱需求量原始数据时间序列，“5 d中心移动平均处理后数据”表示移动平均化处理后的序列，每天的值由以其为中心前后5 d的均值代替。由图3-11可知，数据之间的相关趋势随时间推移变化波动较大，数据的均值也不围绕某定值上下波动，故从空箱需求量原始数据时间序列图中无法判断序列的平稳性，需要进一步检验。

为克服偶然因素影响，消除数据的异方差使其平稳化，将原始数据进行对数化处理。如图3-12所示为对数化的时间序列图。和图3-11相比较，从图3-12中仍不能明显地看到时间序列值的分布以某定值为中心波动变化，仍无法确定原始数据序列的平稳性。

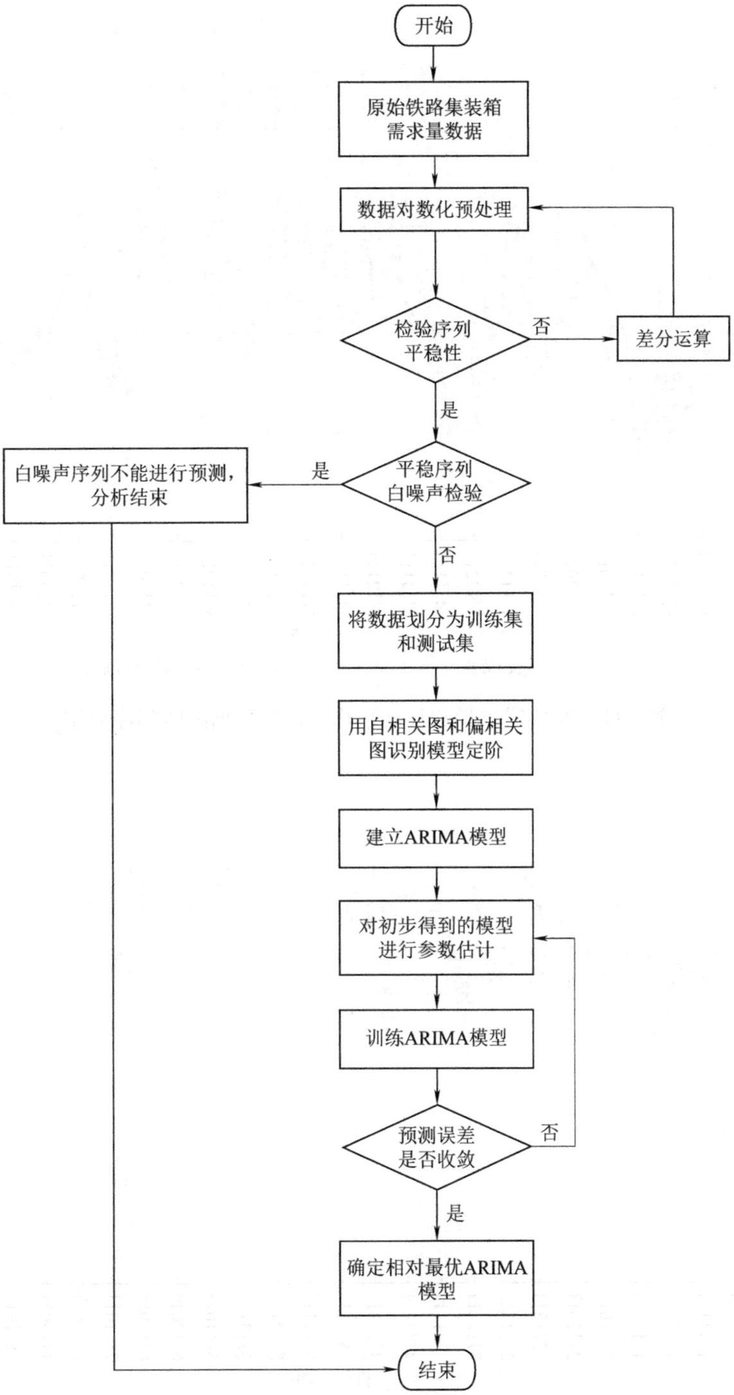

图 3-10　ARIMA 模型构建具体流程

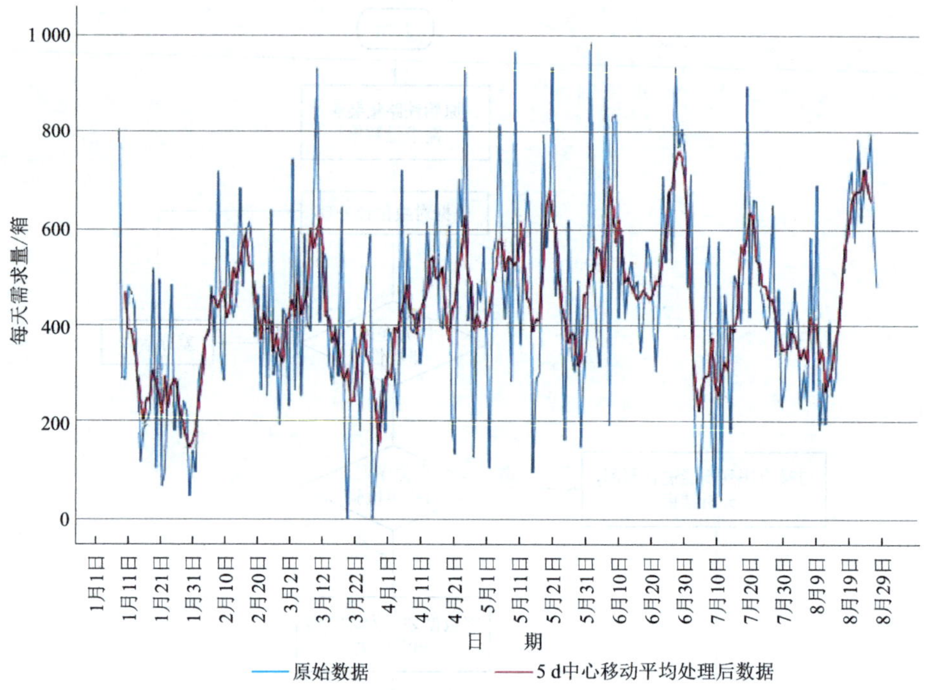

图 3-11　原始需求量和移动平均处理后数据的时间序列图

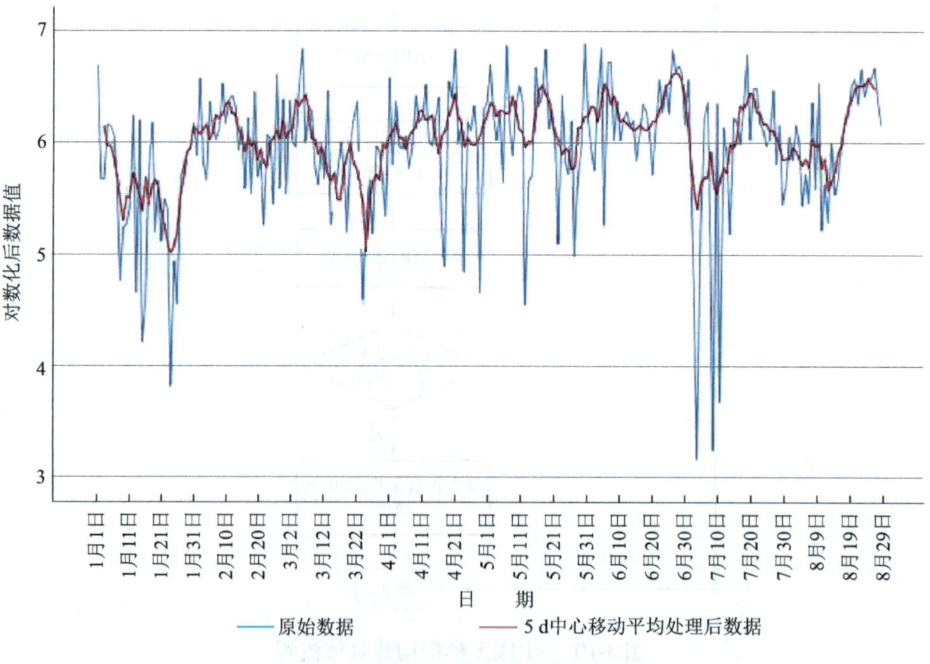

图 3-12　对数化后数据的时间序列图

因此对数据进行一阶差分运算，通过输出的时间序列图（图 3-13）可见，经过 1 阶差分化处理后的时间序列展现出平稳性特征，其均值围绕 0 点上下波动，且统计特征不随时间变化而变化，故可判断数据序列在差分阶数 $d=1$ 时达到平稳。

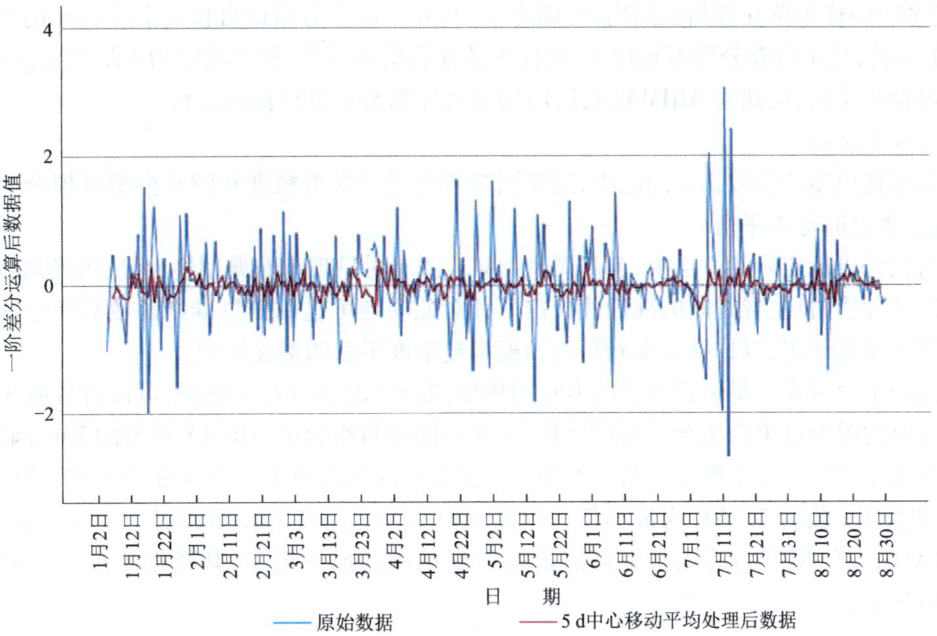

图 3-13　一阶差分运算后数据的时间序列图

(3)白噪声检验

因为随机序列不含时间序列信息,无法构建模型进行分析,故需通过白噪声检验排除实验所得平稳序列为白噪声的情况。采用杨·博格斯函数 acorr_ljungbox( )对一阶差分化的平稳时间序列进行白噪声检验,检验结果显示 $P = 1.589\ 793 \times 10^{-14}$,远小于置信水平 0.05,故可确定实验所得平稳序列为非白噪声序列,具有有效的时间序列信息,适用于 ARIMA 预测模型进行应用和提取。

(4)ARIMA 模型选择与检验

①模型的识别

ARIMA 模型的识别主要是从 AR(p)模型、MA(q)模型、ARMA(p,q)模型和 ARIMA(p,d,q)四个模型中选择适用于空箱需求量数据预测的模型,并对 p,d,q 三个参数进行确定,其中 p 为自回归项数,d 为时间序列的差分阶数,q 为移动平均项数。由于原始数据为非平稳时间序列,经一阶差分化处理后得到平稳的序列与之对应的差分阶数 $d = 1$。

一般通过自相关(ACF)图与偏自相关(PACF)图初步确定参数 p 和 q 的值。对于 PACF 图呈现截尾特性、ACF 图趋势衰减的时间序列,判断其适用 AR 模型进行分析;对于 PACF 图趋势衰减、ACF 图呈现截尾特性的时间序列,判断其适用 MA 模型进行分析;对于 PACF 图和 ACF 图均趋势衰减的序列,判断其适用 ARMA 模型进行分析,见表 3-2。

表 3-2　ARIMA 模型的识别和定阶

模　　型	AR(p)	MA(q)	ARMA(p,q)
ACF	趋势衰减	q 阶截尾	趋势衰减
PACF	p 阶截尾	趋势衰减	趋势衰减

经输出 ACF 图和 PACF 图可知:差分数 1 ~ 40 的自相关系数 acf 在一阶差分后,呈截尾

性，超95%的样本落在置信区间内，可确定 $q=1$；在4阶差分后偏自相关系数 pacf 的值围绕 0 上下波动，且4阶差分后不超过5%的样本落在置信区间外，初步确定为4阶截尾，$p=4$。

经初步定阶，应建立 ARIMA(4,1,1)模型对原始数据进行预测分析。

②模型选择

在最优模型的参数估计问题中，需要同时考虑提高模型精度和防止模型过拟合两种情况，在二者之间寻求平衡。

对模型进行定阶的方法中，ACF 图和 PACF 图有时呈现出非典型性，无法明确判断其拖尾和结尾性质，且主观判断的准确性欠佳。针对此问题可选用信息准则函数对模型的拟合效果进行量化评定，以选择出预测精度和模型复杂度平衡的最优模型。

选用了含有样本量惩罚因子的 BIC 对模型拟合情况进行对比选择，可以有效防止样本量较大时的模型过拟合情况。通过计算49种不同参数组合的 ARIMA 模型的 BIC 函数值，选择其最小的模型为平衡了预测精度和模型复杂度的最优模型。当参数(p,q)的值确定为(0,5)时，BIC 值为7.763，为最小值。因此 $p=0,q=5$ 为使 BIC 函数值最小的参数组合，ARIMA(0,1,5)模型为适用于空箱需求量数据预测的最优模型，其数据预测拟合效果如图3-14所示。

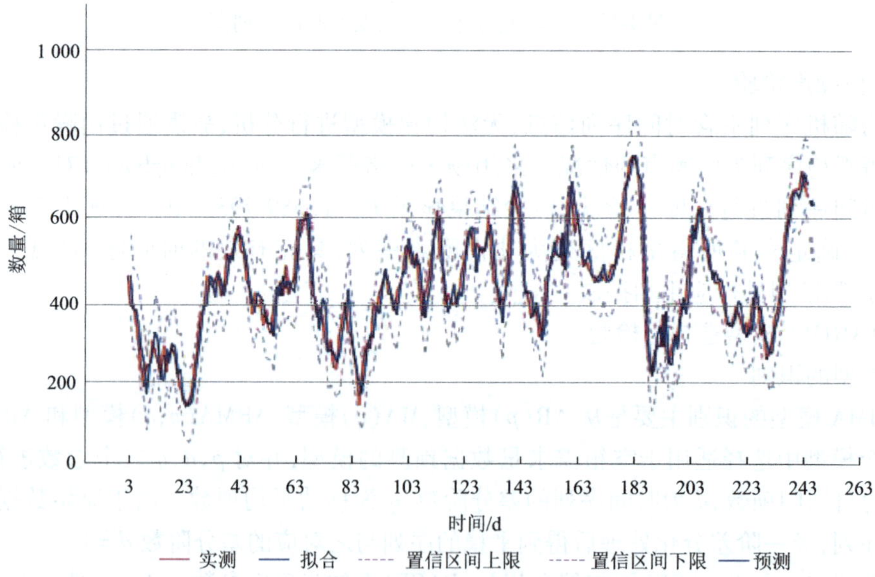

图3-14　ARIMA(0,1,5)模型数据拟合效果

图3-14中，“实测”表示经过移动平均化处理后的空箱需求量数据，“拟合”表示训练集数据由 ARIMA(0,1,5)模型预测分析的拟合曲线。显然预测数据同原始数据随时间变化趋势一致，预测值也与原始数据值相近，可以确定应用 ARIMA(0,1,5)模型分析预测空箱需求量数据具有较高精确性。

③模型检验

ARIMA 预测模型的残差理应为白噪声序列，证明时间序列的特征信息已经被全部提取，否则表明所使用的 ARIMA 模型并非适合样本的模型，原始数据中的时间序列信息仍有残余。因此在 ARIMA 模型分析数据后应检验残差序列是否为白噪声。通常仍采用计算残差的自相关系数 acf 和偏自相关系数 pacf 的值,通过图像特征检验残差是否为白噪声。

提取前文选择的 ARIMA(0,1,5)最优模型的预测残差序列,计算其 acf 和 pacf 并作图。对于某残差序列,长度为 n,可以以两条边界线 $\pm 1.96/\sqrt{n}$ 划定置信区间,如果落在两倍的标准差区域内的样本超过 95%,可推断序列为白噪声序列。

最优模型 ARIMA(0,1,5)的 acf 值、pacf 值分析结果显示残差序列为白噪声序列。由此可知 ARIMA(0,1,5)的预测残差为白噪声,模型适用于拟合空箱需求量数据。

2. LSTM 模型的设计及实现

仍以防城港站的 20 英尺 35 t 敞顶箱空箱需求量数据为基础,基于 Python3.8 的 Keras 机器学习框架构建 LSTM 预测模型。

(1)LSTM 模型的构建流程

LSTM 模型的构建流程如图 3-15 所示。

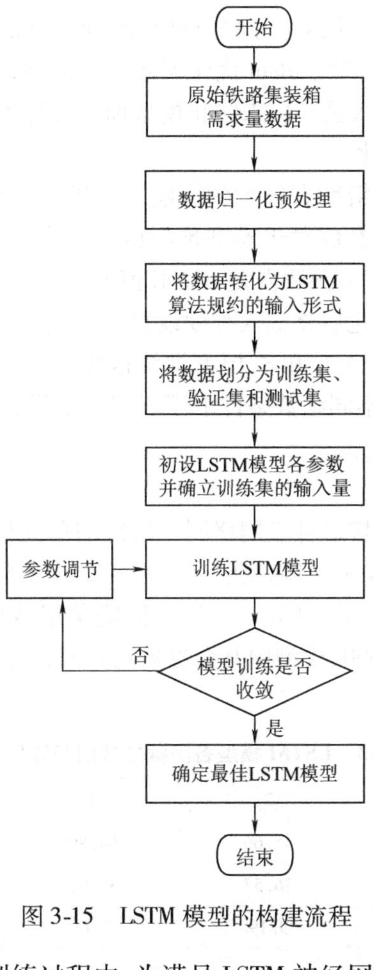

图 3-15　LSTM 模型的构建流程

在机器学习模型构造和训练过程中,为满足 LSTM 神经网络的输入格式需要,加速梯度下降求最优解,并优化模型拟合的效果,首先需要归一化处理空箱需求量数据,然后将数据集划分为训练集、验证集、测试集三部分。测试集为序列中最后 7 d 的数据,用于对模型的预测效果进行测试。

(2)构建 LSTM 模型

由 LSTM 的基本原理可知,LSTM 模型是一种特殊的 RNN 模型,其构建名为单元状态的神经单元以确定信息是否有用,以此解决 RNN 网络在长记忆过程中梯度消失带来的问题。采用序贯模型构建 LSTM 模型,线性堆叠多个网络层。模型按顺序线性排列各层,通过在相邻层之间加入不同单元层构建神经网络,并配置元素通过参数传递给序贯模型以生成 LSTM 神经网络模型。

构建 LSTM 神经网络后,首先需要初始化训练过程。激活函数、模型优化器、损失函数、评估函数等作为 LSTM 网络模型中的必要参数,需要提前选择并进行设置。神经网络可以通过激活函数逼近任何非线性函数,因此神经网络模型适用于分析非线性预测问题,目前常用的激活函数有 Relu 函数、sigmoid 函数、tanh 函数等;在训练过程中优化器更新参数并优化目标函数,常用的优化器有适应性梯度算法、随机梯度下降算法和 Adam 算法等;损失函数为模型目标函数的简化,如 MSE 函数、MAE 函数和 MAPE 函数等。最后,为防止模型拟合出现过拟合现象,加入丢弃层对一部分神经元临时删除,随梯度下降过程更新其他神经元的权值。使用 Relu 激活函数、Adam 优化器来训练模型,将均方根误差(RMSE)作为诊断指标来优化模型,并通过加入丢弃层来防止模型训练过程中出现过拟合现象。

(3)LSTM 模型选择与优化

LSTM 模型中参数对预测精度有较大的影响。这里主要分析模型隐藏层的数量、隐藏层节点数目、模型迭代次数等参数对于模型预测精度的影响。为避免随机误差的影响,每种参数配置进行 10 次试验,模型预测误差 RMSE 值取 10 次试验的平均值。

LSTM 模型参数进行初始化后将输入维度设置为 2,将隐藏层的数量分别设为 2、4、6 和 8,隐藏层节点数量分别设为 2、4、6 和 8,模型训练迭代次数分别为 epoch = 100、200、400 和 1 000。用回归评价指标分析不同参数条件下模型训练结果,选择最优的 LSTM 模型参数组合用于预测分析空箱需求量数据。

①隐藏层数

LSTM 模型中隐藏层可以接受神经网络同一层次的单元信息,理论上隐藏层越多,模型越能充分获取数据内部隐藏规律,但隐藏层过多时模型会出现过拟合情况,影响预测结果。为探究隐藏层数对模型预测效果的影响,采用不同隐藏层数构建不同模型,隐藏层节点数量取 6,模型训练迭代次数 1 000,模型中其余参数均相同,不同隐藏层数预测 RMSE 分布见表 3-3。

表 3-3　LSTM 模型各隐藏层数回归评价指标

隐藏层数	2	4	6	8
均方根误差(RMSE)	45.66	64.80	43.16	110.71
平均绝对误差(MAE)	36.57	31.91	32.53	85.42
平均绝对百分比误差(MAPE)	9.19	7.13	8.06	21.11

图 3-16 表示在隐藏层节点数为 6,模型训练迭代次数为 1 000 次的条件下隐藏层数为 2、4、6 和 8 时 LSTM 模型训练和验证的结果。

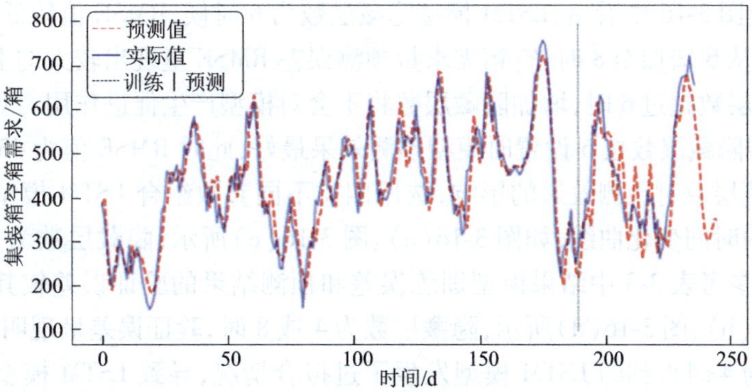

（a）隐藏层数量为2

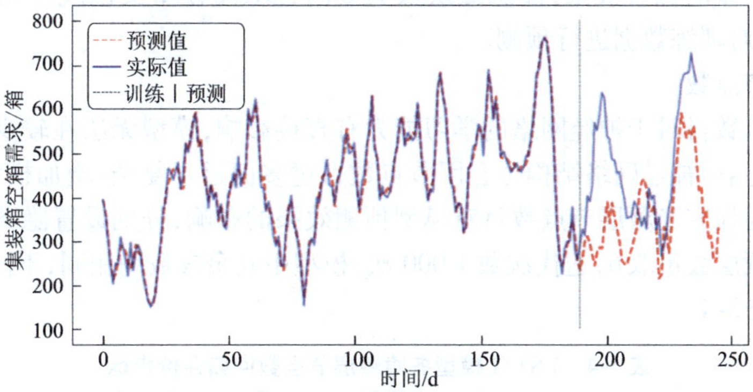

（b）隐藏层数量为4

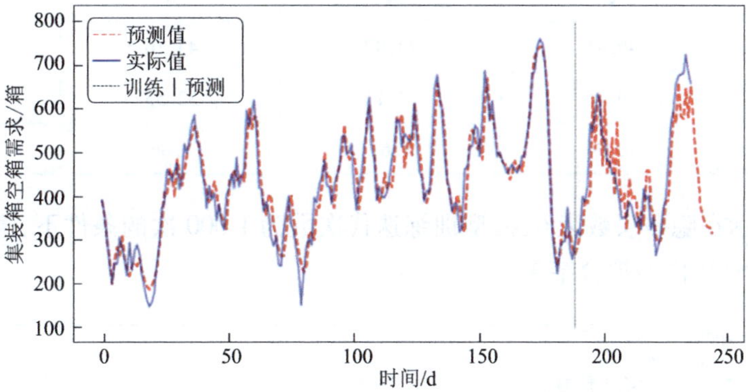

（c）隐藏层数量为6

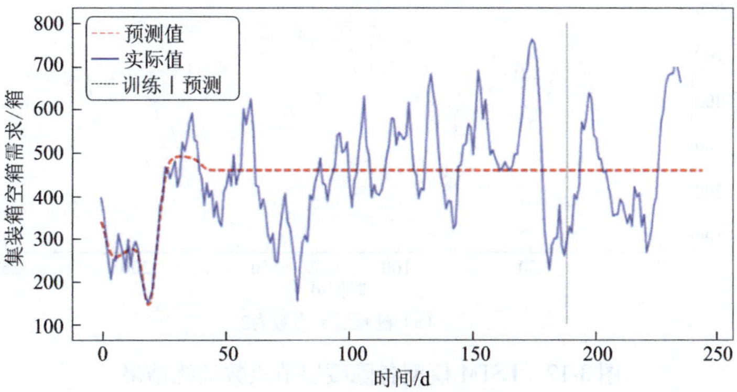

（d）隐藏层数量为8

图 3-16　LSTM 模型各隐藏层数训练结果

由表 3-3 及图 3-16 中看出，LSTM 模型隐藏层数为 6 时候，RMSE 值较低，模型预测效果较好；隐藏层数从 6 增加至 8 时，空箱需求量预测误差 RMSE 呈现出较大的上升。从试验结果来看，当隐藏层数超过 6 时，增加隐藏层数将不会对模型产生促进作用。对空箱需求量预测时 LSTM 模型隐藏层数按 6 设置时模型预测效果最好，此时 RMSE 值为 43.16。

为探究隐藏层数对预测效果的影响，选用四类不同参数组合 LSTM 模型迭代过程中预测值与真实值的时间变化曲线，如图 3-16(a)、图 3-16(c)所示，隐藏层数为 2 或 6 时，模型预测效果较好，参考表 3-3 中结果模型训练误差和预测结果的验证误差较其他组合也相对较低；如图 3-16(b)、图 3-16(d)所示，隐藏层数为 4 或 8 时，验证误差呈现明显较大，推测原因为隐藏层数为 4 时得到的 LSTM 模型发生了过拟合情况，导致 LSTM 模型对训练集以外的数据呈现出较差的拟合效果，而隐藏层数为 8 时，LSTM 模型又出现了明显的欠拟合现象，不能良好地对训练数据进行预测。

②隐藏层节点数

隐藏层节点数目对于神经网络的学习能力有直接影响，模型无法在较少的节点条件下充分学习数据，然而神经网络结构也会因节点数目过多而过于复杂，增加模型训练时间，影响预测效果。为探究隐藏层节点数目对模型预测效果的影响，分别设置隐藏层节点数量为 2、4、6 和 8，隐藏层数量取 6，迭代次数 1 000 次，模型中其余参数均相同，不同隐藏层数预测 RMSE 分布见表 3-4。

表 3-4　LSTM 模型各隐藏层节点数回归评价指标

隐藏层节点数	2	4	6	8
RMSE	49.41	44.97	43.16	64.11
MAE	39.26	34.11	32.53	31.15
MAPE	10.34	8.61	8.06	6.90

图 3-17 表示在隐藏层数为 6，模型训练迭代次数为 1 000 次的条件下，隐藏层节点数为 2、4、6 和 8 时 LSTM 模型拟合结果。

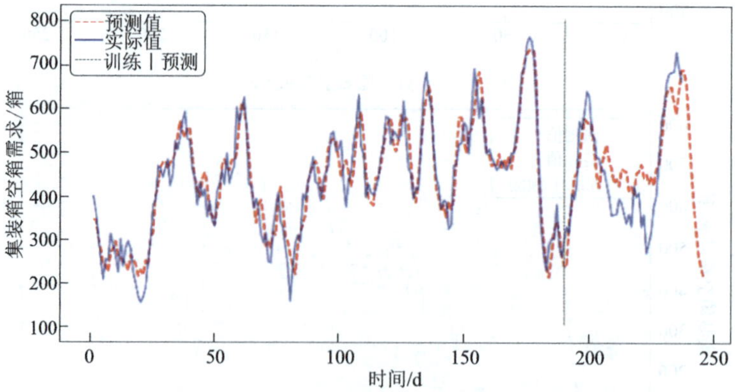

(a) 隐藏层节点数为2

图 3-17　LSTM 模型各隐藏层节点数训练结果

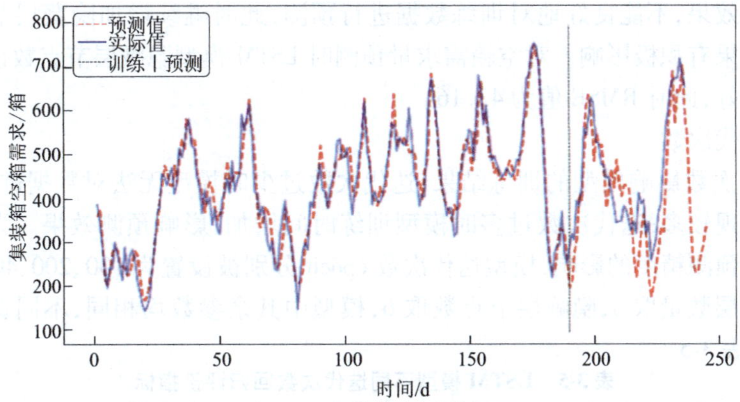

（b）隐藏层节点数为4

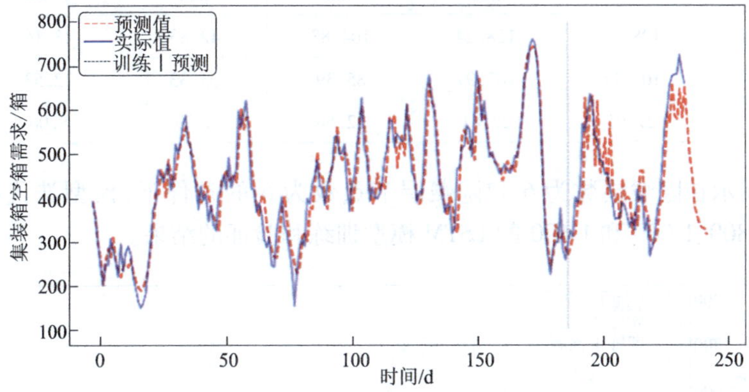

（c）隐藏层节点数为6

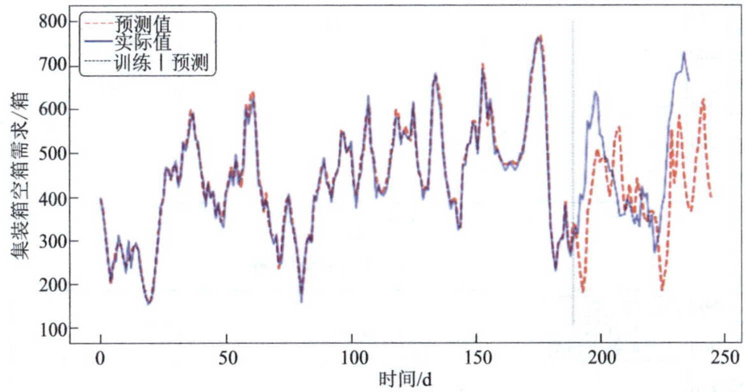

（d）隐藏层节点数为8

图 3-17　LSTM 模型各隐藏层节点数训练结果(续)

绘制四类隐藏层节点数不同的 LSTM 模型迭代过程中预测值与真实值的时间变化曲线,由表 3-4 及图 3-17 中看出,LSTM 模型隐藏层节点数为 6 时,RMSE 值最低,模型预测效果较好,参考表 3-4 中结果,模型回归评价指标(RMSE)较其他结构也明显较小;隐藏层节点数从 2 增加至 6 时,空箱需求量预测误差 RMSE 呈现出持续的下降趋势。从试验结果来看,当隐藏层节点数超过 6 增加到 8 时,验证误差相对较高,这是由于隐藏层节点数为 8 的参数组合 LSTM 模型对训练数据发生了过拟合,导致 LSTM 模型对训练集以外的数据呈现出较差的拟合效果，不能良好地对训练数据进行预测，此时继续增加隐藏层节点数将不会对模型拟合效果有积极影响。对空箱需求量预测时LSTM模型隐藏层节点数设置为6的模型预测效果最好，此时RMSE值为43.16。

③模型迭代次数

模型迭代次数影响模型的训练结果，迭代次数过少时模型无法对数据进行充分学习，欠拟合现象出现较多；迭代次数过多时模型训练时间增加，影响预测效果。为分析模型迭代次数对模型预测精度的影响，模型迭代次数epoch分别被设置为100、200、400、800、1 000和1 600，隐藏层数量取6，隐藏层节点数取6，模型中其余参数均相同，不同迭代次数预测RMSE分布见表3-5。

表3-5 LSTM模型不同迭代次数回归评价指标

模型迭代次数	100	200	400	800	1 000	1 600
RMSE	128.39	128.24	104.88	42.83	43.16	40.55
MAE	103.11	102.97	85.39	33.33	32.53	31.12
MAPE	27.91	27.81	22.68	8.39	8.06	7.54

图3-18表示在隐藏层数为6和隐藏层节点数为6的条件下，模型迭代次数epoch = 100、200、400、800、1 000和1 600的LSTM模型训练和验证的结果。

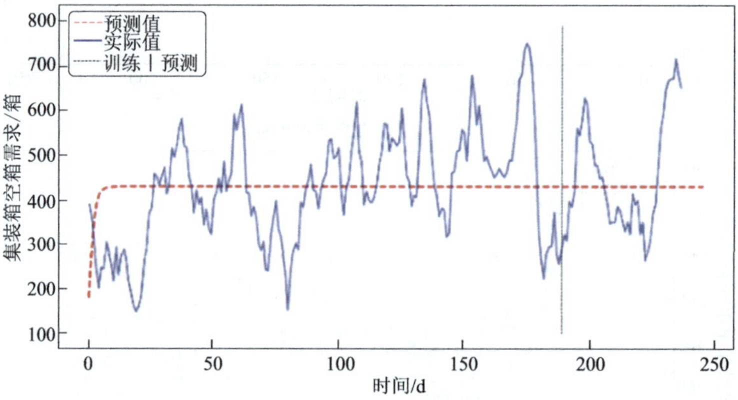

（a）迭代次数为100

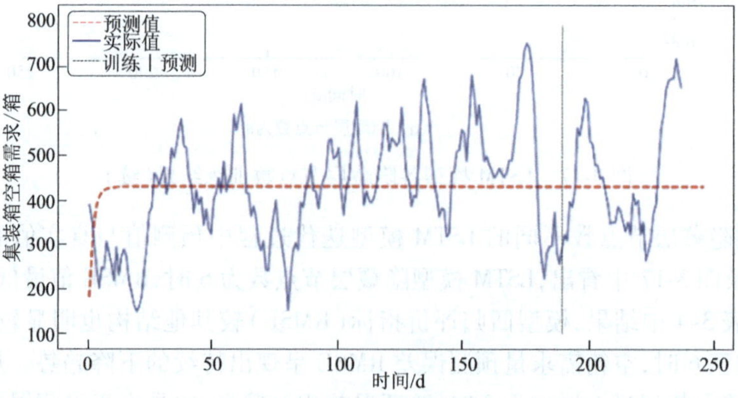

（b）迭代次数为200

图3-18 LSTM模型各迭代次数训练结果

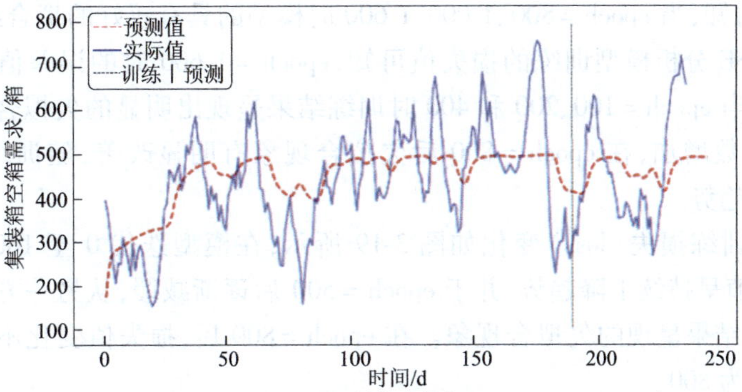

（c）迭代次数为400

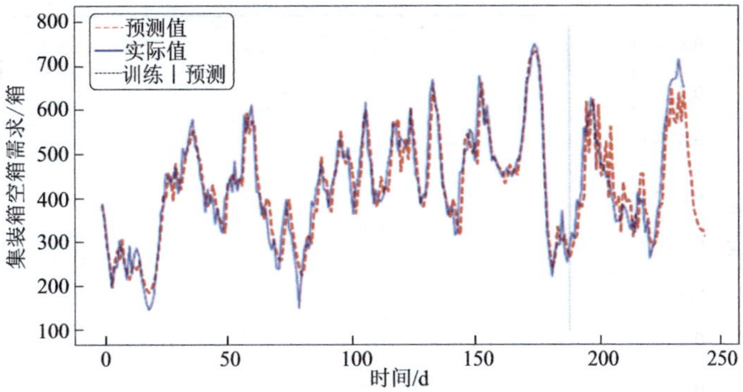

（d）迭代次数为800

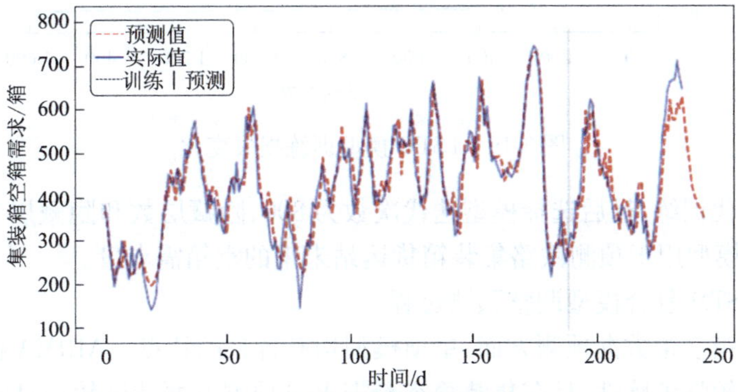

（e）迭代次数为1 000

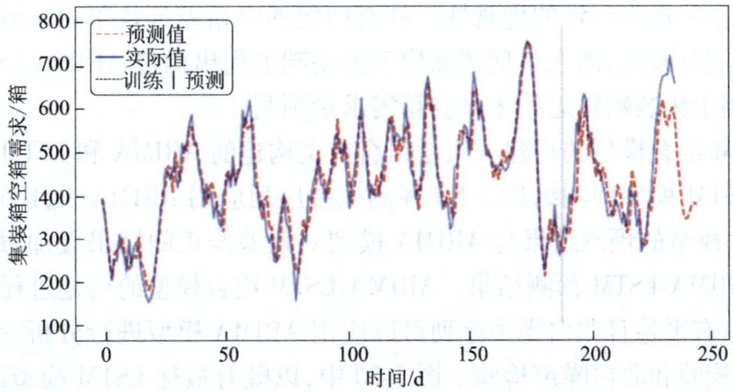

（f）迭代次数为1 600

图 3-18　LSTM 模型各迭代次数训练结果(续)

由图 3-18 可知,当 epoch = 800、1 000、1 600 时模型的具有较好的拟合结果,同时,通过均方根误差 RMSE 分析模型训练的损失值可知,epoch = 1 600 时的误差值远小于 epoch = 800 时误差值。当 epoch = 100、200 和 400 时训练结果呈现出明显的欠拟合现象,预测结果不佳。随迭代次数增加,在 epoch = 800 后欠拟合现象有明显改善,随训练次数增加总体 RSME 值呈下降趋势。

LSTM 模型训练损失(loss)变化如图 3-19 所示,在模型迭代 0 至 1600 次的过程中,LSTM 模型损失值呈持续下降趋势,并于 epoch = 500 后逐渐减缓,从另一方面印证了 epoch 小于 500 时训练结果呈现的欠拟合现象。在 epoch = 800 后,损失值变化不再明显,因此确定最优 epoch 值为 800。

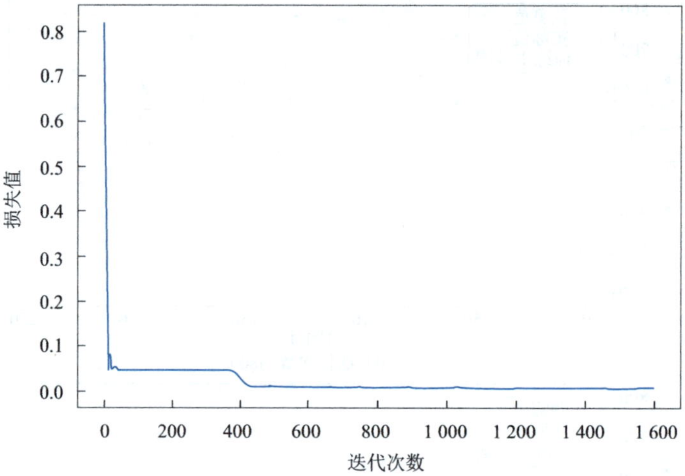

图 3-19　LSTM 模型训练损失变化

经过多次迭代训练,最后选择模型迭代次数为 800,隐藏层数和隐藏层节点数均为 6 的相对最优 LSTM 模型用于预测铁路集装箱货运站未来的空箱需求量。

3. ARIMA-LSTM 复合模型调整预测过程

在铁路集装箱空箱数据预测方面,单项模型均有各自的特点。ARIMA 模型对数据中的线性变化趋势有较强敏感性,且在集装箱空箱需求量预测方面精度较高;LSTM 模型在处理非线性变化问题中展现出一定的优越性。针对构建的空箱需求量单项预测模型的不足,将对单项预测模型进行改进,即在单项预测模型的基础上提出构建 ARIMA-LSTM 组合预测模型的方法,并应用于集装箱货运站未来空箱需求量预测。

ARIMA-LSTM 组合模型的构建方法是组合前文构建的 ARIMA 和 LSTM 单项预测模型。基于既有最优 LSTM 模型预测结果,对其预测残差序列应用 ARIMA(0,1,5)模型进行分析预测,并将 LSTM 模型的预测结果与 ARIMA 模型对残差修正的结果叠加,最终的叠加结果即为组合模型 ARIMA-LSTM 预测结果。ARIMA-LSTM 组合模型的构建过程如图 3-20 所示。

如前所述,只有平稳且非白噪声序列可以应用 ARIMA 模型进行分析,因此首先需要对序列进行平稳性检验和非白噪声检验。图 3-20 中,以既有最优 LSTM 模型的预测结果为基础,输出其残差序列,设原始数据序列为 $\{y_1, y_2, \cdots, y_n\}$,LSTM 预测序列为 $\{\hat{y}_1, \hat{y}_2, \cdots, \hat{y}_n\}$,则 LSTM 预测的残差项的表达式为 $\varepsilon_i = y_i - \hat{y}_i$,从而得到 LSTM 残差序列 $\{\varepsilon_1, \varepsilon_2, \cdots, \varepsilon_n\}$,

LSTM 预测结果的残差序列如图 3-21 所示。

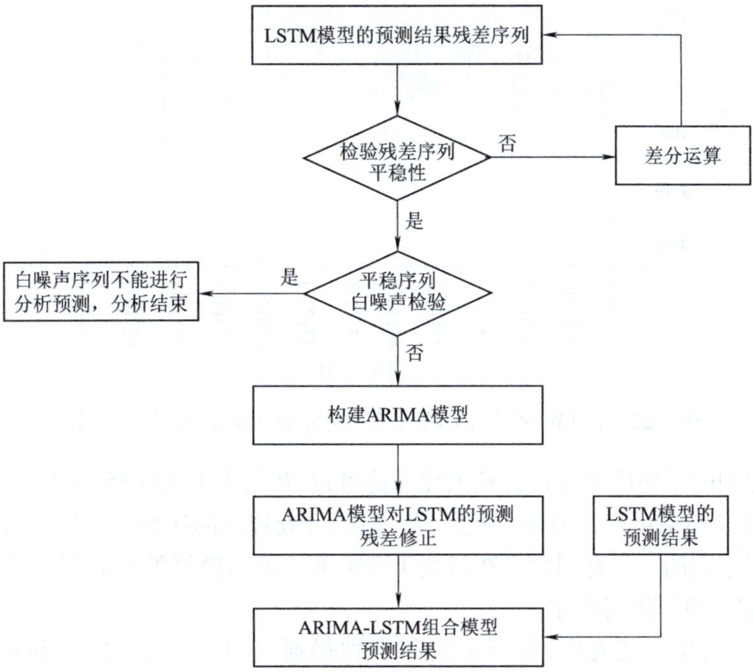

图 3-20　ARIMA-LSTM 组合模型的构建过程

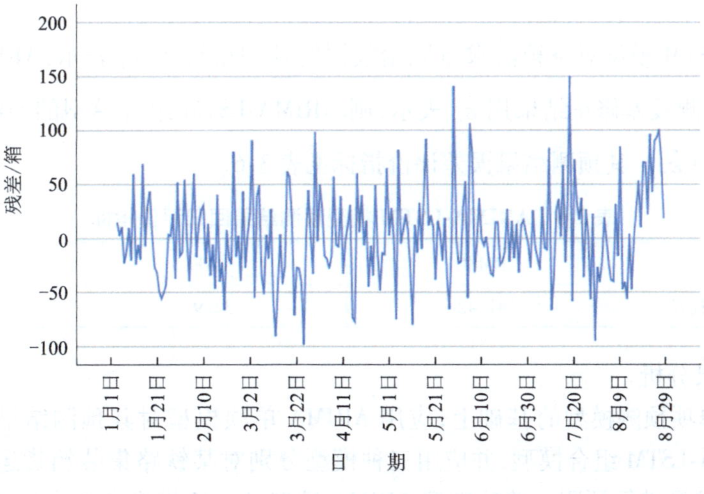

图 3-21　LSTM 预测结果的残差时间序列图

参考前文 ARIMA 模型构建过程，对 LSTM 残差序列先进行平稳性检验，再进行白噪声检验。从图 3-21 中可以看到，残差序列的值随时间有较为明显的趋势变化，不能断定其为平稳序列，故进行一阶差分处理。LSTM 预测结果的残差经一阶差分运算后的时间序列图如图 3-22 所示，残差序列基本趋于平稳，围绕定值 0 上下波动，且随时间推移无明显的线性趋势增减变化，可以认定其为平稳序列。

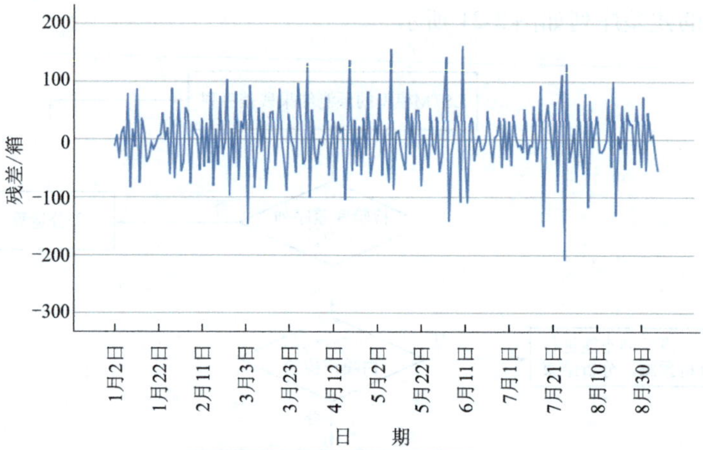

图 3-22　LSTM 预测结果的残差一阶差分运算后的时间序列图

对已经得到的平稳序列进行自相关性检验可得，P 值为 $1.326\,552\times10^{-15}$，远小于显著值 0.05。由检验结果可知，LSTM 的残差经一阶差分处理后的序列是平稳非白噪声序列，这表明了原时间序列的全部有用信息在最优 LSTM 单项预测模型处理后仍有残余，可以采用 ARIMA 算法建立模型进行修正。

同 ARIMA 模型构建流程，模型定阶和识别仍通过自相关系数 acf 和偏自相关系数 pacf 初步选择模型参数，最后通过对比 BIC 值寻找模型的最优参数组合，通过公式计算 49 种不同参数组合 BIC 的结果，选择最优参数组合模型 ARIMA(0,1,1) 为最优模型，此时 BIC 值最小。

最后，将 LSTM 模型对空箱需求量原始数据的预测结果用 $\hat{Y}_p$ 表示，ARIMA(0,1,1) 对 LSTM 模型的预测残差修正结果用 $\hat{\varepsilon}_a$ 表示，则 ARIMA-LSTM 组合模型的预测结果 $\hat{Y}_{ap}$ 可以表示为 $\hat{Y}_{ap}=\hat{Y}_p+\hat{\varepsilon}_a$。其预测结果误差评价指标见表 3-6。

表 3-6　ARIMA-LSTM 模型预测结果回归评价指标

模　　型	RMSE	MAE	MAPE
ARIMA-LSTM 模型	41.42	32.9	8.05

4. 预测结果分析

在 LSTM 单项预测模型的基础上，应用 ARIMA 单项模型对其预测结果的残差进行修正，构建 ARIMA-LSTM 组合模型，并应用三种模型分别对某铁路集装箱货运站点未来两周集装箱空箱需求量进行预测。单项模型 ARIMA 模型、LSTM 模型和组合模型 ARIMA-LSTM 模型对铁路站点未来两周空箱需求量预测的结果见表 3-7。

表 3-7　单项模型和组合模型预测结果

日　　期	5 d 移动平均化处理后数据/箱	ARIMA 模型预测结果/箱	LSTM 模型预测结果/箱	ARIMA-LSTM 模型预测结果/箱
8 月 16 日	288	281.5	287.649 3	262.380 5

续上表

日　期	5 d 移动平均化处理后数据/箱	ARIMA 模型预测结果/箱	LSTM 模型预测结果/箱	ARIMA-LSTM 模型预测结果/箱
8 月 17 日	313.6	281.8	285.921 4	268.440 6
8 月 18 日	372.8	344.3	319.467 4	315.529 3
8 月 19 日	394.8	369.1	384.494 4	397.666 1
8 月 20 日	480.4	426.7	410.033 1	422.603 4
8 月 21 日	565.2	498	495.100 3	524.935 1
8 月 22 日	598	579.1	575.873 1	617.809 2
8 月 23 日	656	611	559.469 9	595.814 6
8 月 24 日	676	668.7	633.091 5	687.404 4
8 月 25 日	679.2	672.5	588.986 3	640.183 2
8 月 26 日	680.8	660.1	587.460 1	650.390 7
8 月 27 日	725.2	683.3	624.397	696.469
8 月 28 日	687.2	718.9	614.024 1	694.857 7
8 月 29 日	660	691	641.465 7	720.286 8

图 3-23 表示不同模型对站点未来两周空箱需求量的预测结果。由图 3-23 可知，对同一测试集数据应用三种模型得到的预测结果有所异同。共同点是模型的预测曲线变化趋势与真实值近乎同步，然而具体到同一日期不同模型的预测值结果彼此之间和与真实值间有较大差异。基于 LSTM 模型预测结果的 ARIMA-LSTM 组合模型的预测结果相比 LSTM 单项模型明显有更高的精确性。

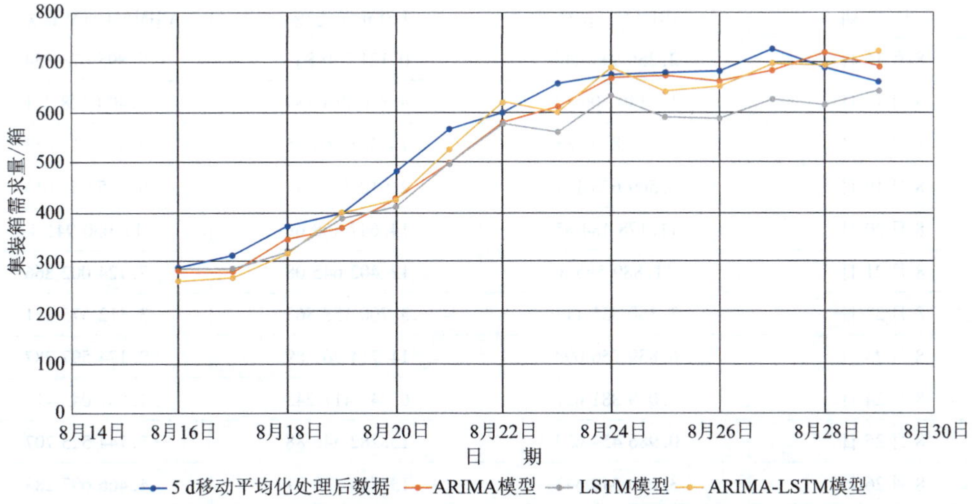

图 3-23　组合模型和单项模型的空箱需求量预测结果对比

由图 3-24 可知，ARIMA-LSTM 组合模型预测结果的相对误差低于 LSTM 模型，与 ARIMA 模型预测结果的相对误差都维持在相对较低的水平。由表 3-8 可以看出，ARIMA-

LSTM 模型在未来 14 d 空箱需求量预测中，相对误差值低于 0.05 的有 6 d，高于 0.1 的仅有 1 d，平均相对误差为 0.057；ARIMA 模型的预测相对误差值低于 0.05 的有 7 d，相对误差值低于 0.1 的有 11 d，大于 0.1 的有 3 d，其平均相对误差为 0.057；而 LSTM 模型的预测相对误差值低于 0.05 的有 4 d，相对误差值低于 0.1 的仅有 6 d，大于 0.1 的有 8 d，其平均相对误差为 0.094。结合前述的 ARIMA、LSTM 和 ARIMA-LSTM 三种模型的预测结果分析可知，组合模型预测结果的相对误差平均值与 ARIMA 单项模型相近，且二者相对误差平均值较 LSTM 模型低 40%。

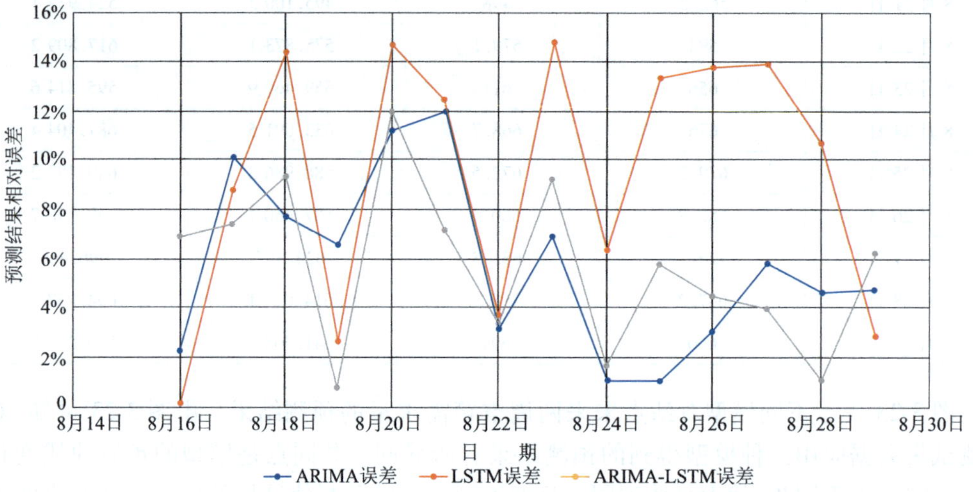

图 3-24 组合模型和单项模型的空箱需求量预测结果相对误差对比

表 3-8 单项模型和组合模型预测结果相对误差

日 期	ARIMA 误差/%	LSTM 误差/%	ARIMA-LSTM 误差/%
8 月 16 日	2.256 944 444	0.121 770 833	6.895 673 854
8 月 17 日	10.140 306 12	8.826 084 184	7.400 328 221
8 月 18 日	7.644 849 785	14.305 968 35	9.362 313 653
8 月 19 日	6.509 625 127	2.610 334 347	0.725 951 013
8 月 20 日	11.178 184 85	14.647 568 69	12.030 941 4
8 月 21 日	11.889 596 6	12.402 645 08	7.124 002 866
8 月 22 日	3.160 535 117	3.700 158 863	3.312 575 251
8 月 23 日	6.859 756 098	14.714 961 89	9.174 597 287
8 月 24 日	1.079 881 657	6.347 411 243	1.687 043 417
8 月 25 日	0.986 454 653	13.282 346 88	5.744 525 707
8 月 26 日	3.040 540 541	13.710 320 21	4.466 697 283
8 月 27 日	5.777 716 492	13.907 928 85	3.961 810 259
8 月 28 日	4.612 922 002	10.648 421 13	1.114 334 968
8 月 29 日	4.696 969 697	2.808 227 273	6.134 361 864
相对误差平均值	5.702 448 799	9.431 010 559	5.652 511 218

由表3-9可知，综合对比分析单项模型ARIMA模型、LSTM模型和组合模型ARIMA-LSTM模型的预测误差，分别对比其均方根误差（RMSE）、平均绝对误差（MAE）和平均绝对百分比误差（MAPE）三项拟合结果评价指标。组合模型ARIMA-LSTM的三项指标值都小于单项模型的值，如ARIMA-LSTM模型的MAPE值为8.05，比两单项模型的MAPE平均值低5%，原因是ARIMA-LSTM组合模型不仅应用了LSTM对空箱需求量数据的高效预测，又结合了ARIMA对原需求量数据中线性变化趋势的敏感性，使得组合预测模型的预测结果更加接近于需求量真实数据。

表3-9　不同模型预测误差综合对比分析

模型预测评价指标	ARIMA模型	LSTM模型	ARIMA-LSTM模型
RMSE	44.75	42.83	41.42
MAE	34.848	33.33	32.9
MAPE	8.657	8.39	8.05

综上分析可知，相比单项预测模型，组合预测模型ARIMA-LSTM的预测误差最低，即通过单项模型叠加得到的组合预测模型预测准确度要远高于单项模型，同时也证明基于单项预测模型的预测结果，通过另一种优势互补的单项预测模型对其残差进行修正，以此建立组合模型优化时间序列预测方法是有效的。所构建的组合预测模型对于空箱需求量数据的预测效果优于既有单项预测模型，更适用于铁路站点空箱需求的分析预测以及空箱调运问题的解决，可以为铁路运输管理决策提供可靠参考。

3.4　铁路集装箱空箱供需测算

3.4.1　典型“排空”站空箱供给测算

针对到发差小于0即典型“排空”的办理站，对其在不同统计周期内的空箱供给数量进行测算，测算方法和步骤如图3-25所示。

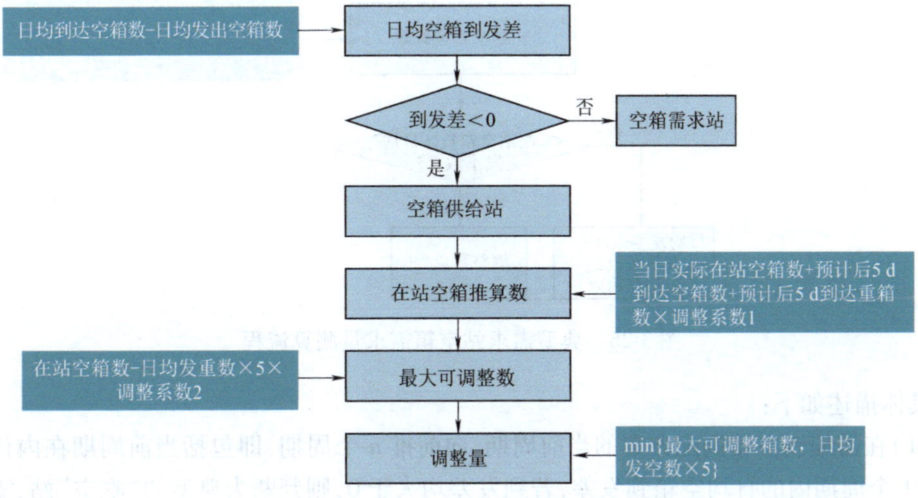

图3-25　典型供给站空箱供给量测算流程

具体描述如下：

(1)在需编制空箱调配方案的当前周期，向前推 n 个周期，即包括当前周期在内计算连续 $n+1$ 个周期内的日均空箱到发差，若到发差均小于0，则判断为典型的“排空”站，需推算其空箱供给量。

(2)推算当前周期该办理站的在站空箱数，通过下式进行计算：

$$在站空箱推算数=当日实际在站空箱数+预计后5\ d到达空箱数+预计后5\ d到达重箱数\times调整系数1$$

由于到达的重车卸空后为空箱来源之一，但不能保证所有重车均能得到有效利用，因此设定了一调整系数，下同。

(3)计算最大可调整箱数，计算公式如下：

$$最大可调整箱数=在站空箱数-日均发重数\times5\times调整系数2$$

其中，保留“日均发重×5”数量的集装箱，是为保证满足办理站日常装箱的需求。

(4)计算空箱供给量，计算公式如下：

$$空箱供给量=\min\{最大可调整箱数,日均发空数\times5\}$$

3.4.2 典型“吃空”站空箱供给调整

对于典型的“吃空”办理站，其对应周期的空箱需求量测算方法如图3-26所示。

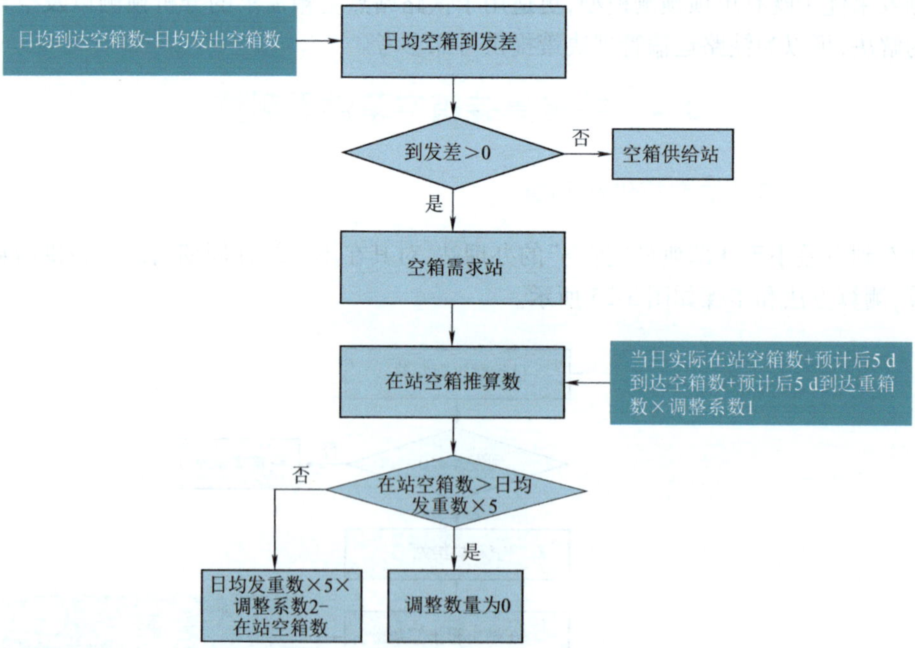

图3-26　典型需求站空箱需求量测算流程

具体描述如下：

(1)在需编制空箱调配方案的当前周期，向前推 n 个周期，即包括当前周期在内计算连续 $n+1$ 个周期内的日均空箱到发差，若到发差均大于0，则判断为典型的“吃空”站，需推算其空箱需求量。

(2)推算当前周期该办理站的在站空箱数,计算公式如下:

在站空箱推算数 = 当日实际在站空箱数 + 预计后 5 d 到达空箱数 +
预计后 5 d 到达重箱数 × 调整系数 1

(3)对比该办理站的在站空箱数量与日均发重数 ×5 的大小。

(4)推算该办理站在当前计划编制周期内的空箱需求量。若在站空箱数 > 日均发重数 ×5,表示在站空箱能满足其装箱需求,空箱需求量为 0;否则,需外来空箱满足其装箱需求,空箱需求量 = 日均发重数 ×5 × 调整系数 2 − 在站空箱数。计算公式如下:

$$\text{空箱需求量}=\begin{cases}0, & \text{在站空箱数}>\text{日均发重数}\times 5\\ \text{日均发重数}\times 5\times\text{调整系数}2-\text{在站空箱数}, & \text{在站空箱数}\leqslant\text{日均发重数}\times 5\end{cases}$$

3.4.3　其他办理站空箱供需调整

对于空箱供给或需求特征表现不明显的办理站,判断其空箱供需站属性及对应的调整量,推算方法如图 3-27 所示。

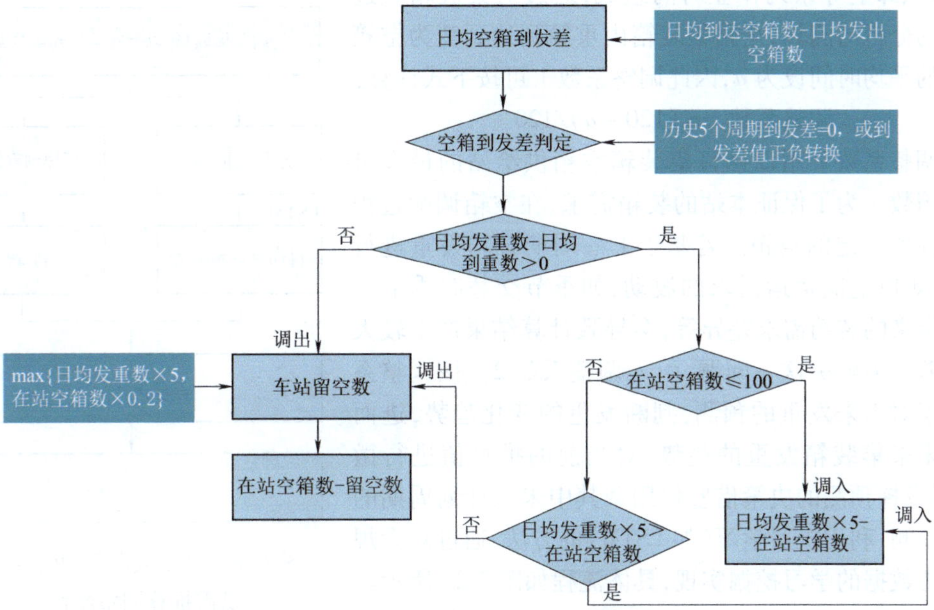

图 3-27　其他办理站空箱供需测算流程

具体描述为:

(1)在需编制空箱调配方案的当前周期,向前推 n 个周期,即包括当前周期在内计算连续 $n+1$ 个周期内的日均空箱到发差,若到发差均等于 0 或正负交替变化,则按其他办理站处理。

(2)计算办理站的在站空箱数,计算公式如下:

在站空箱数 = 当日实际在站空箱数 + 预计后 5 d 到达空箱数 +
预计后 5 d 到达重箱数 × 调整系数 1

根据办理站日均发重与日均到重的差值正负判断是供是需。若发重大于到重,且"在站空箱数≤100"或"在站空箱数 >100 且日均发重数 ×5 大于在站空箱数",需要调入空箱,即该办理站为需求站；否则可调出空箱，该办理站为供给站。

若到重大于发重，可调出空箱，该办理站为供给站，则按下式推算空箱供给量：

$$车站空箱保留数 = \max\{日均发重数 \times 5, 在站空箱数 \times 0.2\}$$

$$空箱供给量 = 在站空箱数 - 车站空箱保留数$$

若发重大于到重，且“在站空箱数≤100”或“在站空箱数＞100且日均发重数×5大于在站空箱数”，则为需求站，按下式计算空箱需求量：

$$空箱需求量 = 日均发重数 \times 5 - 在站空箱数$$

3.4.4 调整系数确定方法

上述算法中包含了两个调整系数，这里介绍这些调整系数的确定方法。

调整系数1为未来5 d预计到达的重箱转换为空箱的系数，即用以计算在下一计划周期内，所预计到达的重箱中可以转为空状态，并可以进行调配组织的集装箱数量。重空箱转换时间由重箱到达、组织卸空等系列作业时间组成，通过对集装箱轨迹数据的分析与测算，全路集装箱由重箱到达到变为空箱状态的平均时间设为 a，因此调整系数1可按下式计算：

$$调整系数1 = (120 - a)/120$$

调整系数2用以修订集装箱空箱供给站的最大可调整箱数。为了保证本站的装箱需求，在空箱调配过程中需预留一定的空箱。若基于上一周期日均发重进行测算，难以适应货运需求的波动，如季节交替时季节性货物带来的装箱需求差异等，会导致计算结果产生较大的偏差。为解决这一问题，引入调整系数2。该调整系数基于对未来发重的预测，判断发重的变化趋势，进而根据未来集装箱发重的趋势，对当前的推算值进行微调，以发挥预测的决策借鉴作用。其中未来计划周期的发重预测，利用机器学习（如LSTM）的方法，通过对大规模历史数据的学习挖掘实现，具体流程如图3-28所示。

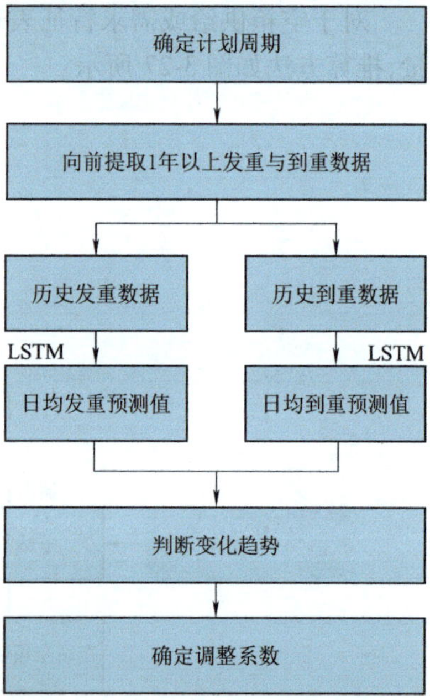

图3-28　基于数据驱动的空箱供需推算调整流程

调整系数2的取值为当前周期与预测周期内到重的平均增长率。

3.5 铁路集装箱空箱供需平衡调整

在推算完车站供需结果后，若所得全路供给需求差异过大，则需根据全路整体推算情况对各铁路局集团公司进行相应平衡调整：对某些铁路局集团公司的具体车站采取增加其需求的调整，使更多空箱排空至这些车站；对某些铁路局集团公司的具体车站采取增加其供给的调整，挖掘潜在空箱供给，提高空箱利用效率。下面针对空箱供需基本平衡、供给大于需求、供给小于需求三种场景，研究空箱供需平衡调整方法。

3.5.1　空箱供需基本平衡

设定一标准值(如2 000箱)与推算全路供需之差进行对比,若全路的空箱供需差值小于标准值,则无须对办理站空箱供需结果进行平衡调整,直接进行下一阶段空箱调配方案的编制。

3.5.2　空箱供给大于需求

若全路供给大于需求且二者之差大于标准值,则分别选择"供给增加局""需求增加局"进行车站供需平衡调整,如图3-29所示。

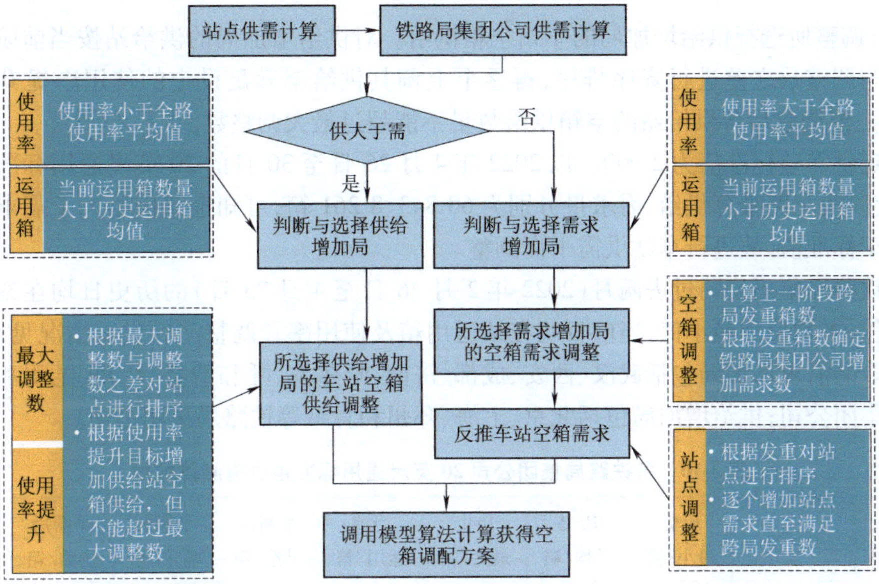

图3-29　供给大于需求时的车站供需平衡方法

1. 调整"需求增加局"管内车站需求的步骤

(1)判断与选择需求增加局。从当前铁路局集团公司使用率、铁路局集团公司运用箱水平两个指标出发选择增加需求的铁路局集团公司。

①铁路局集团公司利用率。计算当前所有铁路局集团公司的使用率(局管内所有车站日均发重之和与日均在站运用箱之和的比值)、全路使用率(全路所有车站日均发重之和与日均在站运用箱之和的比值),若某铁路局集团公司的使用率高于全路使用率,则满足将其作为需求增加局的使用率要求。

②运用箱水平。取过去一段时期(如两个月)的运用箱数据得出各铁路局集团公司历史日均在站运用箱的最大值、平均值和最小值,将历史运用箱水平与当前铁路局集团公司运用箱水平进行比较。若某铁路局集团公司管内车站的日均在站运用箱之和小于历史运用箱的平均值,则满足将其作为需求增加局的运用箱水平要求。

③最终选择同时满足上述两个指标的铁路局集团公司作为需求增加局。

(2)确定所选择需求增加局的空箱需求上调数量。从集装箱轨迹数据表中得出需求增加局中各铁路局集团公司上一阶段向外局发送的重箱数量，将其作为此阶段各需求增加局的上调空箱需求数。

(3)具体站点需求调整。对某需求增加局的需求站按当前阶段日均发重进行降序排序，再逐个按照日均发重的一定倍数(如3倍)上调各车站需求，直至满足该需求增加局的空箱需求调整数量指标。

2. 调整“供给增加局”管内车站供给的步骤

(1)判断与选择供给增加局。从当前铁路局集团公司使用率、铁路局集团公司运用箱水平这两个指标出发选择增加供给的铁路局集团公司：若某铁路局集团公司的使用率低于全路使用率，且当前日均在站运用箱之和大于历史运用箱的平均值，则将其作为供给增加局。

(2)调整所选择供给增加局的车站空箱供给。对供给增加局的供给站按当前阶段最大调整数与调整数之差进行降序排序，再逐个上调其供给至满足设定的使用率提升目标值(如1%)，但调整后各供给站的空箱供给数量不能超过最大调整数。

设定供需差标准值为2 000。以2022年4月26日至30日的20英尺通用标准箱数据为例，此阶段全路推算供给、需求量分别为60 843、8 261箱，可知全路供给大于需求且二者之差大于标准值，故进行车站供需平衡调整。

各铁路局集团公司过去两月(2022年2月26日至4月25日)的历史日均在站运用箱的最大值、平均值和最小值，当前日均在站运用箱及使用率和调整前后供需情况见表3-10，其中选取的需求增加局包括武汉、西安、成都、济南、哈尔滨、呼和浩特、兰州、昆明和南宁等铁路局集团公司；供给增加局包括北京、上海、郑州和青藏等铁路局集团公司。

表3-10 各铁路局集团公司20英尺通用标准箱供需测算数据

铁路局集团公司	利用率	历史最小/箱	历史平均/箱	历史最大/箱	当前运用/箱	平衡前供给/箱	平衡前需求/箱	平衡后供给/箱	平衡后需求/箱
武	0.109 496	4 633	5 737	9 409	4 402	1 154	1 008	1 154	2 085
京	0.024 697	9 823	11 096	13 177	13 362	4 335	0	5 485	0
上	0.019 753	12 589	14 879	16 629	16 858	6 549	101	8 178	101
广	0.031 407	12 788	14 458	16 171	13 946	5 094	167	5 094	167
郑	0.043 635	9 744	11 257	12 639	11 367	4 331	243	4 802	243
太	0.034 036	10 250	12 483	13 715	10 812	5 491	296	5 491	296
西	0.048 193	1 337	2 278	2 797	1 826	778	116	778	263
成	0.050 946	15 838	17 078	18 386	16 802	5 148	725	5 148	2 198
沈	0.036 517	14 824	18 271	20 454	14 322	3 901	507	3 901	507
济	0.051 532	14 249	16 992	18 783	11 915	4 212	451	4 212	1 453
哈	0.077 145	4 053	6 173	8 117	4 511	1 975	377	1 975	860
南	0.061 442	7 223	8 221	8 801	8 740	2 682	619	2 682	619
呼	0.072 494	4 981	8 736	12 076	4 290	1 775	429	1 775	939
兰	0.056 94	5 942	9 180	11 104	8 465	3 190	291	3 190	834
昆	0.081 551	7 613	8 442	9 717	7 247	1 499	354	1 499	981

续上表

铁路局集团公司	利用率	历史最小/箱	历史平均/箱	历史最大/箱	当前运用/箱	平衡前供给/箱	平衡前需求/箱	平衡后供给/箱	平衡后需求/箱
宁	0.086 425	10 780	13 812	16 708	10 807	1 244	1 932	1 244	3 134
乌	0.046 15	11 221	12 979	16 008	12 286	5 784	645	5 784	645
青	0.031 533	4 004	6 583	8 528	9 260	1 701	0	1 988	0
全路平均	0.047 401	—	—	—	合计	60 843	8 261	64 380	15 325

武汉、西安、成都、济南、哈尔滨、呼和浩特、兰州、昆明和南宁等铁路局集团公司上一阶段的跨局发重箱数分别为 1 587 箱、1 459 箱、2 561 箱、1 678 箱、1 037 箱、1 230 箱、1 429 箱、1 488箱和 1 202 箱，以此作为此阶段各需求增加局的上调空箱需求数，平衡调整后全路的空箱需求为 15 325 箱。

具体到车站层面，以需求增加局的武汉局集团公司为例，对武汉局集团公司管内的需求站按当前阶段日均发重进行降序排序，第一个是麻城站，其日均发重为 175 箱，需求箱数为 725 箱，按照日均发重的 3 倍上调麻城站的需求箱数，即调整后麻城站的需求空箱数为 $725 + 175 \times 3 = 1\ 250$（箱），武汉局集团公司具体车站层面还需上调的需求数变为 $1\ 587 - 175 \times 3 = 1\ 062$（箱）。以此类推，最终遍历武汉局集团公司所有需求站，总共增加空箱需求 1 077箱，并未达到该局 1 587 箱的所需增加空箱需求数量。

3.5.3　空箱供给小于需求

若全路供给小于需求且二者之差大于标准值，采用如图 3-30 所示的方法进行车站供需平衡调整。

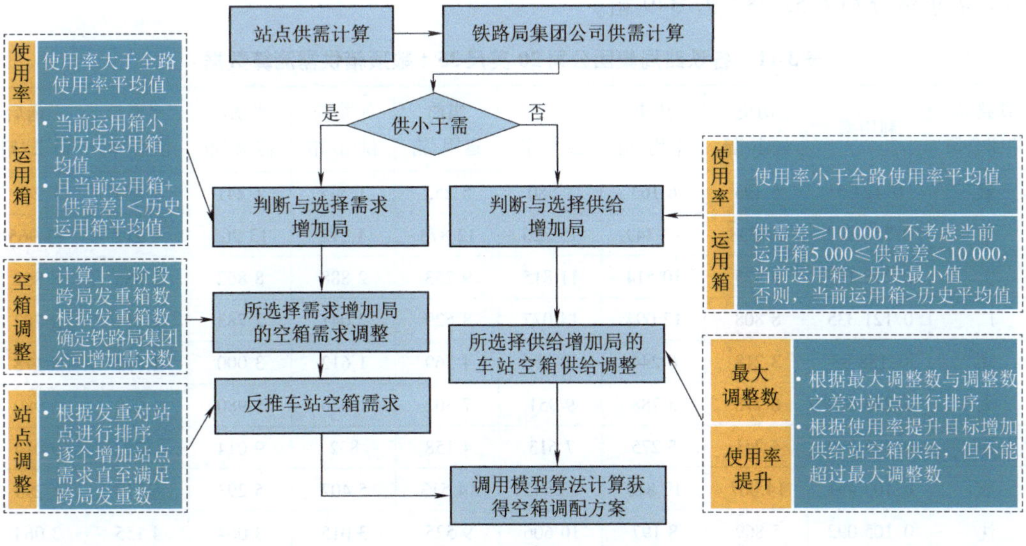

图 3-30　供给显著小于需求时的车站供需平衡方法

1. 调整“供给增加局”管内车站供给的步骤

（1）判断与选择供给增加局。与上节相同，从当前铁路局集团公司使用率、铁路局集团公司运用箱水平这两个指标出发选择供给增加局。考虑到供给小于需求时空箱紧缺程度的不同，选择供给增加局时除铁路局集团公司使用率必须低于全路使用率外，需将铁路局集团公司当前运用箱水平与不同历史运用箱数据进行对比，现行规则如下：

①如果供需差≥10 000，只要铁路局集团公司满足其使用率低于全路使用率，就将其作为供给增加局。

②如果5 000≤供需差＜10 000，则选择的供给增加局的使用率只需高于历史运用箱最小值。

③若供需差＜5 000，选择的供给增加局的使用率需高于历史运用箱平均值。

（2）调整所选择供给增加局的车站空箱供给。对供给增加局的供给站按当前阶段最大调整数与调整数之差进行降序排序，再逐个上调其供给至满足设定的使用率提升目标值（取1%），但调整后各供给站的空箱供给数量不能超过最大调整数。

2. 调整“需求增加局”管内车站供给的步骤

调整“需求增加局”管内车站需求的方法与上节基本相同，只是在“判断与选择需求增加局”这一环节中再增加了一个筛选条件：判断铁路局集团公司当前运用箱与此前推算供需差绝对值之和是否小于历史运用箱均值。

设定供需差标准值为2 000。以2022年4月26日至30日的20英尺35 t敞顶箱数据为例，此阶段全路推算供给、需求量分别为45 889、95 171箱，可知全路供给小于需求且二者之差大于标准值2 000，故进行车站供需平衡调整。

各铁路局集团公司过去两月（2022年2月26日至4月25日）的历史日均在站运用箱的最大值、平均值和最小值，当前日均在站运用箱及使用率和调整前后供需情况见表3-11，其中选取的供给增加局包括武汉、广州、成都、沈阳、哈尔滨、南昌、呼和浩特、兰州、昆明、南宁和乌鲁木齐等铁路局集团公司；需求增加局为郑州局集团公司，平衡调整后全路的空箱供给、需求量分别为52 282、97 349箱。

表3-11 各铁路局集团公司20英尺35 t敞顶箱供需测算数据

铁路局集团公司	利用率	历史最小/箱	历史平均/箱	历史最大/箱	当前运用/箱	平衡前供给/箱	平衡前需求/箱	平衡后供给/箱	平衡后需求/箱
武	0.124 5	5 193	6 163	7 580	5 253	1 364	1 241	1 654	1 241
京	0.256 972	12 238	13 749	15 726	12 873	4 212	13 965	4 212	13 965
上	0.238 193	9 525	10 514	11 815	9 253	2 888	8 862	2 888	8 862
广	0.121 335	8 808	12 094	14 077	8 629	2 041	2 783	2 214	2 783
郑	0.188 83	3 218	6 244	10 556	4 369	1 612	3 000	1 612	5 178
太	0.253 629	6 778	8 788	9 951	7 302	1 070	5 980	1 070	5 980
西	0.485 329	4 241	5 275	7 613	4 158	832	9 014	832	9 014
成	0.103 493	14 067	19 810	23 542	14 513	5 407	5 293	6 119	5 293
沈	0.105 092	5 869	8 197	10 606	9 525	3 015	3 064	4 155	3 064
济	0.233 733	9 909	11 462	12 844	12 095	5 510	12 091	5 510	12 091
哈	0.122 822	3 023	4 012	5 187	3 444	1 407	1 479	1 744	1 479
南	0.172 395	5 433	5 921	6 560	5 499	1 922	3 818	2 445	3 818

续上表

铁路局集团公司	利用率	历史最小/箱	历史平均/箱	历史最大/箱	当前运用/箱	平衡前供给/箱	平衡前需求/箱	平衡后供给/箱	平衡后需求/箱
呼	0.165 889	5 879	11 426	15 967	72 88	1 552	3 161	1 933	3 161
兰	0.129 652	7 022	10 031	12 456	5 885	651	1 490	1 297	1 490
昆	0.132 123	14 045	15 305	16 356	12 723	4 027	4 561	5 345	4 561
宁	0.174 47	5 465	6 347	7 525	6 087	1 871	3 612	2 356	3 612
乌	0.168 96	15 929	20 235	24 520	15 696	5 811	9 275	6 199	9 275
青	0.256 433	1 067	2 657	4 783	2 215	697	2 482	697	2 482
全路平均	0.180 809	—	—	—	合计	45 889	95 171	52 282	97 349

具体到车站层面，以供给增加局成都局集团公司的供给站青白江站为例，按照3.4节空箱供需测算方法，该站日均发重为4箱，日均在站运用箱为204箱，推算该站能够供给的空箱为60箱。在此基础上，根据本节的空箱供需平衡调整方法，按照1%的使用率提升目标值来上调青白江站的供给箱数，但由于上调的供给数不能超过最大调整数与调整数之差，所以调整后青白江站的供给空箱数为最大调整数68，其他供给站上调空箱供给以此类推。

第4章　基于数据驱动的铁路集装箱运输时间预测研究

4.1　铁路集装箱运到时间影响因素分析

在系统科学领域中，将系统所受影响的因素分为“人”“机”和“环”三类，在铁路系统中可将其引申为“人”“设备”和“环”。其中可将“设备”因素扩展，将集装箱运到时间的影响因素总结为“人”“车”“站”“路”和“环”五类[50]，如图4-1所示。

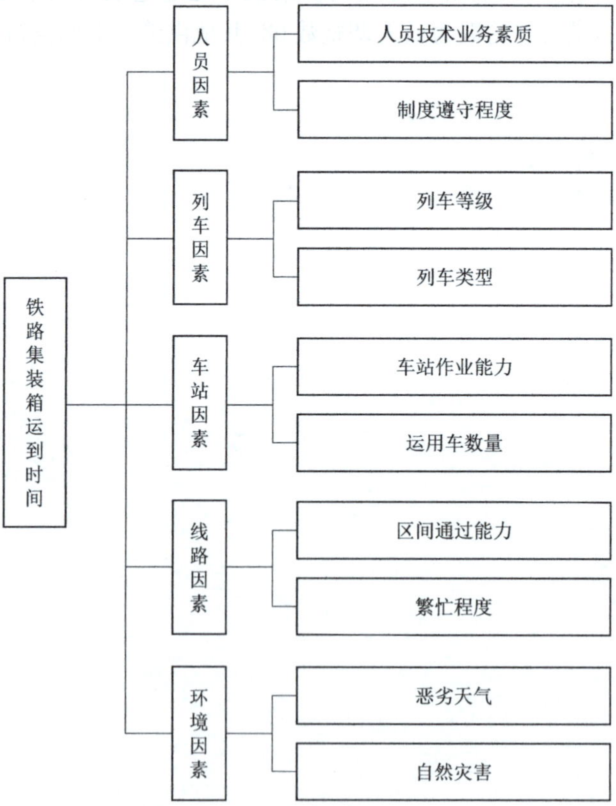

图4-1　集装箱运到时间影响因素

（1）“人”，即人员因素。集装箱在运输过程中，无论是在始发、终到站进行装卸作业，在技术服务站进行改编作业或是无调中转作业，作业时间均受工作人员技术业务素质或状态的影响；有时人员安全意识薄弱，未按规章操作，也容易产生意外，造成事故，影响全程运输时间。

(2)“车”,即列车因素。集装箱由货物列车承载在区段间旅行,按编组地点和运行距离将列车分为直达、直通、整列短途、区段、摘挂、小运转列车等不同类型,各种列车在等级、速度等方面存在差异,如列车等级较低的摘挂列车和小运转列车,在区段内输送车流时,需要避让旅客列车或其他高等级越行列车。此外,机车的牵引功率也会限制列车的运行速度,如在沈阳局集团公司大批量配属的 HXD3B 型电力机车,最高速度为 120 km/h,可提供 9 600 kW 的持续牵引功率。而传统的内燃机车(如 DF4B)与其相比牵引功率较低,速度较慢。

(3)“站”,即车站因素。技术站是集装箱运输过程中耗时较多的场所,国铁集团的统计资料显示,我国铁路货车周转时间中技术站作业停留时间之和占比近 40%。货车在技术站若无改编计划则为无调中转,进行简单的票据交接及核对检查,耗时较短,受影响小;若货车有改编计划,则需要进行到、解、集、编、发过程,在站耗时较长,且解体、集结、编组作业中的不可控因素较多。以某铁路局集团公司为例,货车超时原因中车站作业因素占 73.1%,其中具体原因可总结为临时任务影响、车流及机列不衔接、车站能力限制、调度作业配合不到位、车辆设备故障、计划编制不合理及其他因素[51],发生的频次比例如图 4-2 所示。可见车站能力限制和车流及机列不衔接等因素对集装箱的运到时间影响较大。

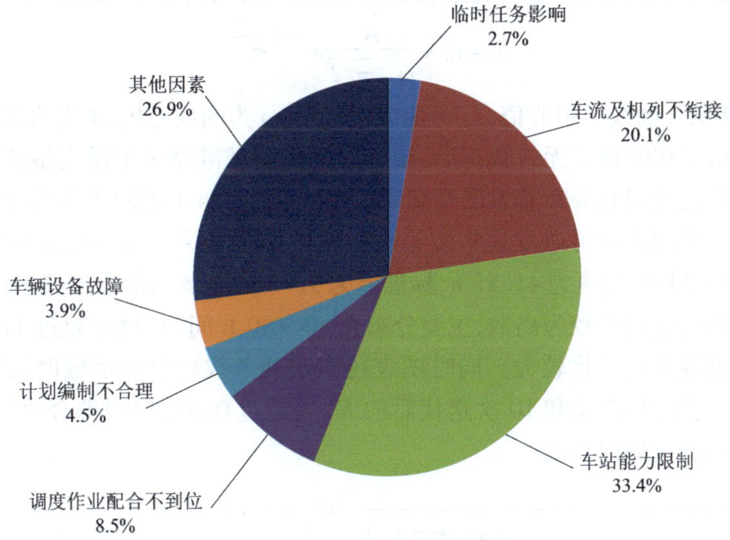

图 4-2　某铁路局集团公司车站作业各超时原因占比情况

(4)“路”,即线路因素。我国铁路路网覆盖范围广,各个区段的线路、信号设备和设施条件存在较大差异,某些区段通过能力利用率高,直接影响到货物列车的运行状态。正常运行的情况下,路网上的货物列车分布均匀,如果在某些区段出现非计划性的大量积压情况,那么列车的实际运行时间可能偏离开行计划,导致大范围的晚点,进而对整个路网产生严重影响。线路是否为电气化铁路及单复线情况的差异也较大,复线电气化铁路的牵引供电能力大,能够满足列车的最小追踪间隔。因此差异化的电气化率和复线率造成了区段通过能力的不均衡性。

同时,我国干线和支线铁路的繁忙程度不同,一是列车开行密度的增加导致列车间的越行会让次数增多,增加非必要的停站次数;二是办理站接发车作业增加,增加了甩挂作业等待时间,易造成列车站内滞留,甩挂作业量的差异也将直接影响列车在区段内的旅行时间。此外,我国各铁路局集团公司间地形地貌不同,线路坡度、曲线半径等差异也会进一步影响货车的平均旅行速度。

(5)“环”,即环境因素,主要包括不可预测的恶劣天气和自然灾害。常见的恶劣天气一是大风,可能使列车横向失稳,尤其是在曲线路段及山区风口,容易出现列车脱轨。此外,大风对铁路接触网及地面通信设备也会造成严重损坏。二是极端降雨降雪,大大降低了列车司机的能见度,也容易造成线路塌陷和道岔故障,连续强降雨也极易引发山区和隧道内的落石塌方及泥石流等自然灾害。这些极端气候与自然灾害都会对货物列车的正常运行产生有不同程度的影响。轻者造成线路部分区段限速,列车晚点,无法按照计划运行;重者可能出现线路中断,甚至整条铁路线路瘫痪,列车无法通行。

4.2 铁路集装箱运输时间分布规律

在铁路运输系统中,无论是旅客运输还是货物运输,各 O—D 间开行列车的运输时间虽然各不相同,但在大范围的数据统计下会发现运输时间始终在一个范围内波动,且其分布会遵循一定的规律。采用常见的高斯分布(Gauss distribution)模型对统计数据进行非线性曲线拟合,并使用 L-M 优化算法进行迭代直至拟合收敛,高斯模型见式(4-1)。

$$y = y_0 + \frac{A}{\omega\sqrt{\pi/2}}\mathrm{e}^{-\frac{2(x-x_c)^2}{\omega^2}} \tag{4-1}$$

式中,x_c 为高斯拟合曲线的中心值,y_0 为曲线偏移量,ω 为曲线宽度,A 为曲线面积。

图 4-3 展示了在清理了无效数据后,统计时间内防城港站至玉溪南站及日照站至义马站的铁路集装箱运输时长分布直方图及高斯拟合曲线。表 4-1 展示了运输时间描述及高斯模型参数统计。从图表中可以发现集装箱在防城港站至玉溪南站线路上的运输时长主要集中在 30 ~ 50 h 间,平均值为 41.81 h,标准差为 9.76 h,总体离散程度较小;而在日照站至义马站线路上的运输时长较为离散,主要分布在 40 ~ 80 h 间,且极差超过 110 h,说明该线路受某种或多种因素的干扰较大。同时图表还表明两条线路上的运输时长能很好地被高斯分布拟合,两者经过 12 次和 10 次迭代后的 R^2 均超过 0.85,说明拟合效果良好,运输时间能够在可预料的范围内波动。

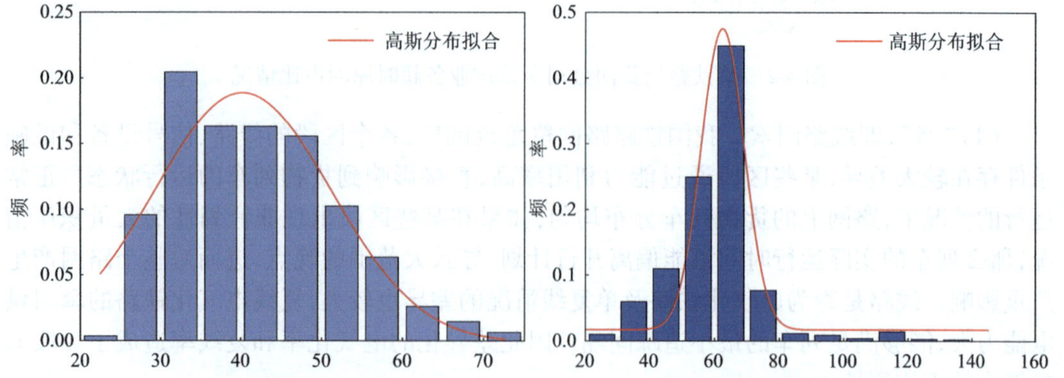

(a)防城港—玉溪南线路　　(b)日照—义马线路

图 4-3　集装箱运输时长分布及数据拟合情况

表 4-1　运输时间描述及高斯模型参数统计

数据描述及模型参数	防城港—玉溪南	日照—义马
最小值/h	24.12	20.31
平均值/h	41.81	60.63
最大值/h	71.74	139.23
标准差/h	9.76	14.55
y_0	-0.01 ± 0.02	0.02 ± 0.01
x_c	40.22 ± 1.31	62.38 ± 0.63
ω	22.04 ± 4.51	13.28 ± 1.37
A	5.25 ± 1.54	7.63 ± 0.69
R^2	0.87	0.91
调整后 R^2	0.82	0.87
迭代次数	12	10

集装箱运输过程中,除总运输时长外,区段运输时间、技术服务站停站时间以及在中间站由于避让其他列车等原因造成的延误时间都会对总的运输时长造成很大影响。且与总运输时长一样,都可能存在各自的分布规律,下文对这三类时间展开分析。

1. 区段运输时间分布规律

铁路集装箱在运输时可能受到内部或外界因素的干扰使其偏离运行图运行,造成晚点现象。站间实际运输时间大于计划运行时间是货物列车晚点的直接原因。集装箱区段运输时间包括在站间线路中的走行时间以及中间站停站延误时间。对集装箱在区段内的运行时间进行分析,以探究集装箱运输受扰动的分布情况。

图 4-4(a)为防城港站至玉溪南站线路各区段运行时间分布,图 4-4(b)为日照站至义马站线路各区段运行时间分布。图 4-4 表明,集装箱在各区段的运行时间分布较为分散,尤其是对于一些距离较长的区段,如百色—威舍及徐州北—商丘段,运行时间上下浮动范围较大,且货物列车在此类区段受到扰动影响的概率增加,使实际运行时间明显偏离计划时间。同时,此类区段由于所受干扰较多,容易影响相邻区段,产生晚点传播现象。如与百色—威舍区段相邻的南宁南—百色及威舍—红果区段,其实际运行时间的上下偏差浮动明显高于运输距离与其相似的威舍—师宗及昆明东—读书铺段。从图 4-4 中还可发现,防城港—马皇、中谊村—玉溪南及日照—沭埠岭区段虽然距离较短,但其实际运行时间与其他区段相比仍较分散,主要原因是这些区段靠近集装箱的始发、终到站,车底周转及其连带延误时间的影响较大。

2. 技术服务站停站时间分布规律

运输集装箱的货车在技术服务站的停站时间包括在站技术作业时间与停留时间等,是反映技术服务站行车及货运工作质量的重要指标。运行图计划的停站时间一般包括在站作业时间及车站缓冲时间,当货车在站作业受到干扰或遇到故障,以及长时间在站待避时,实际停站时间将大幅偏离计划停站时间,从而面临大规模的货物运到逾期情况。

图 4-5 为防城港站至玉溪南站及日照站至义马站线路货车在技术服务站停站时间分布图。从图 4-5 中可知，在防城港—玉溪南线路上，货物列车在南宁南站及昆明东站停站时间最为分散；在日照—义马线路上，货物列车在徐州北站及郑州北站停站时间最为分散。这四个技术服务站均为大型编组站，作业时间波动较大。同时在图 4-5(a) 中，马皇站、南宁南站及昆明东站停站时间在 0～0.5 h 范围的数据点均被判定为异常值(即数据集中的离群点)，说明绝大部分货车在这些站均需进行技术作业，只有极少数列车直接通过。

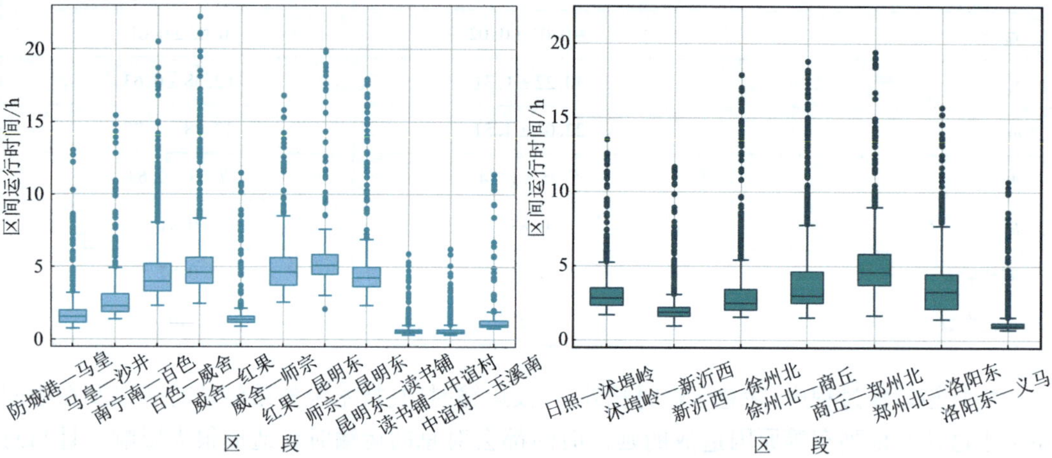

(a) 防城港—玉溪南线路　　(b) 日照—义马线路

图 4-4　集装箱区段运输时间分布

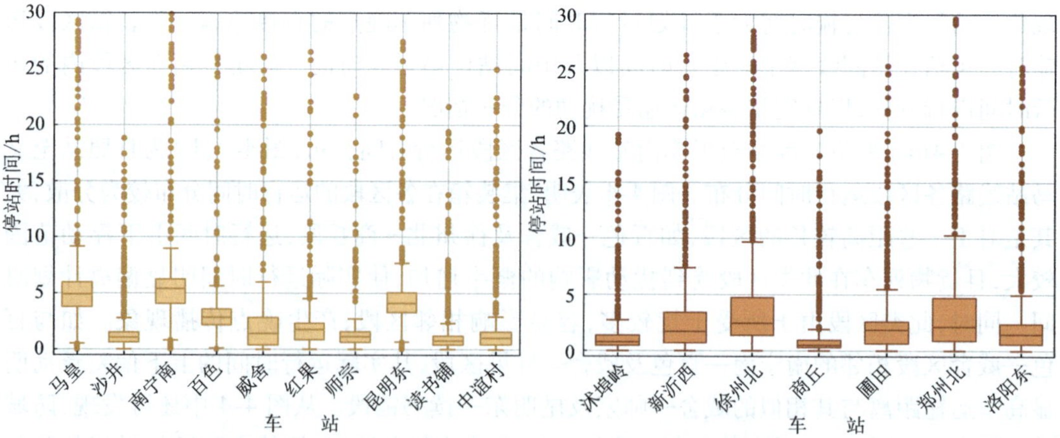

(a) 防城港—玉溪南线路　　(b) 日照—义马线路

图 4-5　货物列车技术服务站停站时间分布

3. 中间站延误时间分布规律

在集装箱运输过程中，容易出现因开行计划外的避让或故障等，在中间站进行非作业性质的停留，这就导致了在中间站的延误时间。集装箱在运输途中消耗的非计划的中间站延误时间是影响全程运到时间的重要因素。由于货车在线路上经停过的中间站过多，一一列举并统计难度较大，因此对两线路上运输的集装箱在中间站总的延误时间进行分布统计，并继续使用高斯分布模型对统计数据进行曲线拟合，如图 4-6 所示。由图 4-6 可知，两线路的集装箱在途延误时间都呈现出右偏及拖尾分布，表明延误时间越长，频率越低。将图 4-6(a)、图 4-6(b)两图对比后可发现，日照站至义马站线路的右偏程度比防城港站至玉溪南站线路更为严重，即日照站至义马站线路出现严重延误的频率更高。

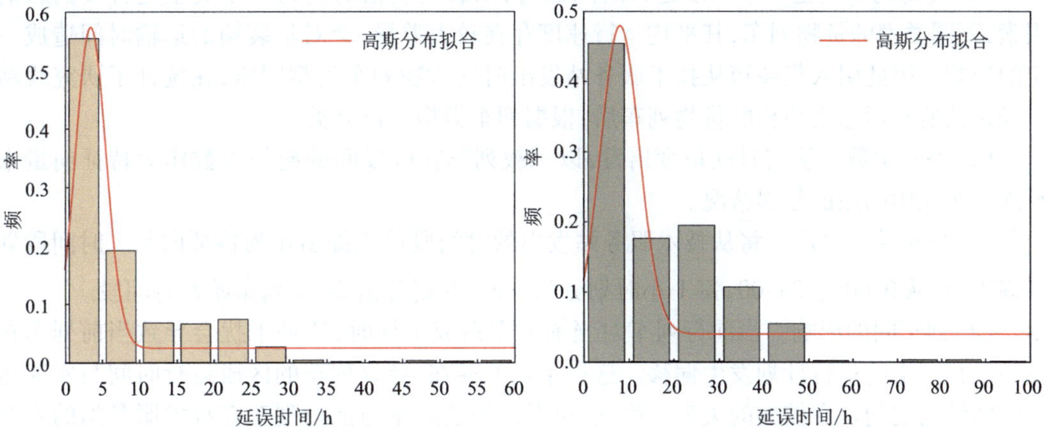

(a) 防城港—玉溪南线路　　(b) 日照—义马线路

图 4-6　集装箱在中间站延误时长分布及数据拟合情况

4.3　铁路集装箱运输时间预测方法

铁路集装箱运输时间预测方法实现思路如图 4-7 所示，其中 N 为研究线路上正在运输集装箱的列车，到达技术服务站 A 并作业完成后于 T_A 时刻从 A 站驶出，在技术服务站 A、B 间的区段上运行 t_{AB} 的时间后，在 T_B 时刻到达技术服务站 B。将 T_A、t_{AB} 以及 AB 区段的运行时间影响因素等数据按照时间序列输入神经网络，建立集装箱到站时间预测模型，预测列车 N 到达技术服务站 B 的时间 T'_B。通过分区段预测，加后续区段运输时间平均值，即可测算出大致的到达终到站的时刻。在应用过程中，可根据列车所在位置，实时预测与更新运到时间，指导相关作业计划的编制。

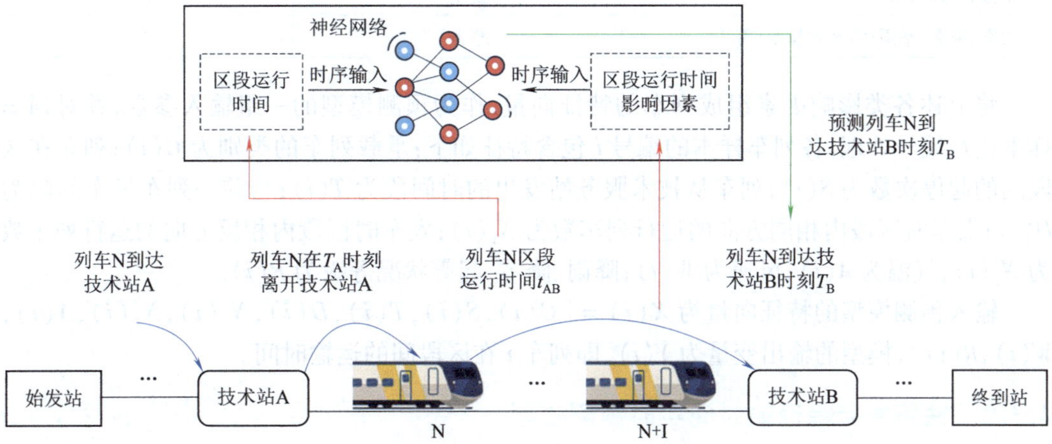

图 4-7　铁路集装箱运输时间预测方法示意

4.3.1 影响因素

待预测时间的影响因素主要来自区段运行过程。对于从技术服务站出发的任一列车，确定各影响因素及其特征向量如下：

（1）货物列车类型。于区段运行时间而言，承载集装箱的货物列车类型是首要的影响因素，不同类型的货物列车，其平均运行速度存在较大差异，会对集装箱的运输时间造成一定的影响。因此引入集装箱从技术服务站发出时的货物列车类型因素，在统计了研究线路上经过的所有运输集装箱的货物列车后，根据列车类型进行分类。

（2）停站次数。从实时性角度出发，以承载列车在区段间的起停次数作为特征向量来反映列车在中间站的延误情况。

（3）列车始发时段。将从技术服务站发出的时间段单独提出作为特征向量。时间段划分规则为：从 0:00 至 24:00，每 1 小时划分为一段，共划分出 24 个列车始发时间段。

（4）列车间的影响。当前行列车对当前列车造成干扰时，这种干扰会导致当前列车在原始运行图上的运行计划发生偏移。这种干扰的存在，导致列车的区段运行时间与实绩运行图的结构之间存在较大的关系。因此，可考虑当前列车与前行列车在技术服务站的发车间隔，以及当前列车发车时区段内与之相同方向和相反方向的运行列车数这三个特征向量，让预测模型能更好地理解列车的运行情况。

（5）天气影响。大雨、大雪、强风和大雾等恶劣天气条件一方面可能造成铁路线路受损、车辆故障、能见度降低等问题，从而影响列车的运行速度，导致列车行驶时间延长或车次取消；另一方面可能会导致货物装卸区域积水或结冰，从而使货物的装卸变得更加困难。因此，可考虑列车出发前 1 h 的天气状况，包括气温、风速及降雨等状况。对于无法量化的降雨、降雪、起雾等状况，根据评价标准将其分成了四个等级，具体分类见表 4-2。

表 4-2　天气状况分级

降雨、降雪、起雾等状况	评　价	等　级
晴天/阴天	良好	1
轻雾、小到中雨/雪	一般	2
中雾、中到大雨/雪	较差	3
大雾、浓雾、暴雨/雪到大暴雨/雪	恶劣	4

将上述各类影响因素组成列车的特征向量，作为预测模型的一组输入参数，并对列车样本进行编号处理，各列车样本的编号 i 包含特征如下：承载列车的类别为 $C(i)$；列车在区段间的起停次数为 $S(i)$；列车从技术服务站发出的时间段为 $T(i)$；与前一列车发车间隔为 $D(i)$；发车时区段内相同方向的运行列车数为 $N_1(i)$；发车时区段内相反方向的运行列车数为 $N_2(i)$；气温为 $A(i)$；风速为 $W(i)$；降雨、降雪、起雾状况等级为 $R(i)$。

输入预测模型的特征向量为 $\boldsymbol{X}(i)=[C(i),S(i),T(i),D(i),N_1(i),N_2(i),A(i),W(i),R(i)]$，模型的输出变量为 $Y(i)$，即列车 i 在区段间的运输时间。

4.3.2 铁路集装箱运输时间实时预测模型

本节提出了一个集装箱运输时间实时预测模型，该模型结合了两种常用的神经网络结构：门控循环单元（gated recurrent unit，GRU）和卷积神经网络（convolutional neural networks，CNN）。下面将重点介绍 GRU 及 CNN 及其组合模型的结构和原理，并详细说明模型参数的寻优过程。

1. GRU 模块

在传统的前馈神经网络（feedforward neural networks）中，层与层之间的连接是固定的，不存在循环连接，因此无法捕捉输入序列中不同时间步之间的关系。因此，基于各层之间权重连接的循环神经网络（RNN）应运而生。RNN 中的循环单元在每个时间步接收当前时间步的输入数据和上一时间步的隐藏状态作为输入，然后计算新的隐藏状态。这种循环连接使得 RNN 能够在不同时间步之间共享信息，从而具有一定的记忆能力[52]，这也使得其在自然语言处理（NLP）、语音识别和时间序列预测等任务中被广泛应用。RNN 模型的展开结构如图 4-8 所示。模型数学表达式如下：

$$a_t = \sigma(\boldsymbol{w}_{ax}x_t + \boldsymbol{w}_{aa}a_{t-1} + \boldsymbol{b}_a) \tag{4-2}$$

$$\hat{y}_t = \sigma(\boldsymbol{w}_{ay}a_t + \boldsymbol{b}_y) \tag{4-3}$$

式中，x_t 和 $\hat{y}_t$ 分别表示时间步 t 的输入和输出，a_t 代表时间步 t 的单个隐藏层的输出，$\boldsymbol{w}_{aa}$、$\boldsymbol{w}_{ax}$ 和 $\boldsymbol{w}_{ay}$ 分别代表隐藏层、输入层和输出层的神经元权重矩阵，$\boldsymbol{b}_a$ 和 $\boldsymbol{b}_y$ 分别代表隐藏层和输出层的偏置向量，σ 代表非线性激活函数（如 tanh 或 ReLU）。RNN 通过在不同时间步共享权重和偏置来处理序列数据，故其能够捕捉序列中的依赖关系。

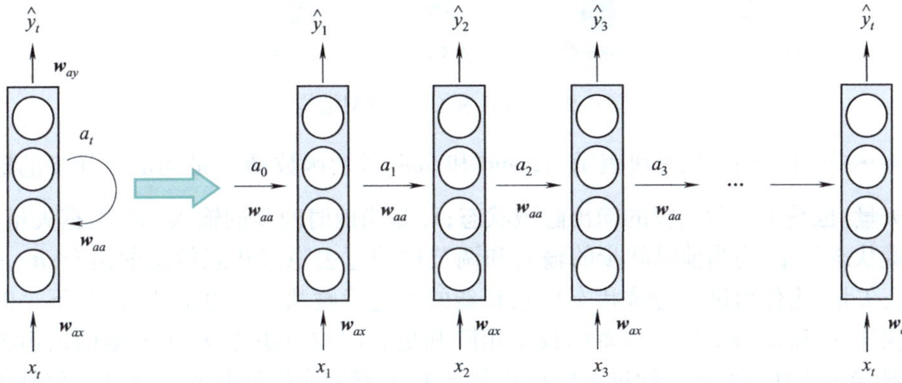

图 4-8　RNN 模型结构

然而，尽管 RNN 在处理具有时间依赖性的数据时比前馈神经网络更加有效，但当序列数据的时间间隔较长且权重数变大时，由于梯度消失或梯度爆炸等问题，输入对输出的影响将很小。为了解决这些问题，学者们提出了一些 RNN 的变体，如 LSTM 和 GRU[53]，这些变体在处理长序列数据时具有更好的性能。

LSTM 是 RNN 的优秀变体，模型结构如图 4-9（a）所示，其中 C_{t-1}、C_t 分别表示上一时刻和当前时刻的单元状态，其关键特点在于其引入了一个内部细胞状态（cell state），有助于在序列中保持长期依赖关系。一个 LSTM 单元包括三个门（输入门、遗忘门和输出门）以及一个细胞状态。这些结构共同帮助神经网络学习何时保留、遗忘或更新序列中的信息。

GRU 则将 LSTM 进一步优化[54]，将 LSTM 中的遗忘门和输入门整合为一个更新门，并将神经元状态和隐藏状态混合。与 LSTM 相比，GRU 仅包含两个门（更新门和重置门），且没有单独的内部记忆单元，将隐藏状态直接用于信息传递。因此其所需计算的参数数量和门控操作熟练更少，在有限的计算资源下能比 LSTM 收敛得更快，缩短了训练时间。这种简化的门控设置还使得 GRU 能够在一定程度上缓解过拟合问题，降低了训练成本。总之，GRU 网络不仅解决了 RNN 中的梯度消失问题，还继承了 LSTM 的门控优势，使其在处理长序列数据和捕捉时序依赖关系方面表现出色，同时具备较高的计算效率和简洁的网络结构。GRU 模型结构如图 4-9(b)所示。

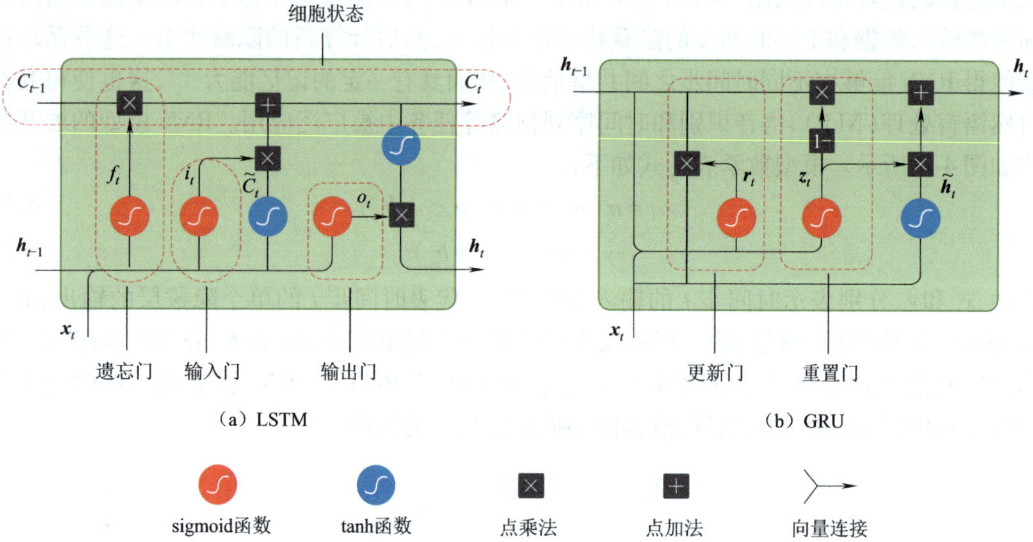

图 4-9　LSTM 和 GRU 模型结构

图 4-9 中，红色和蓝色模块表示 sigmoid 和 tanh 激活函数；$\boldsymbol{h}_{t-1}$是当前时间步的输入隐藏状态矢量，也是上一时间步的输出隐藏状态；$\boldsymbol{x}_t$ 是当前时间步的输入训练数据矢量；$\tilde{\boldsymbol{h}}_t$ 是候选隐藏状态矢量，为当前时间步的输入和调节过的过去隐藏状态信息的组合；$\boldsymbol{h}_t$ 是新的隐藏状态矢量，为保留过去隐藏状态信息和新的候选隐藏状态信息的组合，与下一时间步的输入相连；$\boldsymbol{r}_t$ 和 z_t 分别代表重置门权重矩阵和更新门权重矩阵，$\boldsymbol{r}_t$ 中元素的取值范围为[0,1]，越接近于 0 说明保留的过去信息越多，z_t 中元素的取值范围为[-1,1]，值越小说明忽略的过去信息就越多。

GRU 的计算公式如下：

$$\boldsymbol{r}_t=\sigma(\boldsymbol{W}_r\cdot[\boldsymbol{h}_{t-1},\boldsymbol{x}_t]+\boldsymbol{b}_r) \tag{4-4}$$

$$z_t=\sigma(\boldsymbol{W}_z\cdot[\boldsymbol{h}_{t-1},\boldsymbol{x}_t]+\boldsymbol{b}_z) \tag{4-5}$$

$$\hat{\boldsymbol{h}}_t=\tanh(\boldsymbol{W}_h\cdot[\boldsymbol{r}_t\odot\boldsymbol{h}_{t-1},\boldsymbol{x}_t]+\boldsymbol{b}_h) \tag{4-6}$$

$$\boldsymbol{h}_t=(1-z_t)\odot\boldsymbol{h}_{t-1}+z_t\odot\hat{\boldsymbol{h}}_t \tag{4-7}$$

式中，$\boldsymbol{W}_r$、$\boldsymbol{W}_z$ 和 $\boldsymbol{W}_h$ 分别代表重置门、更新门和候选隐藏状态 $\tilde{\boldsymbol{h}}_t$ 的训练权重矩阵，$\boldsymbol{b}_r$、$\boldsymbol{b}_z$ 和 $\boldsymbol{b}_h$ 为它们的偏置向量，σ 为 sigmoid 激活函数，· 表示矩阵乘法，⊙表示点乘运算。sigmoid 与 tanh 函数公式如下：

$$\sigma(x)=\frac{1}{1+e^{-x}} \tag{4-8}$$

$$\tanh(x)=\frac{e^{x}-e^{-x}}{e^{x}+e^{-x}} \tag{4-9}$$

采用序列化处理的方法，将列车运行视为序列，每一列车视为序列中的一个元素。利用 GRU 模型的优秀序列处理能力，识别出列车之间的相互依赖关系，并将其应用于预测模型中，建立具有更高精度的集装箱运输时间实时预测模型。此外，虽然存在部分旅客列车的影响，但旅客列车的运行图基本固定，已形成一定的运行规律，对货车的影响也形成规律，蕴含在运输时间中。因此，GRU 模型假设为：

(1)相邻货车之间具有相互作用的关系，而 GRU 模型可以识别这种关系，并形成新的特征，从而提高模型的预测精度。

(2)旅客列车与货车之间的相互作用也体现在运输时间中。

2. CNN 模块

卷积神经网络(CNN)是一种深度学习神经网络，擅长处理高维数据，特别适用于图像和视频识别任务[55]。CNN 的主要特点是卷积层、池化层和全连接层的组合。卷积层(convolution layer)使用一组卷积核(或滤波器)对输入数据进行卷积操作，从而提取局部特征。卷积操作可以捕捉输入数据中的空间信息和局部依赖关系。每个卷积核都可以学习到输入数据中的不同特征。池化层(pooling layer)通常跟在卷积层之后，通过删除相似数据等方式来降低数据的维度和空间大小，从而减少计算量并提高模型的泛化能力。常见的池化操作有最大池化(max pooling)和平均池化(average pooling)。全连接层(fully connected layer)通常位于网络的最后几层，将前面经过卷积和池化处理的特征图展平，然后进行最终的分类或回归任务。全连接层可以通过学习到的权重将不同特征进行组合，以实现目标任务。

CNN 的模型结构如图 4-10 所示。

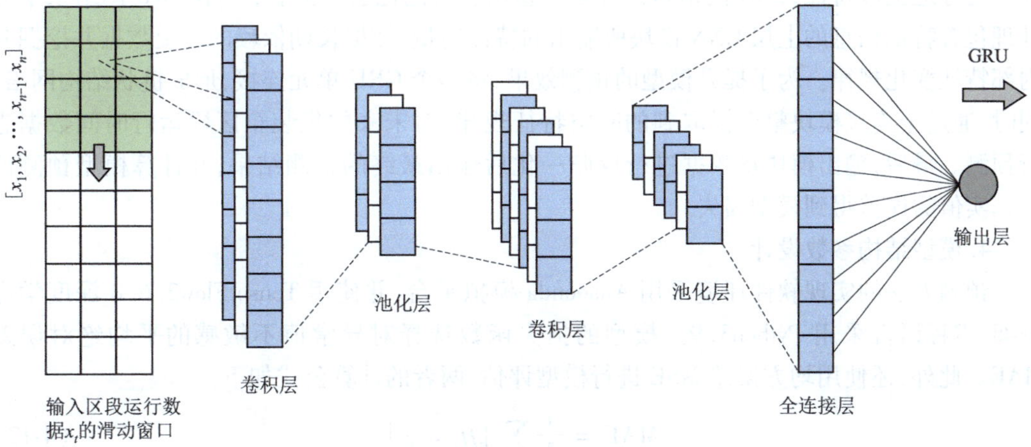

图 4-10　CNN 模型结构

图 4-10 中，首先将集装箱区段运行时间数据按时间序列$[x_1,x_2,\cdots,x_{n-1},x_n]$输入模型，通过卷积操作提取区段运行数据中的隐藏特征。其次，通过池化操作对数据进行降维，在不改变数据特征的前提下尽可能地降低数据的维度，降维后的特征矩阵作为全连接层或下一个卷积层的输入。经过反复的卷积和池化操作后，得到了高度抽象的特征，数据被扁平化为一维向量与全连接层相连，最后通过全连接层将提取的特征送入 GRU 神经网络进行学

习。所使用的卷积和最大池化操作的公式如下：

(1)卷积操作

$$y_i = (xw)_i = \sum_{j=1}^{m} x_{i+j-1} w_j, \quad i = 1,2,\cdots,n-m+1 \tag{4-10}$$

式中，$x = (x_1, x_2, \cdots, x_n)$为输入的集装箱区段运行时间序列；$w = (w_1, w_2, \cdots, w_m)$为卷积核（或滤波器）；$y_i$ 为输出序列。

(2)最大池化操作

$$y_i = \max_{j=(i-1)k+1}^{ik} x_j, \quad i = 1,2,\cdots,\lfloor \frac{n}{k} \rfloor \tag{4-11}$$

式中，k 为池化窗口大小；y_i 为最大池化操作的输出序列。

3. CNN-GRU 预测模型

由上述分析可知，CNN 的优点是可以自适应地从数据中提取隐藏的空间特征并将其抽象为高级特征，但 CNN 没有“记忆”功能，对时间序列数据的特征提取能力有限。而 GRU 网络在处理复杂的时间序列方面表现出色，为了充分利用这两种模型的优势，将 CNN 与 GRU 相结合，利用 CNN 提取集装箱区段运行数据的时空特征，并构建一个融合时间和空间信息的多维特征矩阵。随后，将提取的数据信息输入 GRU 网络，以深度挖掘各变量间的内在联系。该方法在提高集装箱区段运行时间预测精度的同时，也确保了预测的时效性。

CNN-GRU 组合模型结构如图 4-11 所示，该组合模型由输入模块、CNN 模块、GRU 模块、全连接模块以及输出模块构成。首先在输入模块中将包括发车间隔数据、气温数据、风速数据等多变量时间序列数据经过归一化后输入至 CNN 模块，卷积核通过滑动窗口逐层提取原始数据。其次，CNN 模块从集装箱区段运行数据样本中提取出每个数据的独立特征。为了更好地提取特征，CNN 网络将设计多个卷积层及池化层。接着，使用 GRU 网络来学习处理包含特征信息的上层 CNN 模块所输出的特征向量，捕捉长期依赖的历史数据并挖掘其内部特征变化规律。为了提升模型的预测效果，将多个 GRU 单元连接，形成链状结构网络。同时，通过全连接模块整合提取到的时空特征规律，对未来的集装箱区段运行时间数据进行预测。最后，输出模块将数据进行反归一化后输出最终的预测结果，并计算模型预测值与真实值的误差得到模型损失。

4. 模型结构参数设计

预测方法的实现软件环境采用 Anaconda 模拟平台，并使用 TensorFlow2. 6. 0 深度学习框架，编程语言采用 Python3. 9。模型的损失函数选择对异常值不敏感的平均绝对误差 MAE。此外，还使用均方误差 MSE 进行模型评估，两者的计算公式如下：

$$\mathrm{MAE} = \frac{1}{N} \sum_{i=1}^{N} |H_i - y_i| \tag{4-12}$$

$$\mathrm{MSE} = \frac{1}{N} \sum_{i=1}^{N} (H_i - y_i)^2 \tag{4-13}$$

式中，N 为数据集中的样本数量；y_i 为集装箱区段运行时间真实值；H_i 为集装箱区段运行时间的模型预测值。

由上述模型介绍可知，CNN-GRU 预测模型在结构配置和参数选择上存在众多可能性，不同的模型结构和参数组合可能对数据集产生不同的拟合效果和预测表现[56]，由于使用传统优化算法对深度学习模型结构寻优需要付出巨大的计算资源和时间成本，且可能难以覆盖可能的结构空间，因此本节基于经验和领域知识进行人工调整。以日照—沭埠岭区段集装箱运输时间预测输入输出数据为例，对模型的结构和主要参数进行优化，以期在区段运输时间预测问题上获得更为优秀的预测效果。

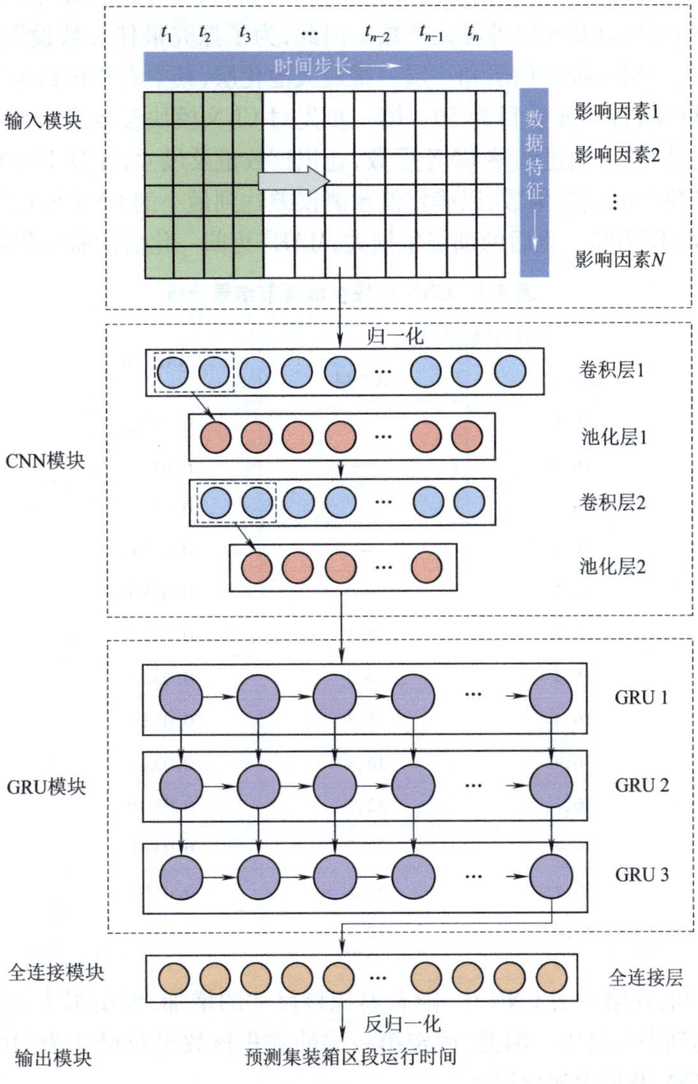

图 4-11　CNN-GRU 预测模型结构

在神经网络模型中，影响拟合效果的因素主要包括以下几点：首先是模型结构，例如神经网络的层数和每层神经元的数量；其次是优化算法（如梯度下降算法、Adam 算法等）和其超参数设置（如学习率、动量）；再次是损失函数，选择合适的损失函数可以帮助模型更好地拟合数据；此外，正则化技巧（如 L1、L2 正则化，丢弃法等）也有助于降低模型的复杂度，防止过拟合；最后，批次大小（batch size）和迭代次数（epochs）也会影响模型拟合效果。

在调整模型时，应当遵循“奥卡姆剃刀”原则，即寻求模型复杂度和拟合效果之间的平衡。追求简洁的模型有助于提高泛化能力，从而在不同数据集上获得优异的表现。因此，为了使模型适应区段运输时间的预测场景并提高模型运行效率，本节主要对 CNN 和 GRU 模型的结构以及批次大小进行调整。设置训练集与测试集比例为 8∶2，损失函数为 MAE，迭代次数为 150。

(1)CNN 模块结构调整

在 CNN 模型中，需要对 CNN 的层数以及卷积核数量、尺寸进行调整；在 GRU 模型中，需要确定 GRU 的层数以及各层神经元个数。因此，为了探究最佳参数设置，本节首先对模型初始化，设置了一层一维卷积层和一层一维最大池化层，其中卷积核数量为 16，尺寸为 1；设置一层 GRU 网络，神经元数目为 50。第一步先对 CNN 模块参数进行调节，在控制 GRU 网络参数不变的情况下，通过调整 CNN 层数、卷积核数量及尺寸，计算不同参数设置下模型在训练集和验证集上的损失函数，以确定使预测误差达到最小的 CNN 模块参数。寻优结果见表 4-3，其中 MAE# 为归一化后的训练集损失，MAE## 为归一化后的验证集损失。

表 4-3　CNN 模块参数调节结果分析

层　数	卷积核数量，尺寸		MAE#/h	MAE##/h
	第 1 层	第 2 层		
1	16,1	—	0.035 2	0.040 7
1	16,2	—	0.034 1	0.037 3
1	16,3	—	0.033 8	0.037 4
1	16,4	—	0.033 0	0.037 0
1	16,5	—	0.035 1	0.038 2
2	16,4	16,1	0.033 3	0.035 2
2	16,4	16,2	0.032 7	0.034 9
2	16,4	16,3	0.033 4	0.035 6
2	16,4	16,4	0.033 3	0.035 2
2	16,4	32,1	0.031 9	0.033 9
2	16,4	32,2	0.031 6	0.032 2
2	16,4	32,3	0.031 2	0.031 6
2	16,4	32,4	0.031 8	0.033 7

由表 4-3 可知，在第一层 CNN 中，随着卷积核尺寸的增加，模型损失逐渐降低，在卷积核尺寸取 4 时达到误差最小。因此，固定第一层的卷积核数量及尺寸为[16,4]，在此基础上添加第二层 CNN 及最大池化层。

使用[x,$2x$]的卷积核数设置是一种经典策略，即每层卷积核数量通常是前一层的两倍，这有助于网络学习更丰富和复杂的特征表示，从而提高模型性能。因此，第二层 CNN 的卷积核数量选择了 16 和 32 进行分析。从表 4-3 中可知，当第二层卷积核数量取 16 时，模型性能变化不明显；当卷积核数量取 32 时，模型性能有了一定程度的提升，且当卷积核尺寸为 3 时，模型损失达到了最小。由于在添加第二层 CNN 后，模型损失仅降低 5%，模型性能未呈现显著提升，且网络深度设置过大易产生过拟合现象。因此，出于简化模型复杂度的考虑，本节未增加第三层进行对比。故最终将 CNN 模块的结构设定为包含两层一维卷积层，卷积核数目为[16,32]，卷积核尺寸为[4,3]，每个卷积层后都连接有一个一维最大池化层。

这种设计有助于模型提取更多特征:卷积核数量从 16 增加到 32,使模型能够在不同抽象级别上捕获更丰富的特征;同时,随着网络深度增加,卷积核尺寸从 4 减小到 3,有助于捕捉更精细的特征信息。这种结构平衡有助于提高模型的性能。

(2)GRU 模块结构调整

在确定了 CNN 模块结构后,接着需要关注 GRU 模块,对其网络层数以及每层神经元的数目进行调整以优化模型性能。在增加神经元数目的过程中,模型的表达能力得到提高,但同时可能导致过拟合。因此本节从神经元的数目为 30 开始,以 10 为增量增加至 80 进行对比验证,神经元数目的增加会提升模型的表达能力和拟合复杂度。第一层 GRU 网络的调节如图 4-12(a)所示。从图中可知,起初模型损失随着神经元数目的递增而降低,到达 60 后出现波动,在 70 时达到最小损失。因此,固定第一层 GRU 网络的神经元数目为 70,增加第二层 GRU 网络,调节过程如图 4-12(b)所示。从图 4-12(b)中可知,在神经元数目的变化过程中,模型性能出现先提升后下降的变化,在 50 个神经元数目时达到最优。更重要的是,在增加第二层 GRU 后,训练集损失从 0.030 降低至 0.027 1,降低了近 10%。这表明模型性能得到了明显的提升,额外的 GRU 层可以使得模型更好地捕获数据中的复杂特征,提高了模型在训练集上的拟合能力。

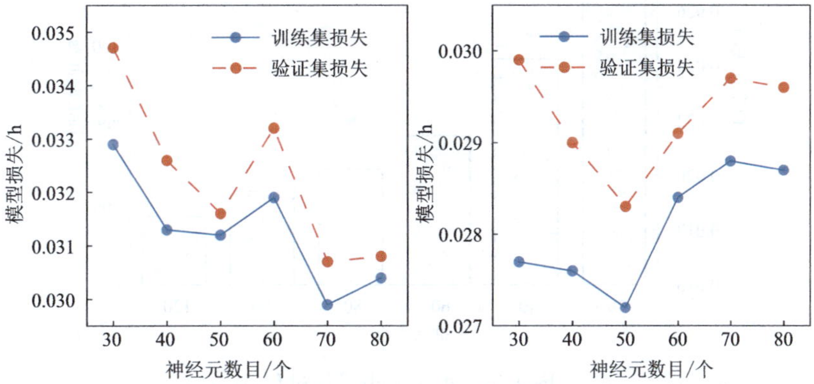

(a) 第一层神经元数目　　(b) 第二层神经元数目

图 4-12　GRU 模块第一、二层神经元数目寻优

由于在添加了第二层 GRU 网络后,模型性能提升幅度较大,因此继续增加一层 GRU 网络,神经元数目调节过程如图 4-13 所示。从图 4-13 中可知,当再增加一层 GRU 网络后,模型损失进一步降低到 0.026 4,且仍在神经元数目取 50 时出现,说明额外添加的 GRU 层在一定程度上提高了模型的拟合能力。然而,相较于添加第二层 GRU 后的模型损失降低,此次降低幅度较小。因此,本节不再增加网络层进行比较分析。最终,确定 GRU 模块的结构为三层,各层神经元数目为[70,50,50]。同时,为了降低过拟合风险,在每个 GRU 层后采用丢弃法技术,即在训练过程中随机地“丢弃”(暂时关闭)一部分

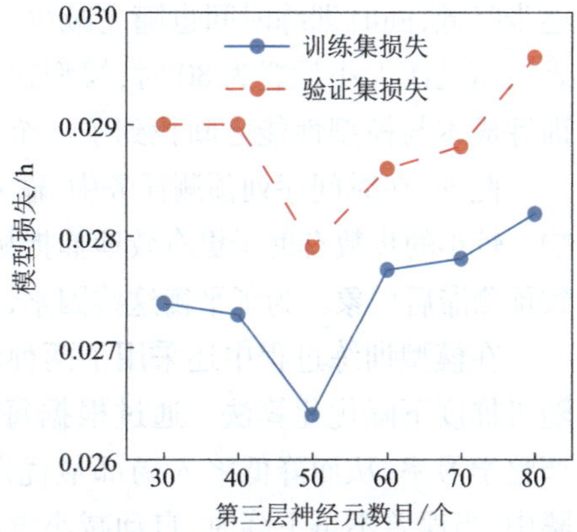

图 4-13　GRU 模块第三层神经元数目寻优

神经元，使它们在某次迭代中不参与前向和反向传播，丢弃率设置为20%。

通过这种配置，神经元数目首先从70减少到50，并在后续层维持50个神经元。这种设计有助于模型逐步将输入数据的高级表示抽象为更低维度的表示，从而有效地学习数据的关键特征。

(3)批次大小调整

批次大小在神经网络训练过程中表示一次迭代所用的样本数量，对训练速度、内存占用和模型性能具有显著影响。使用较小的批次可以加快权重更新过程，从而提高模型收敛速度，但由于每次迭代样本较少，梯度更新可能较为不稳定。相反，较大的批次能够增加梯度估计的准确性，进而提升模型训练的稳定性。然而，过大的批次可能导致内存溢出问题，并降低模型收敛速度，从而增加计算成本。因此，为了确定合适的批次大小，在20至120的范围内进行调整寻优，各取值下模型的损失值及训练时间如图4-14所示。

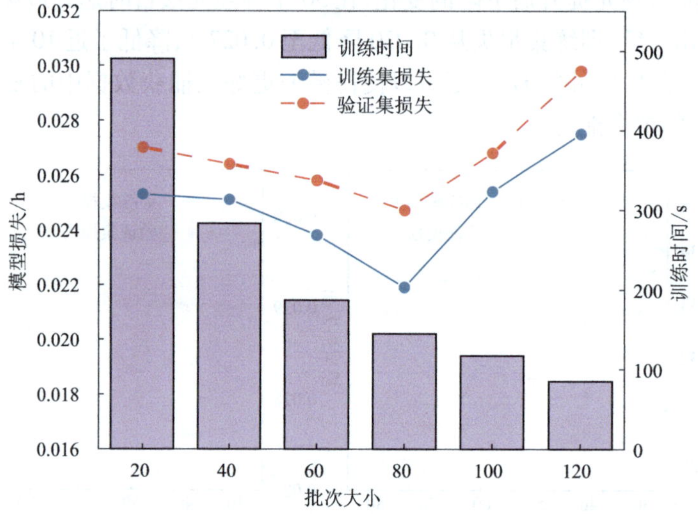

图4-14　批次大小寻优过程

由图4-14可以观察到，随着每次迭代中所用样本数量的增加，模型的训练和验证损失逐步降低，同时训练时间也随之减少。然而，当批次大小超过80后，模型损失开始升高。这表明当批次大小设置为80时，模型在保持较高精度的同时实现了较快的收敛速度，从而在训练成本与模型性能之间找到了一个平衡点。因此将模型的批次大小确定为80。

此外，在时间序列预测任务中，输入序列的步数 K 也对模型性能和预测效果具有重要影响。较小的步数有助于更有效地捕捉相邻货车之间的相互作用关系，然而，过小的步数可能导致预测滞后现象。为了平衡这些因素，本节在经过优化调整后，确定输入序列步数为10。

在模型训练过程中还采用了两种优化技术，一是Adam优化算法，这是一种广泛应用的随机梯度下降优化算法。通过根据每个参数的历史梯度和梯度平方的移动平均值来动态调整学习率，从而降低陷入局部最优点的风险。二是学习率衰减技术，在连续多个训练步骤中，当误差不再下降时，自动减小学习率。这有助于提高模型的鲁棒性和泛化能力。

综上，所构建的CNN-GRU模型具有以下结构设置：CNN模块包含两层一维卷积层，每层卷积层后都连接一个一维最大池化层；GRU模块由三层GRU网络组成；最后，模型连接一层全连接层。详细的模型参数设置见表4-4。

表 4-4 CNN-GRU 模型所有参数设置

网络结构	相关参数	参数取值
整体结构	优化器	Adam
	批次大小	80
	迭代次数	150
	初始学习率	0.001
	学习率衰减率	0.2
CNN 模块(2 层)	卷积层步长	1
	卷积核数目	16,32
	卷积核尺寸	4,3
	卷积层激活函数	ReLU
	池化尺寸	2
	池化层步长	1
GRU 模块(3 层)	神经元数目	70,50,50
	激活函数	ReLU
	丢弃率	20%
全连接层(1 层)	神经元数目	1
	激活函数	sigmoid

4.3.3 预测模型评估分析

1. 预测结果分析

在完成数据处理、特征选取、模型结构及参数寻优后,使用最优结构的 CNN-GRU 模型对日照—沭埠岭区段的集装箱运输时间展开预测,得到预测性能指标见表 4-5。数据显示,所构建的 CNN-GRU 模型具有优秀的预测性能。具体来说,模型的 MSE、MAE、RMSE 指标均低于 0.1 h,且 MAPE 指标达到了 3%。这些结果表明,CNN-GRU 模型不仅能够高度准确地捕捉列车间的相互作用关系,还可以有效处理列车实际运行中的复杂影响因素,提供可靠的预测结果。

表 4-5 CNN-GRU 模型预测性能指标

性能指标	CNN-GRU 模型
MSE/h	0.010
MAE/h	0.078
RMSE/h	0.099
MAPE/%	3.082

为了更准确地衡量模型预测值与真实值之间的差异,对模型残差进行详细分析。通过比较模型在训练集上的拟合残差,可以评估模型的拟合优度。同时,观察模型在验证集和

测试集上的预测残差，有助于了解模型预测误差的程度。图 4-15 展示了 CNN-GRU 模型在训练集、验证集以及测试集上的残差分布情况，以全面评估模型性能。由图 4-15 可知，模型在三组数据集上的残差分布均表现为钟形曲线，且接近正态分布，说明模型误差是随机的，没有系统偏差。同时，各组数据的残差分布均值都接近零，这表示模型预测值在正负方向上的偏差基本一致，不存在明显的系统性误差。综合来看，这些特点表明所构建的模型具有良好的拟合效果和较小的预测误差。

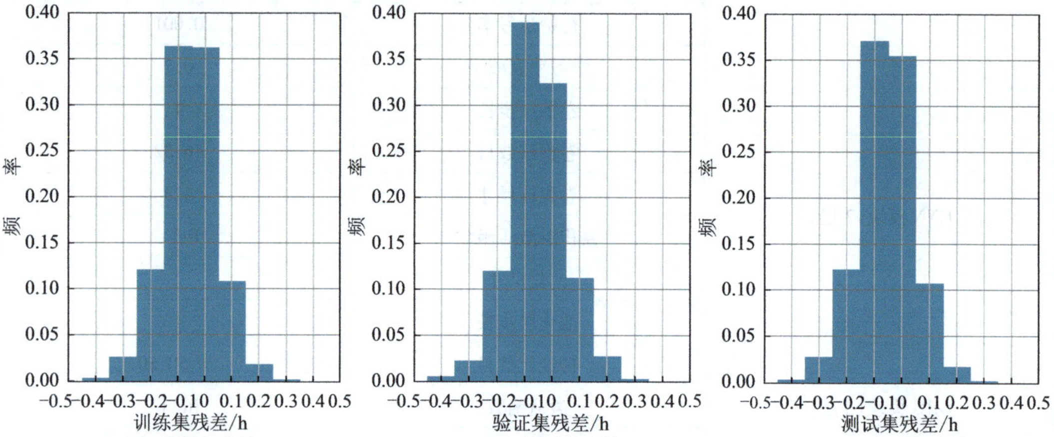

（a）训练集残差　（b）验证集残差　（c）测试集残差

图 4-15　CNN-GRU 模型在各数据集上的残差分布

2. 预测精度对比

为了更准确地评估 CNN-GRU 模型在时间序列预测任务中的性能，本节将其与其他几种广泛应用的神经网络模型和组合模型进行对比，包括 BP 神经网络、LSTM、GRU 以及 CNN-LSTM，同样对日照—沭埠岭区段集装箱运输时间进行预测。在进行比较之前，各模型都经过了优化，以确保使用最佳的结构和参数配置。以下是对优化后各模型的详细描述：

（1）BP 神经网络是一种广泛应用的监督学习算法，通过反向传播算法调整网络权重。本节采用具有两个隐藏层（分别包含 64 个和 32 个神经元）的 BP 神经网络作为基准模型。在搭建模型时，使用 ReLU 作为激活函数，并在输出层采用线性激活函数将第二个隐藏层的输出转化为预测值。此外，设置批次大小为 60。

（2）对于 LSTM 模型，搭建一个含有三个 LSTM 层（每层 50 个单元）的深度网络，并在前两层之间传递隐藏状态。为降低过拟合风险，在每个 LSTM 层后添加 20%的丢弃层，最后接入一个全连接输出层。同样，设置批次大小为 60。

（3）对于 GRU 模型，搭建一个深度循环神经网络，包含两层 GRU。第一层有 50 个 GRU 单元，负责传递隐藏状态至第二层；第二层则配备 70 个 GRU 单元。在此模型中，选用 ReLU 作为激活函数，同时在输出层使用线性激活函数的全连接层进行预测。批次大小设置为 80。

（4）最后构建一个混合 CNN 与 LSTM 的模型。CNN 部分包括两层一维卷积层（卷积核数目分别为 32 和 64，卷积核尺寸分别为 3 和 2，步长为 1），每个卷积层后接一个最大池化层（池化窗口大小为 2，步长为 1），激活函数选用 ReLU。LSTM 部分含有两层 LSTM 层，每层 40 个单元，并选用 ReLU 作为激活函数。最后添加一个全连接输出层。批次大小设置为

100。模型其余参数如输入序列的时间步数、编译模型时使用的优化器、训练集与测试集比例、损失函数和迭代次数等与所构建模型保持一致。

各模型对区段运输时间序列数据的测试集预测结果对比如图4-16所示。同时,为了更准确地衡量各模型的预测性能,继续选择上一节的四类指标作为模型预测精度的评价指标。各模型评价指标的数值见表4-6。从图4-16中可知,在预测性能上,基准模型BP神经网络相较于深度学习模型而言显得较为弱势。无论是从整体趋势还是局部拐点来看,BP神经网络的表现都不如深度学习模型。对于LSTM和GRU模型,其预测曲线的整体趋势与集装箱区段运输时间的变化基本一致,但在局部拐点区域的预测曲线上,其趋势偏离了原始曲线,无法准确预测局部拐点。相比之下,CNN-LSTM模型和CNN-GRU模型的整体趋势和局部波动上的拟合基本相似,这表明在模型中加入CNN模块的确具有提高模型预测性能的效果。

表4-6　各类时间序列预测模型性能指标对比

模　型	性能指标			
	MSE/h	MAE/h	RMSE/h	MAPE/%
BP神经网络	0.073	0.210	0.270	8.710
LSTM	0.035	0.144	0.187	5.637
GRU	0.028	0.135	0.169	5.233
CNN-LSTM	0.016	0.094	0.128	3.768
CNN-GRU	0.010	0.078	0.099	3.082

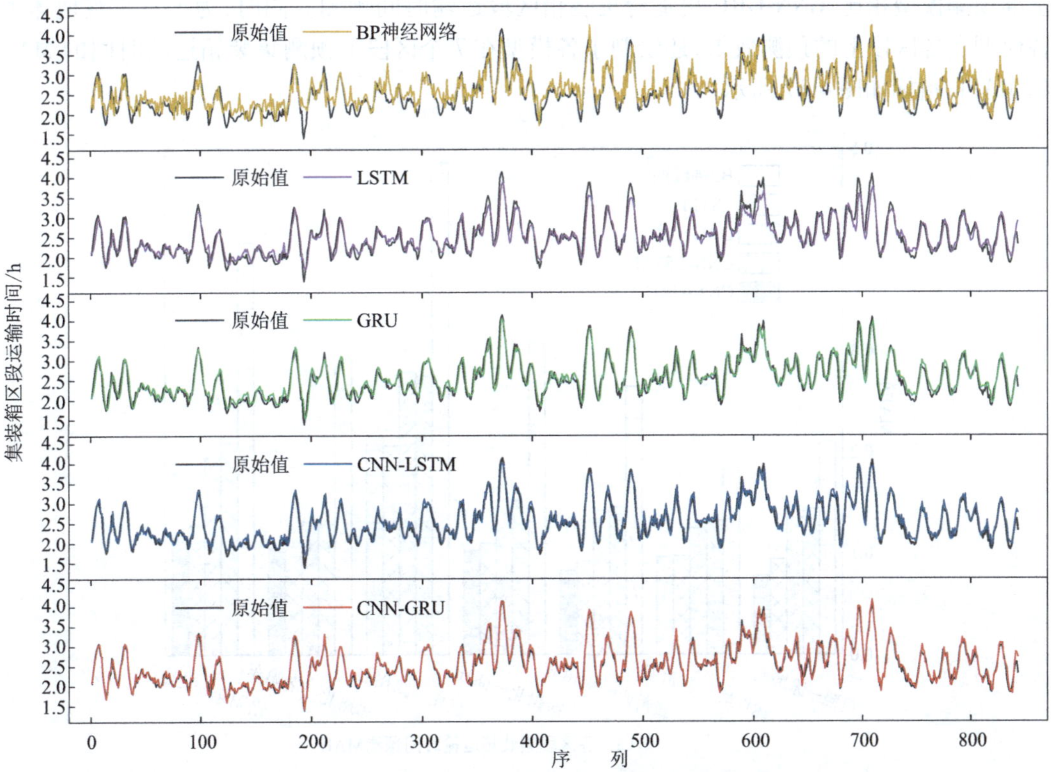

图4-16　CNN-GRU模型在各数据集上的残差分布

同时，表 4-6 显示，BP 神经网络模型的各项评价与其他模型相比差异较大，这说明考虑了历史区段运输时间序列特征的 LSTM、GRU、CNN-LSTM 和 CNN-GRU 模型比 BP 神经网络模型有更明显的优势。同时，CNN-GRU 模型比 LSTM 模型和 GRU 模型具有更优秀的预测效果，在 MAE 指标上降低了 45.8%和 42.2%，在 RMSE 指标上降低了 47.0%和 41.4%。此外，虽然 CNN-LSTM 模型的评价指标与 CNN-GRU 模型十分接近，但 CNN-GRU 模型的训练速度更快，仍然是预测效果最佳的模型。

为了研究模型的泛化能力，对日照—义马线路上其余 6 个区段的集装箱运输时间展开了预测，并采用相同方法进行模型结构和参数寻优。模型与对比模型在研究线路上的整体预测 MAE 和 MAPE，即各区段的平均误差值见表 4-7。

表 4-7　各模型对日照—义马线路区段运输时间整体预测效果

模　型	MAE/h	MAPE/%
BP 神经网络	0.320	8.749
LSTM	0.176	4.919
GRU	0.169	4.763
CNN-LSTM	0.119	3.359
CNN-GRU	0.114	3.218

由表 4-7 可知，CNN-GRU 模型在两评价指标下的整体预测效果均表现最好，相较于已有的时间序列预测模型 LSTM，CNN-GRU 可以实现平均提升 0.062 h 的效果。说明与其他基准预测模型相比，CNN-GRU 更适合集装箱区段运输时间预测。同时，为了更直观地体现各模型在各区段上的预测效果，还绘制了各模型在 7 个区段上预测集装箱运输时间的 MAE 和 MAPE 指标如图 4-17 所示。

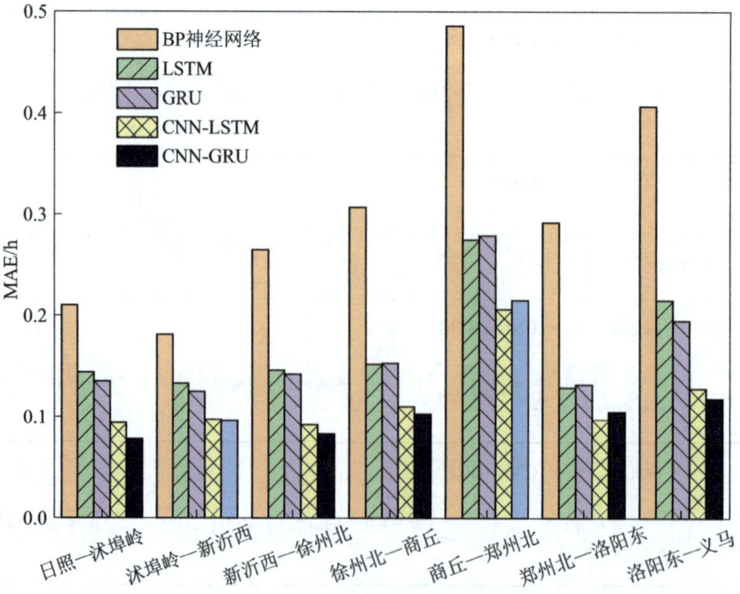

(a) 各区段集装箱运输时间预测MAE

图 4-17　各模型对各区段运输时间预测的 MAE 及 MAPE 指标

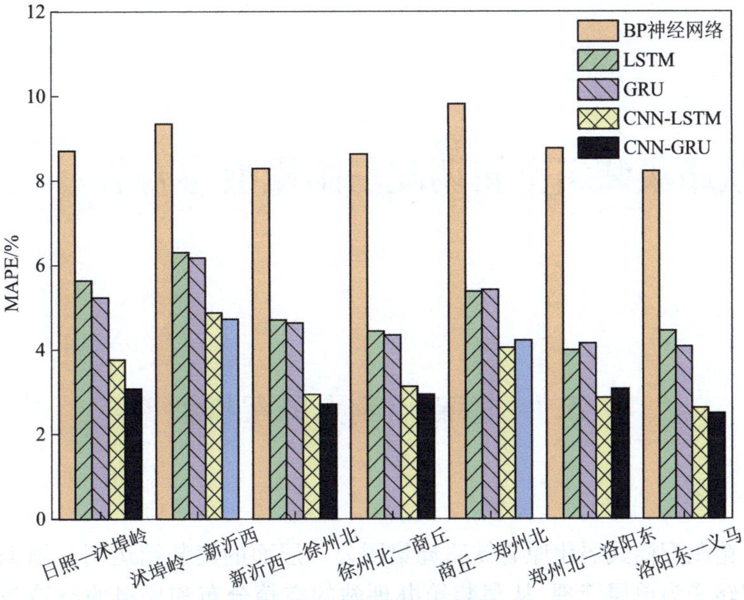

(b) 各区段集装箱运输时间预测MAPE

图 4-17 各模型对各区段运输时间预测的 MAE 及 MAPE 指标(续)

图 4-17 表明,除了在商丘—郑州北及郑州北—洛阳东区段的预测效果略差于 CNN-LSTM 模型外,CNN-GRU 模型的预测误差均低于其他模型。在商丘—郑州北区段,由于集装箱平均运输时间较长,因此整体 MAE 指标偏高。此外,在沭埠岭—新沂西区段,由于列车开行频率较低,列车间产生的相互作用较少,CNN-GRU 模型无法很好地捕捉到此类关系,即模型的优势没有得到很好地利用,因此误差值偏高。

第5章　铁路集装箱空箱调配基础模型与方法

5.1　基础点到点调配模型

5.1.1　问题描述

点到点空箱调配模式弱化原有铁路局集团公司层面的集装箱运用计划编制，将原有的两层管理调配转变为单层管理，从集装箱办理站的空箱分布和提报的空箱需求出发，统筹制订全路集装箱空箱调配方案，支持直接在集装箱办理站之间进行跨局空箱调配。

5.1.2　参变量定义

点到点空箱调配模式对应模型的参变量定义见表 5-1。

表 5-1　模型参变量定义

参变量	定　义
B	铁路局集团公司集合，b 与 b' 为索引
I	集装箱办理站集合。定义 I_b 为铁路局集团公司 b 的集装箱办理站集合，因此 $I = \bigcup_{b \in B} I_b$
I_{bd}	属于铁路局集团公司 b 空箱需求站点集合，i 为索引。定义 I_d 为铁路货运网络中空箱需求站点集合，因此 $I_d = \bigcup_{b \in B} I_{bd}$
I_{bs}	属于铁路局集团公司 b 空箱供给站点集合，j 为索引。定义 I_s 为铁路货运网络中空箱供给站点集合，因此 $I_s = \bigcup_{b \in B} I_{bs}$
l_{ij}	空箱供给节点 i 至空箱需求节点 j 的距离
s_i	空箱供给节点 i 的供给量
d_j	空箱需求节点 j 的需求量
x_{ij}	决策变量，由空箱供给节点 i 调往空箱需求节点 j 的空箱数量

5.1.3　模型构建

1. 供需平衡条件下的点到点调配模型

基于上述问题描述和参变量，定义：设有若干个空箱始发站，每个始发站的空箱供给量为 s_i，$i \in I_s$；有若干个空箱到达站，每个到达站的空箱需求数为 d_j，$j \in I_d$；从空箱始发站 i 到空箱到达站 j 的距离为 l_{ij}。为了满足到达站的空箱需求，需要在多个始发站和到达站之间建立有效的调配方案，则可以建立如下的点到点调配模型：

$$\min Z = \sum_{i \in I_s} \sum_{j \in I_d} l_{ij} x_{ij} \tag{5-1}$$

$$\text{s.t.} \sum_{j \in I_d} x_{ij} = s_i, \forall i \in I_s \tag{5-2}$$

$$\sum_{i \in I_s} x_{ij} = d_j, \forall j \in I_d \tag{5-3}$$

$$x_{ij} \geqslant 0，且为整数 \tag{5-4}$$

在该模型中，优化目标由目标函数式(5-1)确定，其旨在最小化空箱走行距离，以提高调配效率；约束(5-2)、约束(5-3)为供需平衡约束，确保了始发站和到达站之间的供需平衡。这一模型在供需平衡的情况下，即始发站提供的空箱数量能够满足到达站的需求时，能够满足供需平衡条件下的点到点空箱调配方案的编制。然而，当供需存在不平衡时，即需求超过了供给或供给超过了需求，需要对模型进行改进以应对这种变化，适应各种实际运输场景。

2. 考虑供需不平衡的点到点调配模型

在实际生产组织中，实现供给量与需求量完全匹配的情况十分罕见，通常存在供需不平衡的情况。为了更好地反映这种实际情况，在基本模型的基础上引入两个关键元素，即一个虚拟空箱供给节点(用 r 表示)和一个虚拟空箱需求节点(用 k 表示)，这两个节点分别对应的空箱供给量和需求量用 R 与 K 表示。这一扩展使得空箱调配网络呈现出更为全面的结构，如图 5-1 所示。在进行具体方案编制之前，首先需要确定这两个虚拟节点的数量，进而计算供给量和需求量之差。这个步骤是为了更准确地反映实际的调配需求。基于供需模型的平衡性原则，可得到一组等量关系，具体表达见式(5-5)。这种方法为更灵活地应对供需变化提供了可行的框架。

$$R + \sum_{i \in I_s} s_i = K + \sum_{j \in I_d} d_j \tag{5-5}$$

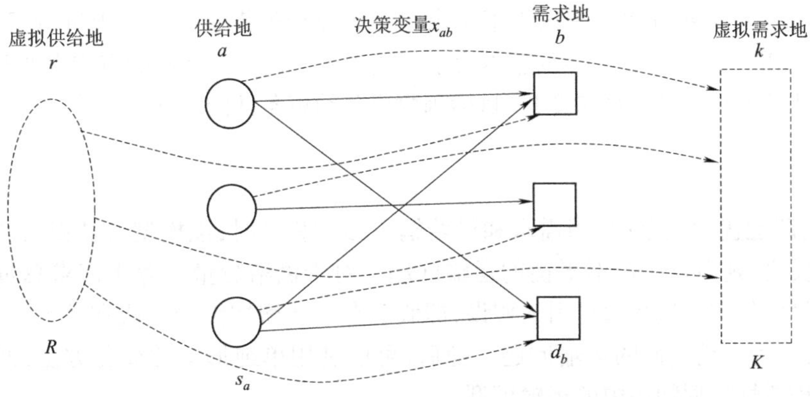

图 5-1　空箱调配网络示意

基于在供需平衡条件下的点到点调配模型，充分考虑供需不平衡的实际场景，同样最小化空箱在点到点调配中的走行距离，构建考虑供需不平衡的点到点调配模型如下：

$$\min Z = \sum_{i \in I_s} \sum_{j \in I_d} l_{ij} x_{ij} + \sum_{j \in I_d} l_{rj} x_{rj} + \sum_{i \in I_s} l_{ik} x_{ik} + l_{rk} x_{rk} \tag{5-6}$$

$$\text{s.t.} \sum_{j \in I_d} x_{ij} + x_{ik} = s_i, \forall i \in I_s \tag{5-7}$$

$$\sum_{i \in I_s} x_{ij} + x_{rj} = d_j, \forall j \in I_d \tag{5-8}$$

$$\sum_{j \in I_d} x_{rj} + x_{rk} = R \tag{5-9}$$

$$\sum_{i \in I_s} x_{ik} + x_{rk} = K \tag{5-10}$$

$$x_{ij} \geqslant 0, \text{且为整数} \tag{5-11}$$

模型中,优化目标由目标函数式(5-6)所定义,目的在于将空箱走行距离最小化。对于空箱的分配,约束(5-7)明确规定了两种情况,一是空箱分配到需求地,二是空箱未被分配而被指派到虚拟需求地 k 。为了确保模型的供需平衡,约束(5-8)规定在供给小于需求的情况下,缺乏的空箱由虚拟供给地 r 提供。约束(5-9)和约束(5-10)被引入以确保整个网络中的空箱流入量等于流出量,从而保持系统内部的一致性。

3. 考虑箱型的点到点调配模型

在考虑供需不平衡的点到点调配模型的基础上,深化对集装箱空箱箱型的综合考虑,从而构建一个更为全面的空箱调配模型。新模型设计如下:

$$\min Z = \sum_{i \in I_s} \sum_{j \in I_d} l_{ij} x_{ij}^m + \sum_{j \in I_d} l_{rj} x_{rj}^m + \sum_{i \in I_s} l_{ik} x_{ik}^m + l_{rk} x_{rk}^m \tag{5-12}$$

$$\text{s.t.} \sum_{j \in I_d} x_{ij}^m + x_{ik}^m = s_i^m, \forall i \in I_s, m \in M \tag{5-13}$$

$$\sum_{i \in I_s} x_{ij}^m + x_{rj}^m = d_j^m, \forall j \in I_d, m \in M \tag{5-14}$$

$$\sum_{j \in I_d} x_{rj}^m + x_{rk}^m = R^m, \forall m \in M \tag{5-15}$$

$$\sum_{i \in I_s} x_{ik}^m + x_{rk}^m = K^m, \forall m \in M \tag{5-16}$$

$$x_{ij}^m \geqslant 0, \text{且为整数} \tag{5-17}$$

在该模型中,参变量在考虑供需不平衡的点到点调配模型的基础上进行了扩展,引入了箱型变量(用 m 表示),该模型的基本表示形式与考虑供需不平衡的点到点调配模型保持一致,因此此处不再详细阐释参变量、目标函数以及约束条件的定义。

5.1.4 算法设计

在空箱调运优化模型中,当需求和供给输入参数相等时,该模型可被视为产销平衡的运输问题;反之,则涉及产销不平衡的运输问题。对于供给总量不等于需求总量的运输问题,一种常见的处理方法是通过引入假设,即假想在产地增加供给量或在销地增加需求量,以使问题转变为产销平衡的运输问题。随后,可以利用单纯形法的简化方法,即表上作业法,来解决该线性规划问题中的运输模型。

表上作业法用于求解最优调配方案的具体流程如图 5-2 所示。其基本步骤包括确定初始运输方案、判断当前方案是否为最优运输方案以及在非最优情况下调整运输方案。在确定初始运输方案阶段,常采用最小元素法和伏格尔法;通过位势法计算当前方案的检验数,判断方案是否为最优方案,在存在负检验数的情况下进行迭代,进一步调整方案,直至得到最优调运方案;而在调整方案阶段,则采用闭回路法。

最小元素法的核心理念在于就近供应，从运费最低的位置开始供应，逐步延伸至运费较高的地方，直至完全满足需求。该方法被归类为贪婪算法，每次都选择运费最小的地方进行优先供应，每个步骤的方案都是局部最优的。然而，尽管每步都是最优的，但不能保证全局最优，因为在某处节省费用的同时，可能在另一处花费数倍的费用。鉴于这一情况，伏格尔法考虑到当某地的产品不能以最小运价就近供应时，便考虑次小运费。最小运费与次小运费之间存在差额，该差额越大，说明当不能按最小运费运输时，运费增加越多。因此，伏格尔法每次选择差额最大的地方，并采用该处的最小运费进行运输。

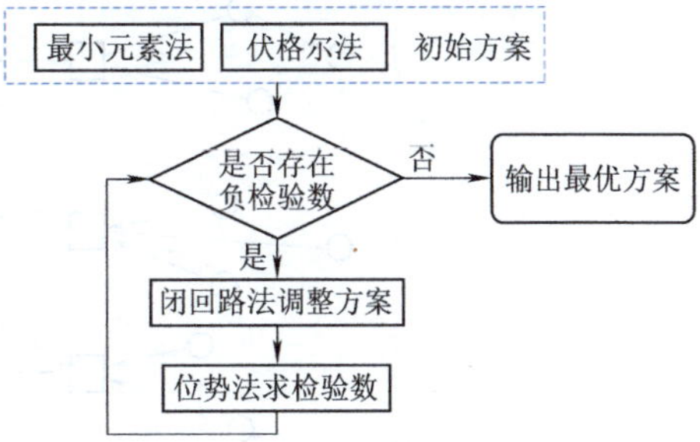

图 5-2　表上作业法计算流程

如果最终初始方案中填充的运量少于运输问题约束矩阵的秩，将出现“退化解”。在这种情况下，需要在调运表上添加“0 元”以进行下一阶段的方案调整。然而，“0 元”的放置位置并非随意，不当的添加可能引发一系列问题。在表上作业法得出运输问题初始方案并出现退化解的情况下，“0 元”应放置的格子不能与其他已有运量格子构成闭回路。

位势法(potentials)，又称对偶变量法，是一种利用线性规划的对偶原理计算解的检验数，并通过这些检验数判断最优性的方法。

闭回路法的第一步是找到矩阵中负检验数所在空格对应的闭回路，随后通过换入换出变量的调整来优化调运方案。闭回路是指在调运方案表中，从一个空格出发，沿水平或垂直方向前进，遇到一个适当的有运量数字的格子时，转 90°继续前进，直到回到起始空格为止。闭回路形成一条由水平线段和垂直线段组成的封闭折线。在这里，寻找闭回路采用回溯法对矩阵进行循环行遍历与列遍历。行遍历意味着遍历某一行，找到其中有运量数值的格子；列遍历是在某一列中找到有运量数值的格子。回溯法是一种选优搜索法，又称为试探法，按选优条件向前搜索以达到目标。当探索到某一步时，如果发现原先的选择无法构成闭回路的目标，就会退回一步重新选择。这种回溯法的技术是在走不通时进行退回再走，其中满足回溯条件的某个状态的点被称为“回溯点”。

通过 C#调用“CPLEX”求解器接口进行相同参数下方案的对比，两者的结果一致，验证了表上作业法算法设计的正确性。

5.2　基础分层调配优化模型

5.2.1　问题描述

全路点到点空箱调配能够有效最小化空箱的走行距离。然而，通过测算和分析发现，在这种模式下，跨局调配的空箱量会显著增加。与此同时，点到点的空箱调配方式对运输能力的利用存在一定不利影响。为了优化调配并提高运输组织效率，实施分层调配优化模型，实现跨局空箱的集中统一调配。这种方式不仅有助于最小化空箱的走行距离，还能有效避免跨局空箱调配量的过度增加，从而更好地平衡调配效益与运输能力的利用。

鉴于上述分析，借鉴已有的两层级空箱调配模式，深入研究全路集装箱空箱的基础分层调配优化模型，如图5-3所示。该模型是一个集空箱调配与集结站选择相融合的一体化优化模型，其主要目标在于实现对集装箱空箱的有效分层调配。

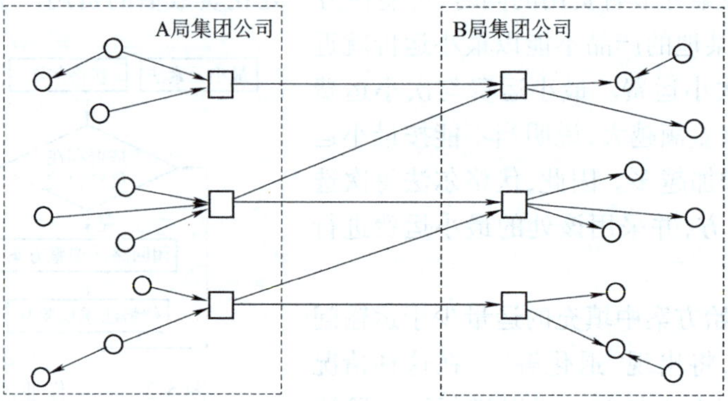

图5-3 空箱分层调配

5.2.2 参变量定义

基础分层调配优化模型的参变量定义见表5-2。

表5-2 模型参变量定义

参变量	定义
K	集装箱集结站集合，其中 K_b 为铁路局集团公司 b 的集结站集合，$k \in K_b$
n_b	铁路局集团公司 b 内集装箱集结站的数量
$c_{bb'}$	铁路局集团公司 b 与 b' 间的空箱调配能力，该能力取决于铁路局集团公司间空车（平车、敞车）的交接数量
$z_{kk'}$	实型决策变量，表示由集结站 k 调配至集结站 k' 的集装箱空箱数量
y_k	0-1决策变量，如集装箱办理站 k 被设置为集结站，则取值为1，否则取值为0
$y_{kk'}$	决策变量，用于模型线性化处理

5.2.3 模型构建

建立一体化的基础分层调配优化模型如下：

$$\min Z = \sum_{b \in B}\left(\sum_{i \in I_{bd}}\sum_{j \in I_{bs}} x_{ij}l_{ij} + \sum_{i \in I_{bd}}\sum_{k \in K_b} x_{ik}l_{ik} + \sum_{k \in K_b}\sum_{k' \in K/K_b} z_{kk'}l_{kk'} + \sum_{j \in I_{bs}}\sum_{k' \in K_b} x_{k'j}l_{k'j}\right) \tag{5-18}$$

$$\text{s.t.} \sum_{j \in I_{db}} x_{ij} + \sum_{k \in K_b} x_{ik} = s_i, \forall i \in I_{sb}, b \in B \tag{5-19}$$

$$\sum_{i \in I_{sb}} x_{ij} + \sum_{k \in K_b} x_{kj} = d_j, \forall j \in I_{db}, b \in B \tag{5-20}$$

$$\sum_{i \in I_{sb}} x_{ik} \leqslant My_k, \forall k \in K_b, b \in B \tag{5-21}$$

$$\sum_{j \in I_{db}} x_{kj} \leqslant My_k, \forall k \in K_b, b \in B \tag{5-22}$$

$$\sum_{k \in K_b} y_k \leqslant n_b, \forall b \in B \tag{5-23}$$

$$\sum_{i \in I_{sb}} x_{ik} = \sum_{k' \in K} z_{kk'}, \forall k \in K_b, b \in B \tag{5-24}$$

$$\sum_{j \in I_{db}} x_{kj} = \sum_{k' \in K} z_{k'k}, \forall k \in K_b, b \in B \tag{5-25}$$

$$z_{kk'} \leqslant M y_{kk'}, \forall k \in K_b, k' \in K_{b'}, b \neq b' \in B \tag{5-26}$$

$$y_{kk'} \leqslant y_k, \forall k \in K_b, k' \in K_{b'}, b \neq b' \in B \tag{5-27}$$

$$y_{kk'} \leqslant y_{k'}, \forall k \in K_b, k' \in K_{b'}, b \neq b' \in B \tag{5-28}$$

$$y_{kk'} \geqslant y_k + y_{k'} - 1, \forall k \in K_b, k' \in K_{b'}, b \neq b' \in B \tag{5-29}$$

$$\sum_{k \in K_b} \sum_{k' \in K_{b'}} z_{kk'} \leqslant c_{bb'}, \forall b, b' \in B, b \neq b' \tag{5-30}$$

$$y_k, y_{kk'} \in \{0,1\}; x_{ij}, x_{ik}, x_{k'j}, z_{kk'} \in N$$

在该模型中,目标函数式(5-18)的设定旨在使空箱的总走行距离最小化,该距离涵盖以下四个方面:(1)局管内供给站到需求站的空箱走行距离;(2)局管内供给站到集结站的空箱走行距离;(3)局间集结站到集结站的空箱走行距离;(4)局管内集结站到需求站的空箱走行距离。

约束(5-19)表示供给站调配给需求站和集结站的空箱数量应等于车站提供的空箱数;约束(5-20)表示供给站和集结站调配给需求站的空箱数量应等于需求站需要的空箱总数,同时引入虚拟空箱供给站与需求站以确保模型有解;约束(5-21)和约束(5-22)表示是否选择该站点作为集结站;约束(5-23)规定每个铁路局集团公司选择的集结站数量不得超过 n_{b} 个;约束(5-24)确保各铁路局集团公司从某集结站调出到其他铁路局集团公司集结站的空箱总数等于该局管内其他站点调配到此集结站的空箱数量之和;约束(5-25)则保证其他铁路局集团公司集结站调配到某集结站的空箱总数等于该集结站调配给局管内站点的空箱数量之和;最后,约束(5-26)至约束(5-29)为决策变量的线性约束,以便线性化处理逻辑约束 $z_{kk'} \leqslant y_k y_{k'}$,而约束(5-30)则限制集结站之间的空箱调配量不得超过两个铁路局集团公司之间的空箱调配能力。

5.3　案例分析

基于"集装箱运输全程追踪系统",采用上文所提出的集装箱空箱供需测算方法,计算得到各办理站某阶段空箱供需平衡调整后的数据(20英尺35 t敞顶箱),接着按测算供需量对各站进行排序,最后选出其中前500名的主要集装箱办理站作为大规模路网上空箱调配优化的研究对象,进行案例测算与分析。

1. 点到点空箱调配计算结果

基于经供需平衡调整后各集装箱办理站测算的空箱供给量、需求量,可知本案例为供需不平衡状态,再结合各空箱供需办理站之间的距离信息,将这些数据代入上文构建的考虑供需不平衡、箱型的基础点到点调配模型中,制订出全路范围内的点到点空箱调配方案,其铁路局集团公司层面结果的示意图如图5-4所示(为进一步便于铁路局集团公司间组织跨局空箱运输以及该方案的执行,对模型所得方案进行了"取整化"处理,即取50的整数倍),优化后的目标函数值即最小空箱走行距离达到36 779 980 km。

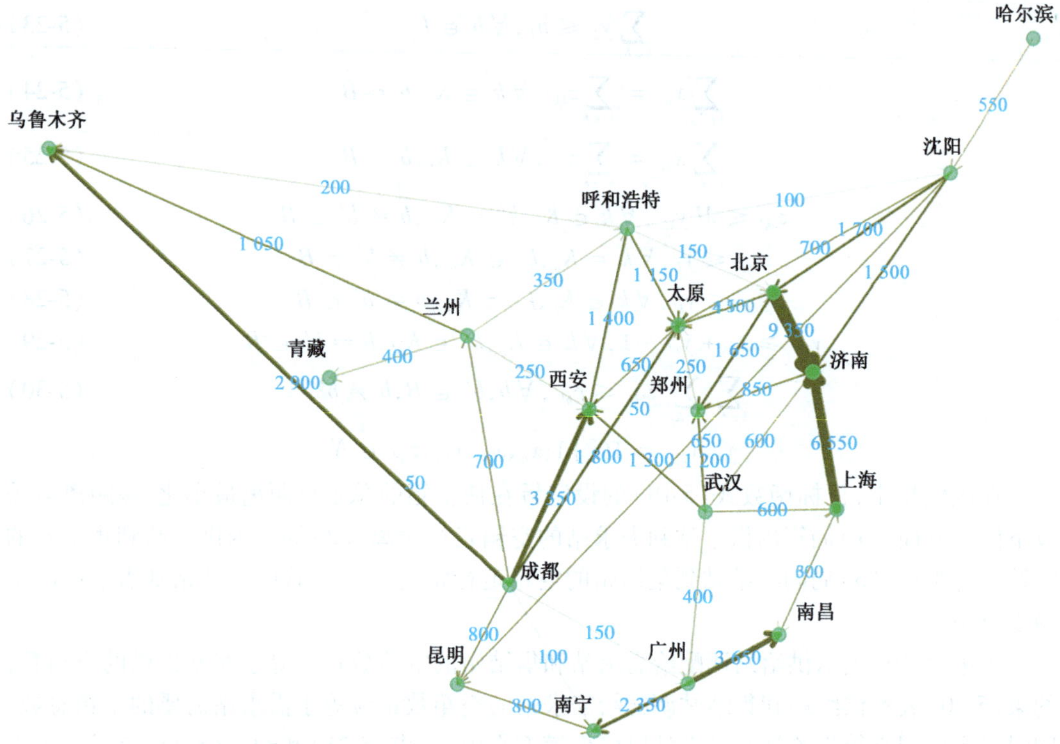

图 5-4 点到点空箱调配铁路局集团公司层面结果

结合表 5-3 对应的点到点空箱调配跨局结果矩阵可知,点到点空箱调配最大程度地优化空箱调配成本,实现了大多数空箱在供给站所属铁路局集团公司范围内就近调配,局管内空箱运输量占据整体空箱调配量的 71.8%。即便涉及跨局运输的空箱,也通常在相对较近的铁路局集团公司之间进行调配。以南宁局集团公司为例,其空箱需求较为显著,铁路局集团公司内的供给站未能满足其足够的空箱需求。因此,大量空箱从紧邻南宁局集团公司的广州局集团公司、昆明局集团公司和成都局集团公司下属的集装箱办理站调配而来,这不仅实现了运输成本的有效节约,同时也有助于提高空箱的周转效率。

从铁路局集团公司间大体的空箱流向来看,可知 20 英尺 35 t 敞顶箱在不同铁路局集团公司之间存在明显的供需差异。在铁路局集团公司层面,西安局集团公司、济南局集团公司、太原局集团公司和南宁局集团公司所接收的空箱数量较多,表明这些地区的空箱需求相对旺盛。相反,上海局集团公司、成都局集团公司和广州局集团公司向外排空量较多,为空箱供给来源提供了较大的贡献。上海局集团公司与济南局集团公司之间的空箱到发明显,这有助于满足这两个铁路局集团公司内部频繁的货物装卸需求。

表 5-3 点到点空箱调配跨局结果矩阵

铁路局集团公司	武	京	上	广	郑	太	西	成	沈	济	哈	南	呼	兰	昆	宁	乌	青
武	—	—	150	—	150	—	2 600	—	—	600	—	—	—	—	—	—	—	—
京	—	—	—	—	850	1 600	—	—	—	950	—	—	—	—	—	—	—	—
上	—	—	—	—	—	—	—	—	—	5 300	—	—	—	—	—	—	—	—

续上表

铁路局集团公司	武	京	上	广	郑	太	西	成	沈	济	哈	南	呼	兰	昆	宁	乌	青
广	50	—	—	—	—	—	—	—	—	—	—	2 300	—	—	—	1 550	—	—
郑	—	—	500	—	—	600	300	—	—	950	—	—	—	—	—	—	—	—
太	—	400	—	—	—	—	—	—	—	—	—	—	—	—	—	—	—	—
西	—	—	—	—	—	1 450	—	—	—	—	—	—	1 350	—	—	—	—	—
成	—	—	—	150	—	—	3 650	—	—	—	—	—	—	—	700	250	—	—
沈	—	1 550	—	—	—	—	—	—	—	—	—	—	300	—	—	—	—	—
济	—	—	—	—	—	—	—	—	—	—	—	—	—	—	—	—	—	—
哈	—	—	—	—	—	—	—	—	250	—	—	—	—	—	—	—	—	—
南	200	—	250	—	—	—	—	—	—	—	—	—	—	—	—	—	—	—
呼	—	250	—	—	—	700	—	—	—	—	—	—	—	—	200	—	—	—
兰	—	—	—	—	—	—	2 250	—	—	—	—	—	50	—	—	—	—	150
昆	—	—	—	—	—	—	—	—	—	—	—	—	—	—	—	1 300	—	—
宁	—	—	—	—	—	—	—	—	—	—	—	—	—	—	—	—	—	—
乌	—	—	—	—	—	—	—	—	—	—	—	—	—	—	350	—	—	—
青	—	—	—	—	—	—	300	—	—	—	—	—	—	—	—	—	—	—

图5-5为点到点空箱调配站点层面结果示意图,可知在站点层面黄岛站、防城港站、渤海西站以及烟台站的空箱需求显著,这些办理站调入、聚集了大量空箱;相反,武安站、曹家伙场站和农中站的空箱供给量较为充裕。

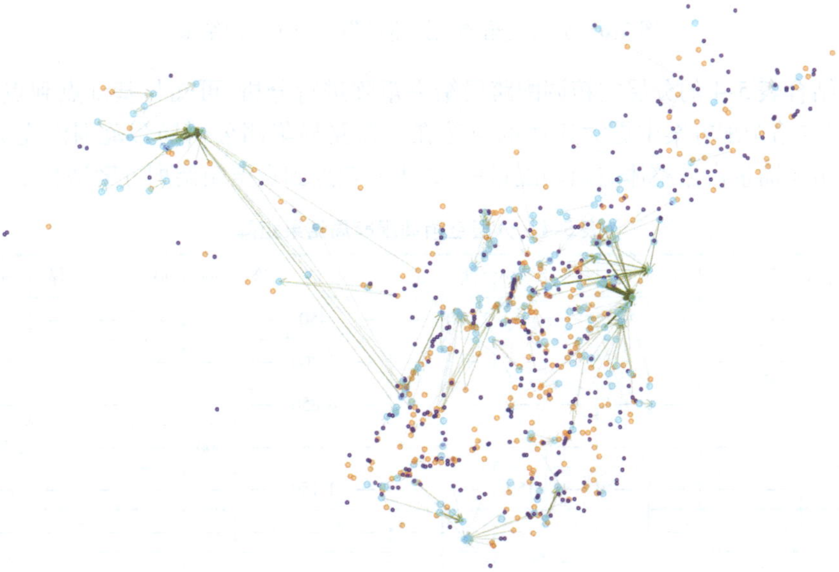

图5-5 点到点空箱调配站点层面结果

2. 分层空箱调配计算结果

在相同的输入条件下,通过在各铁路局集团公司设定特定的集结站,同时考虑铁路局集团公司间的空箱调配能力，得到经基础分层调配优化模型计算后的空箱调配方案，其最小目标函数值为 49 717 143 km，即相较基础点到点调配模型所得方案其空箱走行公里更大，原因在于跨局运输的空箱必须经由集结站集结和中转，而不是直接将空箱从供给站发往需求站。尽管这会导致目标函数值的增加，使空箱的走行成本大幅上升(上升约35.2%)，但这种分层方式有助于空箱集结成列，同时压缩问题的规模与复杂度，提高计划执行效率。分层空箱调配铁路局集团公司层面结果如图 5-6 所示。

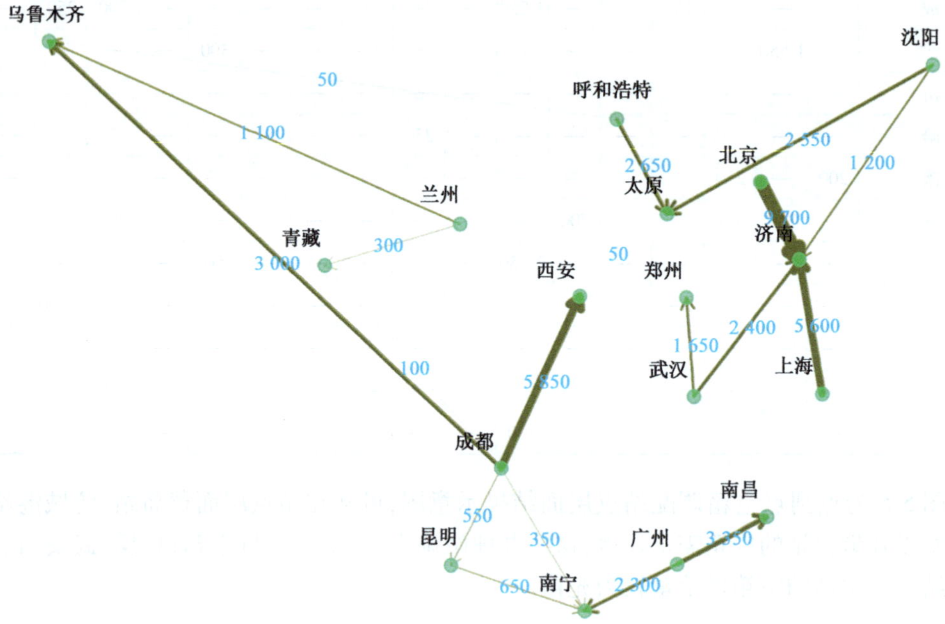

图 5-6　分层空箱调配铁路局集团公司层面结果

同样结合表 5-4 的分层空箱调配跨局结果矩阵进行分析，可知与基础点到点调配模型相比，分层空箱调配方案中更大比例的空箱在各铁路局集团公司局管范围内完成了调配，局管内空箱运输量占据整体空箱调配量的 82.3%，较点到点空箱调配方案增长了 10.5%。

表 5-4　分层空箱调配跨局结果矩阵

铁路局集团公司	武	京	上	广	郑	太	西	成	沈	济	哈	南	呼	兰	昆	宁	乌	青
武	—	—	—	—	—	—	2 900	—	—	450	—	—	—	—	—	—	—	—
京	—	—	—	—	—	—	—	—	—	1 200	—	—	—	—	—	—	—	—
上	—	—	—	—	—	—	—	—	—	4 850	—	—	—	—	—	—	—	—
广	—	—	—	—	—	—	—	—	—	—	—	300	—	—	—	2 500	—	—
郑	—	—	—	—	—	150	—	—	—	1 150	—	—	—	—	—	—	—	—
太	—	—	—	—	—	—	—	—	—	—	—	—	—	—	—	—	—	—
西	—	—	—	—	—	—	—	—	—	—	—	—	—	—	—	—	—	—
成	—	—	—	—	—	1 550	3 400	—	—	—	—	—	—	—	—	—	—	—
沈	—	—	—	—	—	—	—	—	—	—	—	—	—	—	—	—	—	—
济	—	—	—	—	—	—	—	—	—	—	—	—	—	—	—	—	—	—

续上表

铁路局集团公司	武	京	上	广	郑	太	西	成	沈	济	哈	南	呼	兰	昆	宁	乌	青
哈	—	—	—	—	—	—	—	—	—	—	—	—	—	—	—	—	—	—
南	—	—	—	—	—	—	—	—	—	150	—	—	—	—	—	—	—	—
呼	—	—	—	—	—	—	—	—	—	—	—	—	—	—	—	—	—	—
兰	—	—	—	—	—	2 250	—	—	—	—	—	—	250	—	—	—	—	—
昆	—	—	—	—	—	—	—	—	—	—	—	—	—	—	—	600	—	—
宁	—	—	—	—	—	—	—	—	—	—	—	—	—	—	—	—	—	—
乌	—	—	—	—	—	—	—	—	—	—	—	—	—	—	—	—	—	—
青	—	—	—	—	—	—	—	—	—	—	—	—	—	—	—	—	—	—

图5-7为分层空箱调配站点层面结果示意图，可知为了分层实现对空箱的有效利用，各铁路局集团公司选定的集结站承担了跨局空箱的集结与中转职责。如上海局集团公司选择的合肥北站、连云站两集结站会集了上海局集团公司部分办理站的多余空箱供给，随后跨局运输至济南局集团公司的黄岛站这一集结站，即大量跨局空箱到达、集结于黄岛站，随后黄岛站中转空箱发往附近受不足需求影响的其他办理站，以满足济南局集团公司管内其他办理站的空箱需求。

图5-7　分层空箱调配站点层面结果

第6章　数据驱动的铁路集装箱空箱调配方法

6.1　数据驱动决策框架

数据驱动是指利用互联网或其他相关软件收集海量数据，经整合、提炼、训练及拟合后构建相应决策模型，实现基于基础数据的诊断、监测、评价和优化决策等各种功能，一般包括数据采集、数据分析、数据建模和自动决策四个环节。常用的数据驱动技术有 k—邻近、支持向量回归、人工神经网络、决策树、模糊系统等。

为实现海量数据的分析处理、典型问题的求解决策，传统的理论驱动方法是通过假定研究对象符合特定的需求分布规律，并由此建立符合先前假设的数学规划模型。然而，由于现实中决策者难以准确掌握复杂数据的内在分布规律及相应参数、建立合适的拟合关系（如表 6-1 展示了对任意集装箱办理站的空箱需求序列进行拟合的结果，其中 R 方显著低于 70%，得出的拟合函数效果不佳），况且需求将随时间的推移产生变化，因此基于特定需求分布规律确定供需，进而优化决策的处理方式在实际应用中存在一定不足。因此，研究如何直接利用大量基础数据，分析数据内在分布特征，实现决策方案的制订成为学者们重点关注的内容。

表 6-1　模型摘要及参数估计值

方程	模型摘要					参数估计值			
	R 方	F	自由度 1	自由度 2	显著性	常量	b_1	b_2	b_3
线性	0.008	2.686	1	328	0.102	219.1	0.143	—	—
对数	0.007	2.384	1	328	0.124	178.9	13.276	—	—
逆	0.004	1.156	1	328	0.283	245.3	−131.93	—	—
二次	0.011	1.823	2	327	0.163	237.5	−0.189	0.001	—
三次	0.047	5.370	3	326	0.001	160.2	2.592	−0.02	4.2×10^{-5}

近年来，以大量基础数据为依托的数据驱动技术在数据预测与决策优化等方面得到了广泛运用。与传统的理论驱动方法不同，数据驱动技术并不需要研究者事先假定数据的分布规律，而是通过大规模历史数据的分析并提取其内在变化特征后，进行数据预测和问题决策等，实现数据的价值。在优化决策过程中，Jakob 等人将数据驱动技术的运用划分为了三个不同的层次：

（1）需求预测。当需求数据的分布特征未知时，可根据历史数据及其特征信息，选择适当预测方法（统计预测方法或机器学习方法）进行需求预测。

（2）决策优化。需求预测完成后，利用预测误差修正对应的预测值，将修正值作为决策模型输入进而优化决策。

(3)整合预测与优化。不同于一、二层次将预测和优化剥离开来,第三层次结合数据特征变量和机器学习模型的权重矩阵,构建需求预测函数,并将此函数作为参数引入构建的决策优化模型中,通过模型求解直接得到最终的决策方案。

借鉴上述数据驱动技术在第二层次的运用方式,以集装箱运输过程产生的海量基础运用数据为支撑,构建了基于数据驱动的铁路集装箱空箱调配决策框架,如图6-1所示,实现办理站的空箱供需精准预测与空箱调运决策优化。该框架包含数据预测和空箱调配决策两个子模块。数据预测模块根据集装箱历史空箱运用数据,采用具有大数据处理能力的机器学习算法,在挖掘数据内部信息后,拟合空箱供需预测模型,实现各办理站空箱供需的短期预测,输出为预测结果与误差;空箱调配决策模块构建优化模型,结合预测误差将空箱供需预测值修正后作为模型输入,在最小化空箱走行距离目标下,求解得到最优的空箱调配方案。

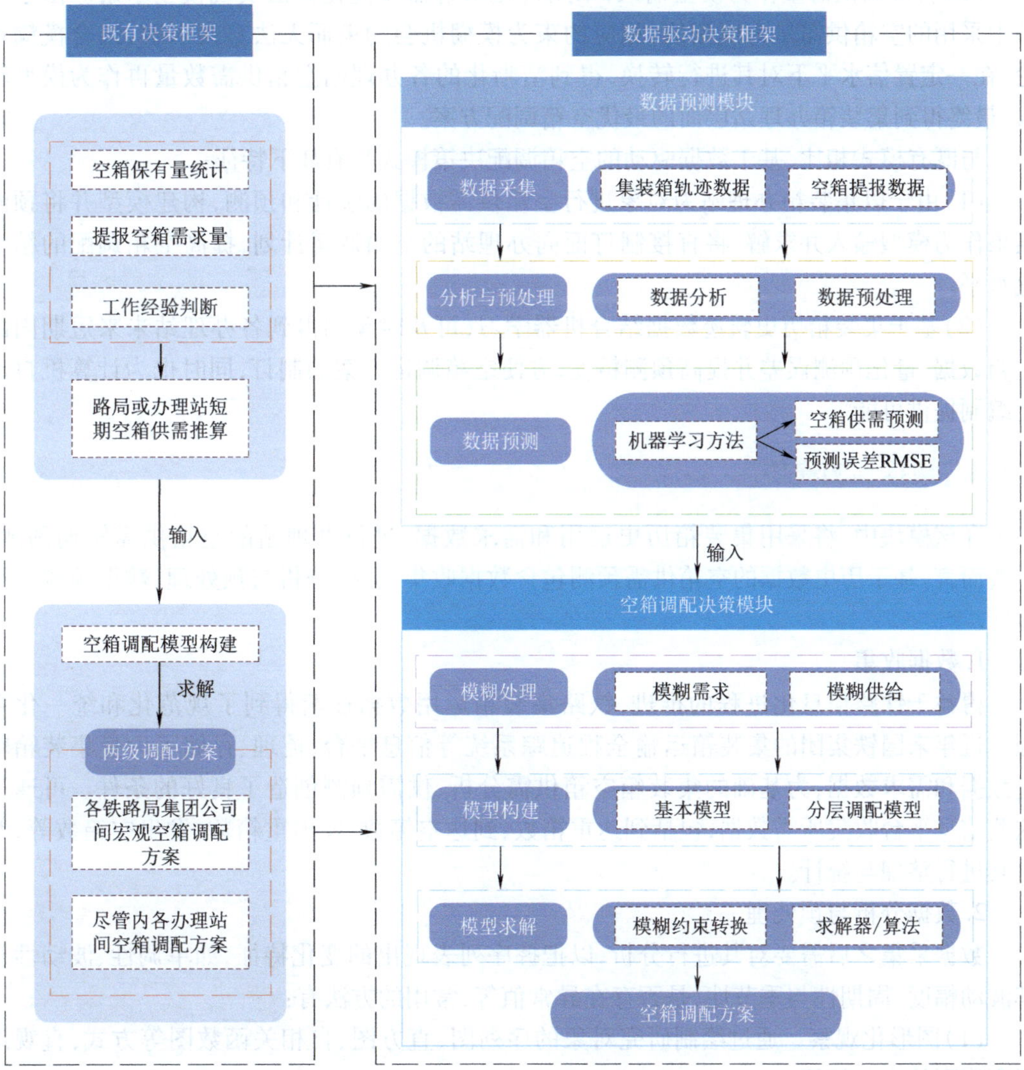

图6-1 基于数据驱动的空箱调配决策框架

不同于目前根据集装箱的大致运用和分布情况，推算各铁路局集团公司或各办理站的空箱供需数量，制订计划实现空箱的两级调配流程，基于数据驱动的空箱调配决策具体流程为：

（1）首先对全路的历史集装箱轨迹数据和空箱需求提报数据进行筛选、整合和加工，得到各办理站过去一段时间每天的空箱供需数据。

（2）进行数据分析，并结合数据特征对办理站空箱供需数据进行预处理，削弱振荡，统一量纲，提高预测效率，优化预测结果。

（3）根据序列特征选择机器学习预测技术，将预处理后的数据输入预测模型，经训练与验证后得到各办理站未来短期内的空箱供需数据。

（4）考虑到预测误差，将预测得到的各站供需数据进行模糊处理，得到模糊供需量。

（5）确定空箱调配优化目标及满足的限制条件，构建相应的决策优化模型。

（6）将模糊供需量作为模型输入，采用优化求解器或优化算法实现模型求解。由于模型中采用的空箱供需量为模糊值，相应约束为模糊机会约束而无法直接求解，结合模糊理论，在一定置信水平下对其进行转换，得到清晰化的各办理站空箱供需数量再作为模型输入，最终得到集装箱办理站层面的最优空箱调配方案。

与既有模式相比，基于数据驱动的空箱调配决策模式具有如下特征：

（1）由于以集装箱办理站为对象进行空箱供需数据的统计和预测，构建模型并将预测结果作为模型输入并求解，将直接制订面向办理站的空箱调运计划，提高空箱调配的精细化水平。

（2）基于集装箱历史轨迹数据结合机器学习，可及时预测得到各办理站未来短期内的空箱数据，量化预测误差并提高预测精度，方便空箱调运方案的制订，同时也为计算机自动化编制提供可能。

6.1.1 数据预测模块

在该模块中，将采用集装箱历史运用和需求数据，进行办理站的空箱供需短期预测。一般而言，基于历史数据的空箱供需预测包含数据收集、数据分析与预处理、数据预测三个步骤。

1. 数据收集

得益于铁路信息化进程的推进，铁路集装箱运用数据逐渐得到了规范化和统一化管理。近年来国铁集团的集装箱运输全程追踪系统等信息平台，梳理、存储了大量集装箱轨迹数据和需求数据，为基础的集装箱空箱供需分析、供需预测创造了良好的条件。可通过这些信息平台收集所需数据，包括到达重箱数、到达空箱数、发出重箱数、发出空箱数等，并对其进行整理与统计。

2. 数据分析与预处理

数据采集之后需要对其进行分析，以把握序列表现出的变化特征，如单调性、波动性及其波动幅度、周期性与季节性、是否存在异常值等，常用的方法有：

（1）图形化观察。通过绘制研究对象的序列图、直方图、自相关函数图等方式，直观地观察序列的变化特征。

（2）统计检验。通过计算数据的均值、方差等方式判断序列是否平稳。

通过数据分析，对序列变化特征进行总体把握后，决定是否需要进行数据预处理操作。若序列平稳变化，通常无须再进行预处理，否则需针对其具体变化特征进行诸如缺失数据替代、数据变换等操作，以提高数据预测精度、强化序列特征或适应特定预测模型要求[57]。缺失数据替换针对序列存在多个时间点的数据缺失，使得序列特征无法得到准确与完整表达，造成模型参数选择失误，从而影响预测精度的情形，常用方法有均值替换法、线性插值法、线性趋势值法等。而数据变换主要有平稳化和平滑处理两种方式。平稳化处理使得处理后的序列平稳以满足特定模型（如 ARIMA）的需要，常用方法有差分、结构变化和确定性去趋势等。平滑处理的目的则是削弱序列的随机波动性对模型预测精度的影响，常用方法有移动平均法、移动中位数法、SG 滤波法等。

3. 数据预测

选择适当的预测方法，将预处理后的历史数据作为预测模型输入，即可实现空箱供需数据预测。而预测方法及其参数的选择对于预测效果的提升有着至关重要的作用。分析时序数据特征，并进行数据短期预测的研究不胜枚举，所用技术方法包罗万象。例如，传统预测技术，包括回归分析模型、灰色预测模型、ARIMA 模型等；基于数据驱动的机器学习方法，包括支持向量机、BP 神经网络、长短期记忆网络（LSTM）、图卷积神经网络（GCN）等；还有各种方法的改进型和组合预测模型。现有研究表明，由于传统的统计预测模型结构相对简单，难以捕捉时序数据之间的非线性特征，对于具备高维和不规则变化的基础数据预测效果不佳。例如，灰色预测模型 GM(1,1) 对于非负单调序列预测效果较好，而机器学习技术对于趋势变化明显的序列具有一定优势。

考虑到铁路集装箱空箱供需预测受多种因素影响，部分影响因素表现出难以量化的复杂非线性特征。同时，获取相应影响因素的准确值往往需要较长的统计周期，导致无法及时获取其日变化数据，从而难以建立多变量预测模型。因此，为了进行集装箱空箱供需的短期预测，计划基于各办理站的每日集装箱历史运用数据，研究并构建相应的时间序列预测模型。对于传统数学模型对非线性序列拟合效果不佳的问题，近年来，机器学习技术在数据预测领域得到了广泛应用，且预测效果好，因此可选用机器学习算法进行空箱供需的短期预测。具体技术方法与实现过程可参考第 3 章 3.3 节的内容。

6.1.2 空箱调配决策模块

该模块主要通过建立相应的空箱调配决策优化模型，在特定目标函数下，实现以办理站为对象的空箱调运最优方案的制订。将 6.1.1 节数据预测模块的输出作为该决策优化模型的输入并进行求解，即可实现最优决策。然而，目前大部分基于预测进行优化的研究均直接将预测值代入模型求解得到决策方案，忽略了预测误差的影响。当预测对象较多或预测误差较大时，是否通过预测误差修正相应的预测值，将对最终的决策结果产生一定影响。为此，结合各集装箱办理站的空箱供需预测值及其预测误差，提出用三角模糊供需代替预测值作为模型输入，并通过模糊机会约束理论，在一定置信水平下完成模糊值的清晰化转化。

构建优化模型实现空箱调配决策的研究已有一定的积累，根据考虑因素的不同总体上可分为基本模型、多目标组合优化模型、网络流模型、随机机会约束规划模型等，优化目标包括降低企业运输成本、提高客户满意度、缩短空箱周转时间等，约束条件主要有流量守恒约束、供需约束、径路或办理站能力约束、变量取值约束等。我国集装箱办理站数量众多、路网结构复杂、集装箱箱型多样，构建全路的时空网络动态空箱调配模型难以实现求解。为制订全路面向车站的空箱精准调配方案，最基本的方式是将其看成一个运输问题，以最大化运输效益或最小化运输成本为目标进行求解。因此结合模糊供需，首先构建了空箱调配模糊约束基本模型。但是，基于目前的空箱调配两级管理模式，即排空局将空箱集中于管内的集结站，随后向需求局排空，各铁路局集团公司再根据此方案编制局管内的详细空箱调配方案，因此在空箱调配基本模型的基础上，结合实际情况构建了铁路集装箱空箱分层调配优化模型，以提高运输组织效率，尽量减少空箱的跨局调配等，模型架构如图 6-2 所示。

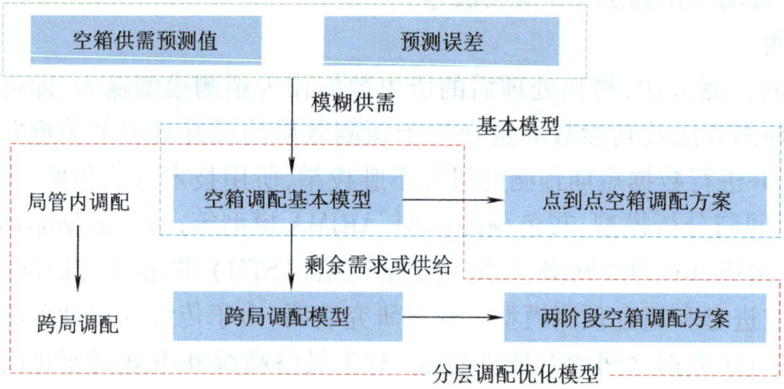

图 6-2　空箱调配决策模型

6.2　数据驱动的铁路集装箱空箱调配方法

6.2.1　优化模型

1. 数据驱动的铁路集装箱空箱点到点调配模型

该模型在既有空箱点到点调配优化模型基础上构建，其目标函数为最小化空箱走行公里，模型参变量定义见表 6-2。

表 6-2　模型参变量定义

参变量	定　义
$\tilde{s}_i$	集装箱办理站 i 的模糊供给
$\tilde{d}_j$	集装箱办理站 j 的模糊需求

构建数据驱动的铁路集装箱空箱点到点调配模型如下：

$$\min C = \sum_{i \in I_s} \sum_{j \in I_d} l_{ij} x_{ij} \tag{6-1}$$

$$\text{s.t.} \sum_{j \in I_d} x_{ij} = \tilde{s}_i, \forall i \in I_s \tag{6-2}$$

$$\sum_{i \in I_s} x_{ij} = \tilde{d}_j, \forall j \in I_d \tag{6-3}$$

$$\sum_{i \in I_{bd}} \sum_{j \in I_{b's}} x_{ij} \leqslant c_{bb'}, \forall b, b' \in B, b \neq b' \tag{6-4}$$

$$x_{ij} \in \mathbb{N}$$

模型中，目标函数式(6-1)为最小化空箱走行距离；约束(6-2)与约束(6-3)为空箱供给与需求保障约束，为确保模型有解，引入虚拟空箱供给节点与虚拟空箱需求节点，确保集装箱运输网络中的供需平衡；约束(6-4)为跨局空箱调配能力约束。

2. 数据驱动的铁路集装箱空箱分层调配模型

该模型在既有空箱分层调配优化模型基础上构建，其目标函数为最小化空箱走行公里。

构建数据驱动的铁路集装箱空箱分层调配模型如下：

$$\min Z = \sum_{b \in B}\left(\sum_{i \in I_{bd}}\sum_{j \in I_{bs}} x_{ij}l_{ij} + \sum_{i \in I_{bd}}\sum_{k \in K_b} x_{ik}l_{ik} + \sum_{k \in K_b}\sum_{k' \in K/K_b} z_{kk'}l_{kk'} + \sum_{j \in I_{bs}}\sum_{k' \in K_b} x_{k'j}l_{k'j}\right) \tag{6-5}$$

$$\text{s.t.} \sum_{j \in I_{bd}} x_{ij} + \sum_{k \in K_b} x_{ik} = \tilde{s}_i, \forall i \in I_{bs}, b \in B \tag{6-6}$$

$$\sum_{i \in I_{bs}} x_{ij} + \sum_{k \in K_b} x_{kj} = \tilde{d}_j, \forall j \in I_{bd}, b \in B \tag{6-7}$$

$$\sum_{i \in I_{bs}} x_{ik} \leqslant M y_k, \forall k \in K_b, b \in B \tag{6-8}$$

$$\sum_{j \in I_{bd}} x_{kj} \leqslant M y_k, \forall k \in K_b, b \in B \tag{6-9}$$

$$\sum_{k \in K_b} y_k \leqslant n_b, \forall b \in B \tag{6-10}$$

$$\sum_{i \in I_{bs}} x_{ik} = \sum_{k' \in K} z_{kk'}, \forall k \in K_b, b \in B \tag{6-11}$$

$$\sum_{j \in I_{bd}} x_{kj} = \sum_{k' \in K} z_{kk'}, \forall k \in K_b, b \in B \tag{6-12}$$

$$z_{kk'} \leqslant M y_{kk'}, \forall k \in K_b, k' \in K_{b'}, b \neq b' \in B \tag{6-13}$$

$$y_{kk'} \leqslant y_k, \forall k \in K_b, k' \in K_{b'}, b \neq b' \in B \tag{6-14}$$

$$y_{kk'} \leqslant y_{k'}, \forall k \in K_b, k' \in K_{b'}, b \neq b' \in B \tag{6-15}$$

$$y_{kk'} \geqslant y_k + y_{k'} - 1, \forall k \in K_b, k' \in K_{b'}, b \neq b' \in B \tag{6-16}$$

$$\sum_{k \in K_b}\sum_{k' \in K_{b'}} z_{kk'} \leqslant c_{bb'} \forall b, b' \in B, b \neq b' \tag{6-17}$$

$$y_k, y_{kk'} \in \{0,1\}; x_{ij}, x_{ik}, x_{k'j}, z_{kk'} \in \mathbb{Z}$$

模型中，目标函数式(6-5)为最小化空箱走行距离，包含集装箱办理站间调配时的走行距离，以及空箱跨局调配时的走行距离（空箱由供给站至集结站、集结站至集结站、集结站至需求站的走行距离）；约束(6-6)与约束(6-7)为空箱供给与需求约束，同时引入虚拟空箱供给站与需求站确保模型有解；约束(6-8)至约束(6-10)为集结点选择约束；约束(6-11)与约束(6-12)为空箱调配的流平衡约束；约束(6-13)至约束(6-16)为集结点选择约束，用于线性化处理逻辑约束 $z_{kk'} \leqslant y_k y_{k'}$；约束(6-17)为跨局空箱调配的能力约束。

6.2.2　模型转换与求解

由于上述空箱调配基本模型中引入了模糊需求与供给，因此约束(6-2)、约束(6-3)、约束(6-6)与约束(6-7)为模糊约束。为求解模型，实现模糊供需的清晰化表达，引入三角模糊函数并阐述如何将模糊约束转化为确定约束。

以空箱调配优化模型中的模糊需求约束(6-3)为例，阐述具体转换过程。定义 $\tilde{b}$ 为用一

个三元组 (a,b,c) 表示的三角模糊需求集，其中 b 为最可能的空箱需求，a 为最悲观的空箱需求，c 为最乐观的空箱需求，$a \leqslant b \leqslant c$。模糊需求集 $\tilde{b}$ 满足如图 6-3 所示的隶属函数[58]，对应表达式为

$$u_{\tilde{b}}(x) = \begin{cases} \dfrac{x-a}{b-a}, & a \leqslant x \leqslant b \\ \dfrac{c-x}{c-b}, & b < x \leqslant c \\ 0, & 其他 \end{cases} \tag{6-18}$$

其中，$u_{\tilde{b}}(x)$ 是一个隶属函数，它反映了对于任意实数 x 属于模糊需求集 $\tilde{b}$ 的程度，程度越高，则 $u_{\tilde{b}}(x)$ 的值也越大。假定采用 ARIMA-LSTM 组合预测模型预测出的各集装箱空箱需求量 b_j 看成最可能的空箱需求量 b；考虑到预测误差 RMSE，将 $b_j - \mathrm{RMSE}_j$ 作为最悲观的空箱需求量 a；将 $b_j + \mathrm{RMSE}_j$ 作为最乐观的空箱需求量 c[11]。RMSE_j 表示办理站 j 的需求预测均方根误差。结合预测误差，预测得到的空箱需求 b_j 转化成了在区间 $[b_j - \mathrm{RMSE}_j, b_j + \mathrm{RMSE}_j]$ 任意取值的三角模糊需求 $\tilde{b}_j$。

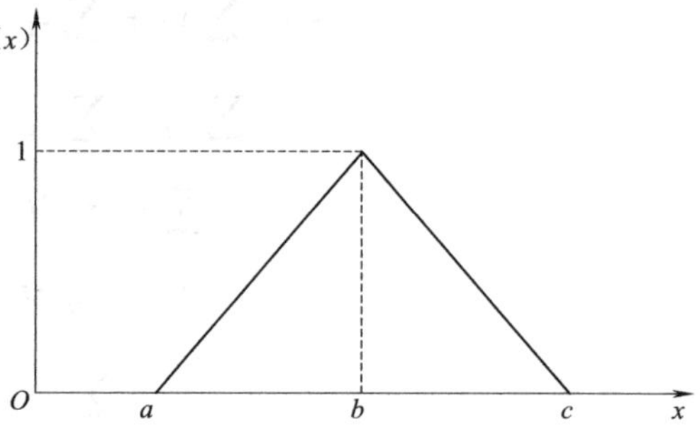

图 6-3　模糊需求集 $\tilde{b}$ 的隶属函数

由于 $\tilde{b}$ 为满足隶属函数 $u_{\tilde{b}}(x)$ 的模糊数，针对任何实数 x，模糊约束的转换均可以表示为

$$\mathrm{Ch}\{\tilde{b} ※ x\} \geqslant \alpha \tag{6-19}$$

式(6-19)中，Ch 表示转换；α 为决策者选定的置信水平，$\alpha \in [0,1]$；※为任意的一种关系，包括 >、≥、<、≤ 或 =。

由式(6-19)可知，模糊约束的转换需要满足一定的置信水平(即可能性)，为了方便计算这种概率，引入一个似然函数，它反映了模糊约束的变化情况[58]。当模糊空箱需求 $\tilde{b}_j$ 等于任意实数 x 时，对应的似然函数表达式为

$$L(\tilde{b}_j = x) = \begin{cases} 0, & x \leqslant a \\ \dfrac{x-a}{2(b-a)}, & a < x \leqslant b \\ \dfrac{c-2b+x}{2(c-b)}, & b < x \leqslant c \\ 1, & x > c \end{cases} \tag{6-20}$$

将 $b = b_j, a = b_j - \mathrm{RMSE}_j, c = b_j + \mathrm{RMSE}_j$ 代入式(6-20)，得到简化的似然函数式(6-21)，各自对应的函数关系如图 6-4 所示。

$$L(\tilde{b}_j = x) = \begin{cases} 0, & x \leqslant b_j - \mathrm{RMSE}_j \\ \dfrac{x - b_j + \mathrm{RMSE}_j}{2\mathrm{RMSE}_j}, & b_j - \mathrm{RMSE}_j < x \leqslant b_j + \mathrm{RMSE}_j \\ 1, & x > b_j + \mathrm{RMSE}_j \end{cases} \tag{6-21}$$

对于给定的置信水平 α_j，上述空箱调配基本模型中的模糊约束(6-3)或约束(6-7)可转化为

$$L\left\{\sum_{i=1}^{m} x_{ij} = \tilde{b}_j\right\} \geqslant \alpha_j, \forall j \in I_s \tag{6-22}$$

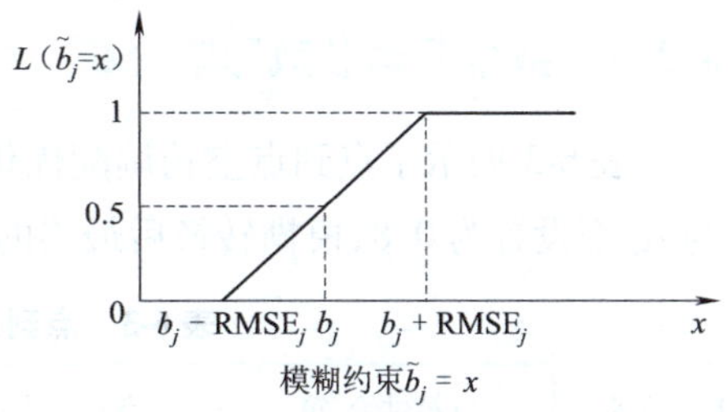

图 6-4　模糊需求约束似然函数

以式(6-22)为例，结合图6-4 中 $L(\tilde{b}_j = x)$ 似然函数的关系图，解释该表达式的含义：如果空箱调配优化模型中的模糊需求约束(6-3)的左半部分，即任意供应站 i 发往需求站 j 的空箱数量 x_{ij}，比需求站 j 的模糊需求量 $\tilde{b}_j$ 的最悲观值 b_j − RMSE$_j$ 还小，则满足需求的概率为 0；如果比需求站 j 的模糊需求量 $\tilde{b}_j$ 的最乐观值 b_j + RMSE$_j$ 还大，则满足需求的概率为 1；如果介于最悲观值 b_j − RMSE$_j$ 和最乐观值 b_j + RMSE$_j$ 之间，则需求得到满足的概率在 0 ~ 1 之间变化。

结合图6-4，由于模糊约束 $\tilde{b}_j = x$ 和 $\tilde{b}_j \geqslant x$ 的似然函数在区间[b_j − RMSE$_j$，b_j + RMSE$_j$]是单调变化的，因此它们的反转函数存在。同理，供给约束也可进行相应转化，最终在给定置信水平 α 下，空箱调配模糊约束基本模型可转化为如下确定模型：

$$\sum_{j=1}^{n} x_{ij} = L_{\tilde{s}_i}^{-1}(\alpha_i), \forall i \in I \tag{6-23}$$

$$\sum_{i=1}^{m} x_{ij} = L_{\tilde{d}_j}^{-1}(\alpha_j), \forall j \in J \tag{6-24}$$

通过模糊转换后，所构建的基于数据驱动的空箱调配模型可转换为混合整数规划模型，可采用 CPLEX 等优化软件求解。

6.3　案例分析

选择 20 英尺 35 t 敞顶箱进行空箱供需预测及调配测算分析。根据统计出的各办理站在数据采集周期内每天的空箱需求或供给数据，分别对筛选出的 505 个集装箱办理站未来 5 d 内的空箱供需数量实现预测。若某一办理站只有历史空箱供给(需求)数据，则该办理站为空箱供给(需求)站，对应供给(需求)量为预测出的未来 5 d 内每天的供给(需求)量之和；若某一办理站既有供给数据又有需求数据，则分别预测出该站未来 5 d 的空箱供需数据，若预测供给量大于需求量，则该站为空箱供给站，相应供给量为预测供给量减预测需求量，否则为需求站，相应需求量为预测需求量减预测供给量。预测完成后，剔除其中预测空箱需求量或供给量为 0 的办理站，最终剩下 457 个车站，其中空箱供给站 238 个，需求站 219 个。

各集装箱办理站具体的空箱供给或需求预测值及其预测误差见附录附表 1。

为验证所提出方法的有效性，设计五种情景进行案例分析，其中情景 1 至情景 4 基于点到点空箱调配模型，情景 5 基于分层空箱调配模型。情景 1 基于空箱供需预测数据开展计算，即空箱供需为确定值，同时不考虑约束(6-17)；情景 2 考虑了空箱供需预测值与预测误差，即空箱供需转换为模糊值；情景 3 在模型优化目标函数中增加了综合费用参数 ε_{ij}，其计算过程可见参考文献[59]；情景 4 在情景 3 的基础上增加对约束(6-17)的考虑，即考虑跨局空箱调配能力约束；情景 5 基于分层调配模型，将模糊化供需参数、综合费用参数 ε_{ij}、跨局空箱调配能力等都纳入测算过程。

6.3.1 数据驱动参数影响分析

表 6-3 展示了点到点空箱调配优化模型的计算结果，对于情景 2 至情景 4，执行水平 α_i 与 α_j 都设置为 0.8，模糊转换后最终的空箱供给量与需求量分别为 13 067 箱与 11 391 箱。

表 6-3 点到点空箱调配优化模型计算结果

情景	空箱供给/箱	空箱需求/箱	计算时间/s	目标函数值/km
1	12 294	12 354	3.12	4 472 062
2	13 067	11 391	3.65	3 451 904
3	13 067	11 391	3.18	3 464 703
4	13 067	11 391	3.24	3 608 536

1. 情景 1

情景 1 的空箱调配结果如图 6-5 所示，总的空箱走行距离为 4 472 062 km。长距离的空箱调配主要是从上海局集团公司至哈尔滨局集团公司，兰州局集团公司至乌鲁木齐局集团公司，以及从成都局集团公司、昆明局集团公司至兰州局集团公司。

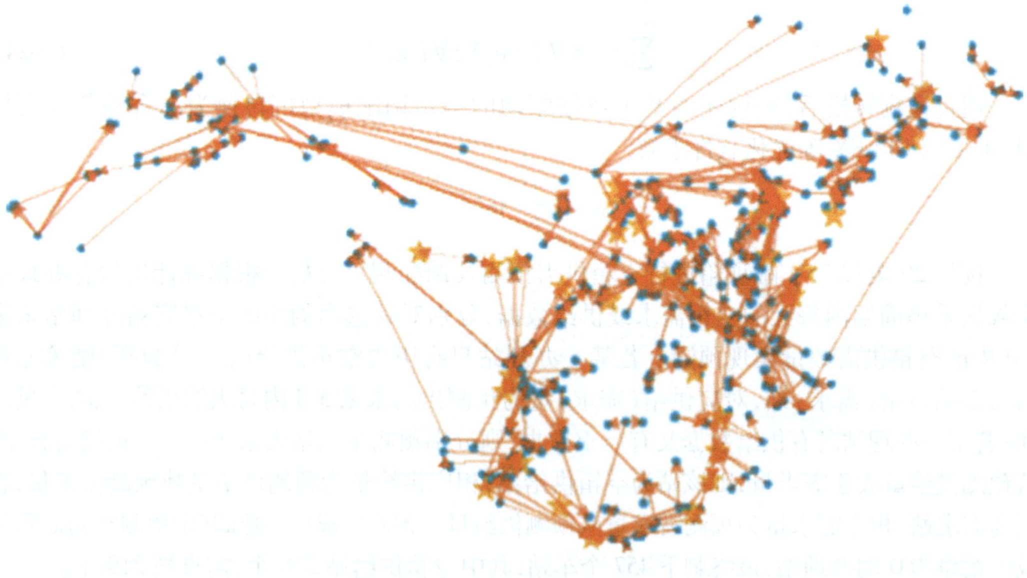

图 6-5 情景 1 的空箱调配结果

2. 情景 2

情景 2 的空箱调配结果如图 6-6 所示，总的空箱走行距离为 3 451 904 km。该情景考虑了空箱供需预测误差，在置信水平都取值为 0.8 时，空箱需求较情景 1 降低了 7.80%，总的空箱走行距离降低了 22.81%。主要原因为空箱供给相对充裕时，长距离的空箱调配数量减少，相较于图 6-5 可知，情景 2 中不再有上海局集团公司至哈尔滨局集团公司、昆明局集团公司至兰州局集团公司之间的长距离空箱调配。

图 6-6　情景 2 的空箱调配结果

3. 情景 3

情景 3 在模型优化目标函数中增加了综合费用参数 ε_{ij}，此时空箱调配结果如图 6-7 所示。综合费用参数的引入增加了对历史空箱调配方案影响的考虑，对比图 6-6 与图 6-7 可知，部分空箱调配 OD 发生了变化，如哈尔滨局集团公司与沈阳局集团公司内的哈尔滨站到齐齐哈尔站、通辽站到三间房站等。

综合费用参数 ε_{ij} 可在一定程度上反映不同时段内运输能力等因素对空箱调配决策的影响，如暑运、春运期间因组织更多的旅客列车，货运能力会受到较大的限制，如图 6-8 所示。与此同时，季节性的施工维修也会影响货运能力，进而影响空箱调配方案的制订。如图 6-9 所示，数据展示年度中，受襄渝线集中修的影响，城厢站至襄阳站的空箱调配量在 9 月份、10 月份受到严重影响，表现为图中向右侧的箭头粗细程度。这个阶段内襄阳站的空箱需求由广州局集团公司往北调配来满足（其他时段由城厢站调配至襄阳站，广州局集团公司的空箱部分调配至南宁局集团公司）。情景 3 的空箱调配结果说明了综合费用参数 ε_{ij} 的有效性。相较于情景 2 的空箱调配结果，情景 3 方案中部分 OD 不再采用最短径路运输空箱，这导致总的空箱走行距离较情景 2 提升了 0.37%。

4. 情景 4

完成集装箱空箱调配的重要前提是有空车资源，情景 4 将分界口空车交接量转化为跨局空箱调配能力。增加跨局空箱调配能力约束后的空箱调配方案如图 6-10 所示。分析结果可知，跨局空箱调配能力约束的引入，减少了跨局空箱调配量，在图 6-10 中表现为较短距离的跨局线条数量减少。与此同时，该约束也导致部分长距离跨局空箱调配方案，如上海局集团公司至乌鲁木齐局集团公司的空箱调配因上海局集团公司缺少向西的空车而没法实施，图 6-7 中襄阳站至防城港站的空箱调配方案也取消，原因在于空车流向主要是由南朝北，由东到西。空车流向约束了空箱流向，也导致了空箱走行距离的提升，相对于情景 3，情景 4 总的空箱走行距离增加了 4.15%。

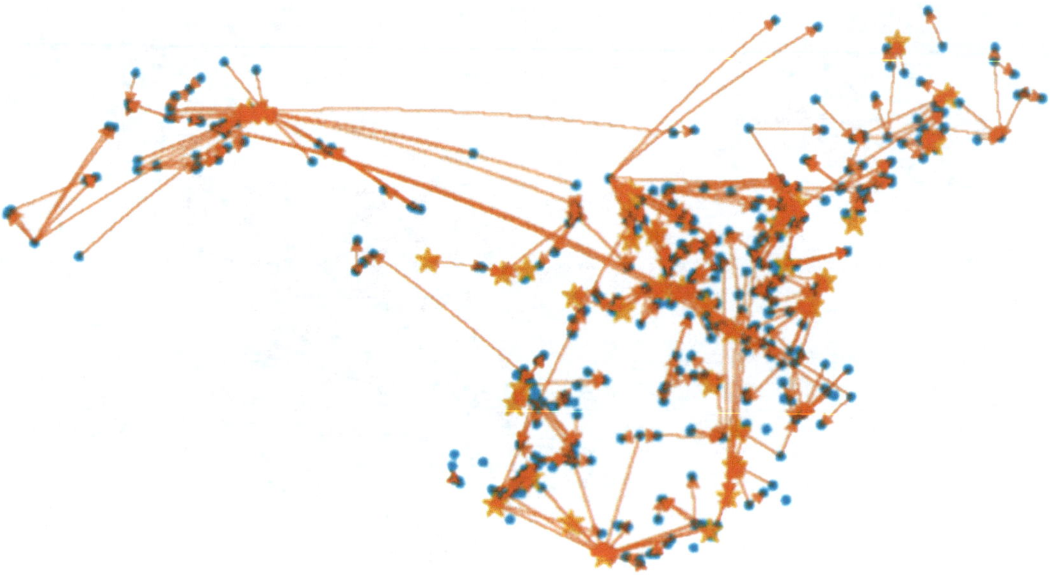

图 6-7　情景 3 的空箱调配结果

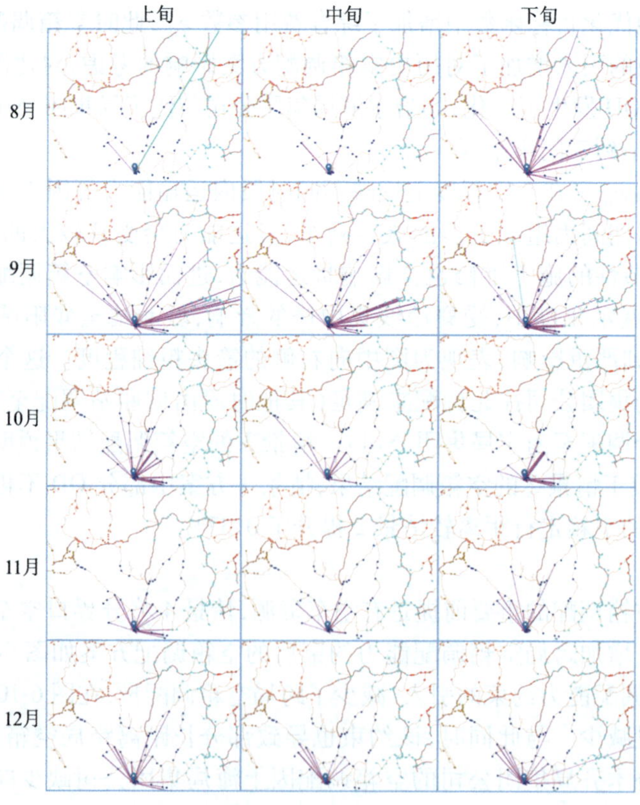

图 6-8　基于防城港站的空箱 OD

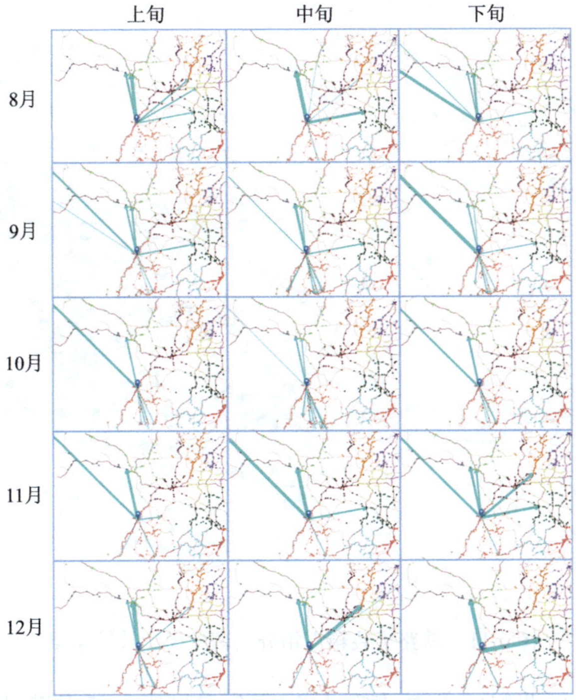

图 6-9 基于城厢站的空箱 OD

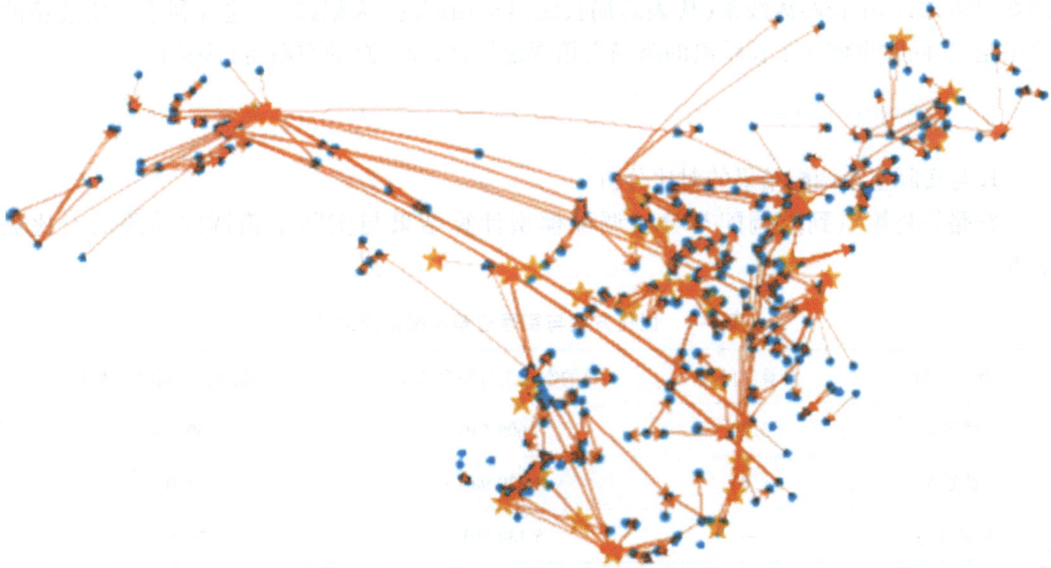

图 6-10 情景 4 的空箱调配结果

5. 情景 5

置信水平 α_i 与 α_j 都设置为 0.8 时，铁路集装箱空箱分层调配模型的计算结果如图 6-11 所示。总的空箱走行距离为 4 939 980 km，相较于情景 4 增加了 36.90%，其原因在于跨局的空箱调配都需要经过集结站进行中转集散。

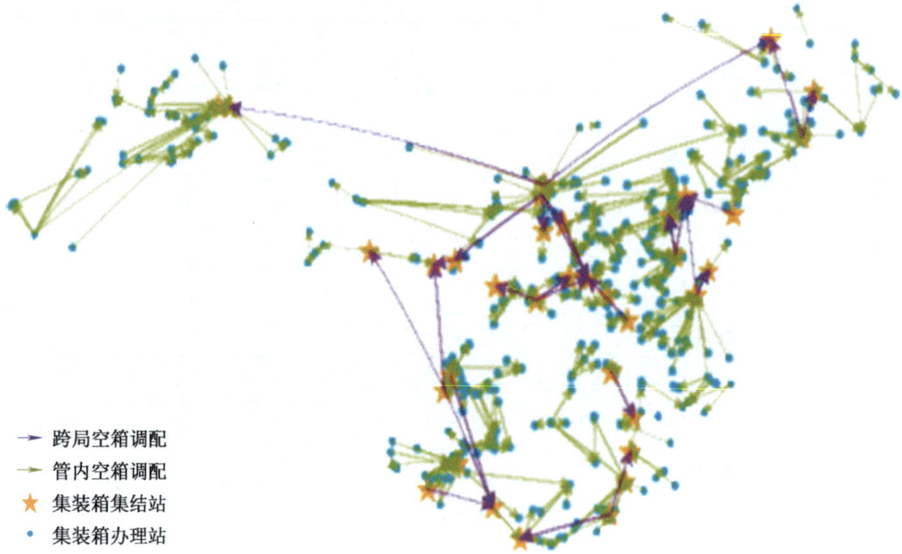

图 6-11　铁路集装箱空箱分层调配模型计算结果

在铁路集装箱分层调配模式中，铁路局集团公司将优先考虑满足局管内的空箱需求，方案中局管内调配的空箱数占比达 77.0%，相较于情景 4 提升了 7.6%。对比图 6-7 与图 6-11可知，图中长距离线条(代表跨局长距离空箱调配)大幅减少，这有利于空集装箱的集中组织，同时也增加了长距离的跨局空箱调配量，增加了总的空箱走行距离。

6.3.2　模型对比分析

1. 与实际空箱调配结果的对比分析

铁路集装箱点到点调配与分层调配模型计算结果与实际空箱调配结果的对比见表 6-4。

表 6-4　优化方案与实际空箱调配结果对比

项　　目	计算时间/s	总的空箱走行距离/km	局管内空箱调配量占比
情景 4	3.24	3 608 536	69.4%
情景 5	8.83	4 939 980	77.0%
实际调配方案	—	5 180 891	76.9%

由表 6-4 可知，情景 4 对应的空箱走行距离、局管内空箱调配量占比比其他两种案例都低，主要原因在于集装箱空箱点到点调配模式下，会出现大量跨局短距离空箱运输，如图 6-12所示，为实现总的空箱走行距离最小，部分空箱短距离由 A 局集团公司调配至 B 局集团公司，即使 A 局管范围内都不能完全满足自身的空箱需求。而基于集装箱空箱分层调配模式，优先完成局管范围内空箱需求，然后再将富余的空箱调配至外局，这导致较长距离的跨局空箱调配量的增加，提升了总的空箱走行距离。情景 5 与实际调配方案中，局管内空

箱调配量占比分别为77.0%与76.9%，总的空箱走行距离具有一定差异，原因在于集结站的选择不同，导致集散与中转空箱走行距离具有差异。

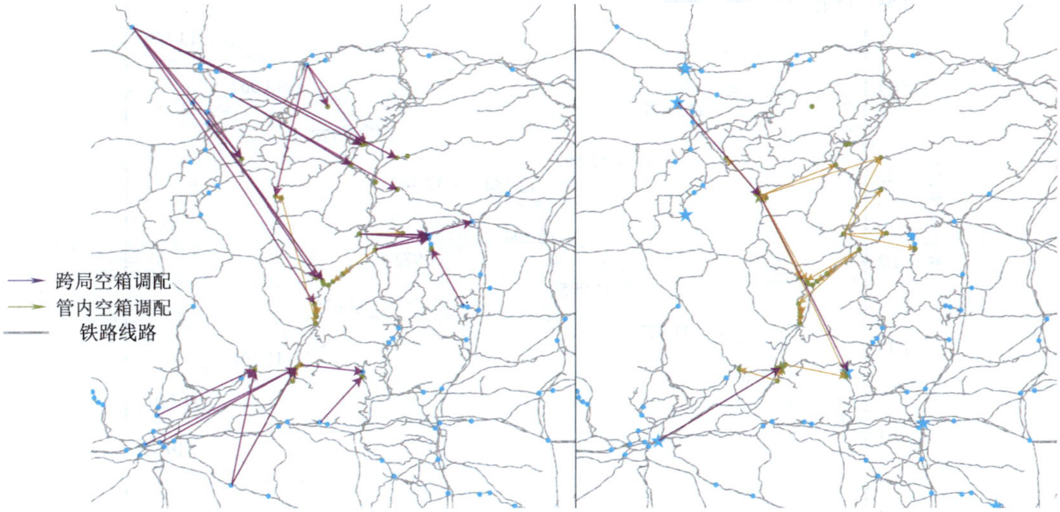

图6-12　空箱调配方案局部对比

2. 置信水平的灵敏度分析

以铁路集装箱点到点空箱调配模型为基础，分析置信水平对空箱调配方案的影响。设 $\alpha_i = \alpha_j$，即同时变化两者的值，目标函数值的变化如图6-13所示。由图6-13可知，总的空箱走行距离随着置信水平的提升而先增加后下降，当 $\alpha_i = \alpha_j = 0.5$ 时，目标函数值最大，为4 472 062 km。产生这种变化趋势的原因在于空箱供给随着置信水平的提升而提升，但空箱需求随着置信水平的提升而减少（图6-14），当 α_i 和 α_j 都取值为0.5时，空箱供需差变小，导致了最大量的空箱调配，因而总的空箱走行距离也最大。

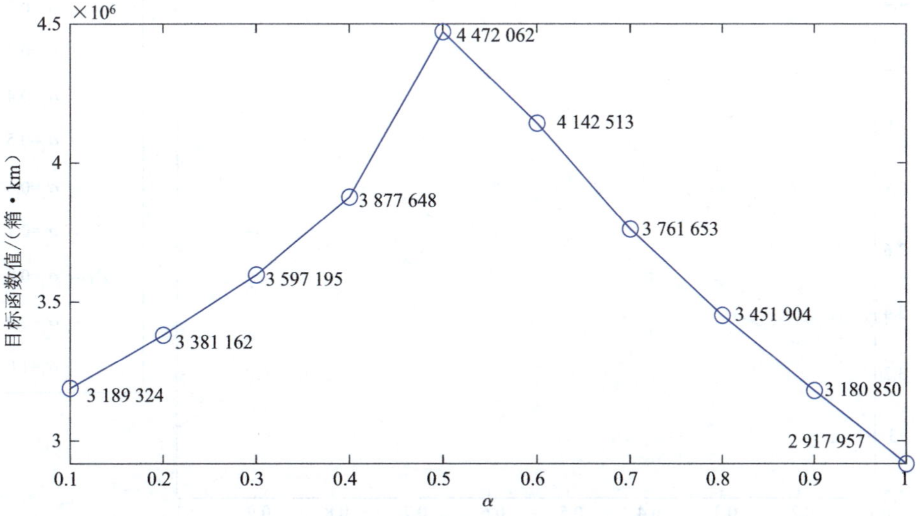

图6-13　置信水平对目标函数值的影响分析（$\alpha_i = \alpha_j$ 时）

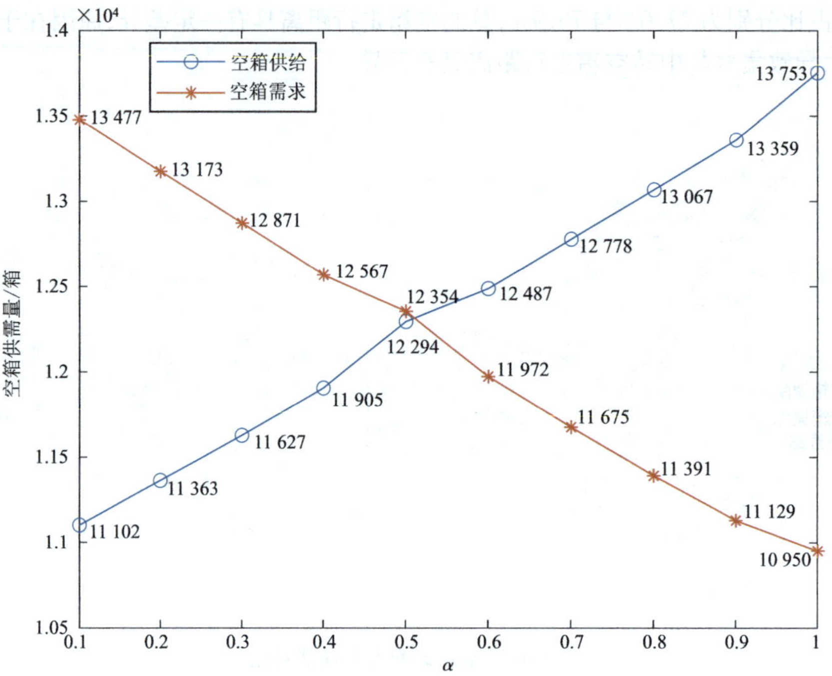

图 6-14　集装箱空箱供需量随置信水平的变化趋势

当 α_i 与 α_j 取不同的值时，两者的变化对目标函数值的影响如图 6-15 所示。当 $\alpha_i \leqslant 0.8$ 时，目标函数值随 α_j 的增大而先增加后减少，且 α_i 的取值越大，趋势转折点出现得越早。如 $\alpha_i = 0.2$，$\alpha_j > 0.8$ 时，目标函数值开始减少；$\alpha_i = 0.6$，$\alpha_j > 0.6$ 时，目标函数值开始减少。当 $\alpha_i > 0.8$ 时，经过模糊转化后的集装箱空箱供给远远大于空箱需求，且空箱需求随着 α_j

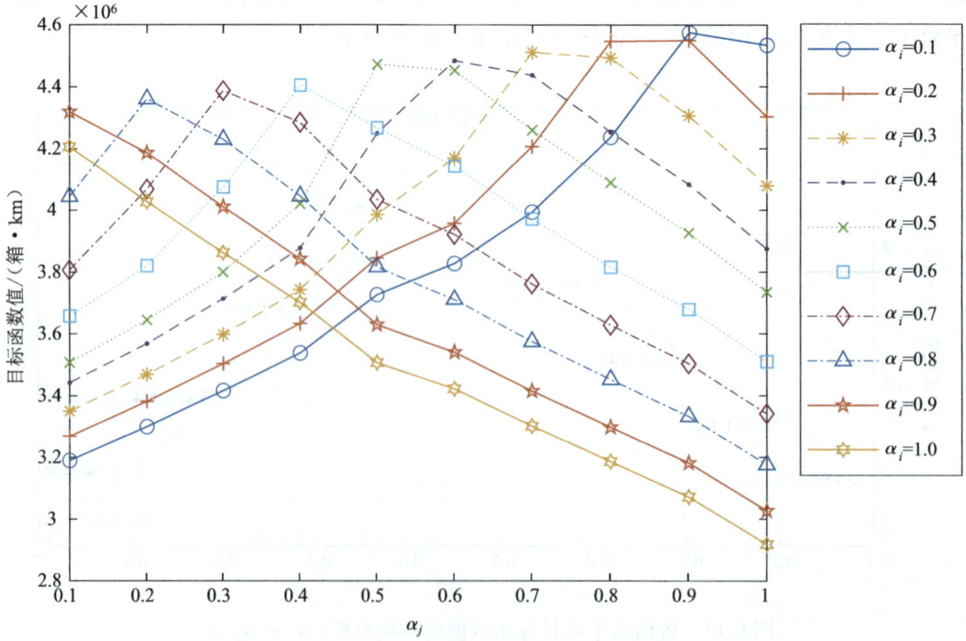

图 6-15　置信水平取值对目标函数值的影响分析

的增加而减少，导致总的空箱走行距离呈现下降趋势。相似的，当 $\alpha_j \leqslant 0.8$ 时，目标函数值随着 α_i 的增加而减少。

3. 综合费用参数灵敏度分析

由于每一对 OD 都有一对应的综合费用参数 ε_{ij}，不便于分析其对空箱调配方案的影响。为了分析综合费用参数 ε_{ij} 对空箱调配方案的影响，引入一个调节参数 θ，设计式(6-25)进而用 ε'_{ij} 替代 ε_{ij}，其中 $0 < \theta \leqslant 1$。替代之后只需变化 θ 的取值，便可获得综合费用参数对总的空箱走行距离的影响。θ 值变化的意义在于扩大综合费用参数对目标函数值的影响。

置信水平 α_i 与 α_j 都设置为 0.8 时，情景 3 与情景 4 的目标函数值随 θ 值的变化趋势如图 6-16 所示。随着 θ 值的减小，总的空箱走行距离逐渐增加，说明基于历史数据的学习判断，在运输能力等因素的影响下，部分空箱不再在最短运距 OD 间调配。

$$\varepsilon'_{ij} = \begin{cases} \theta \cdot \varepsilon_{ij}, & \text{if } \varepsilon_{ij} < 1 \\ 1, & \text{if } \varepsilon_{ij} = 1 \end{cases} \tag{6-25}$$

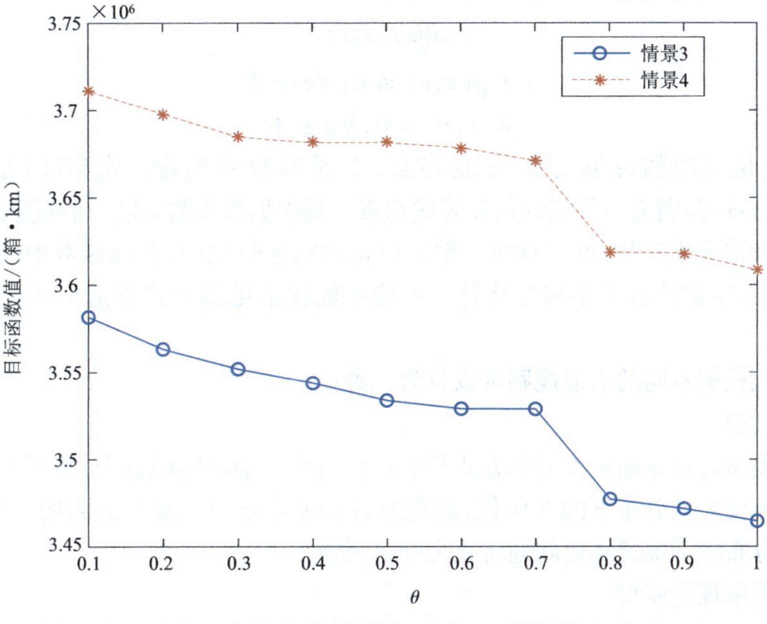

图 6-16　置信水平取值对目标函数值的影响分析

第7章　铁路集装箱空箱调配分布式鲁棒优化方法

7.1　分布式鲁棒优化策略

7.1.1　分布式鲁棒优化的基本思路

对于一般的优化问题，其数学形式一般为

$$\min_{x \in X} f(x,z) \tag{7-1}$$

$$\text{s.t. } g(x,z) \leqslant 0, \forall z \in U \tag{7-2}$$

$$h(x,z) = 0, \forall z \in U \tag{7-3}$$

其中，x 为优化问题的决策变量，z 是参数，U 是参数的集合。式(7-1)是目标函数，式(7-2)、式(7-3)分别为不等式约束和等式约束。其中如果参数 z 是一个确定的值，那么这个问题就是确定优化问题，可以直接求解。但是在实际问题中，目标函数中的参数数值常具有不确定性，于是就有了不确定优化。不确定优化常见的形式有随机优化和鲁棒优化两种。

随机优化根据不同的求解规则可以分为三类：

1. 期望模型

从期望模型处理不确定参数的方式是假定其服从一个确定的分布，将所有与不确定参数相关的值转变为该分布下的期望值，优化的目标也转化为该分布下的期望目标值，通过确定参数的分布将不确定优化问题转化为确定问题。

2. 机会约束规划模型

机会约束规划模型考虑到不确定参数导致的约束不确定问题，为了得到优化结果，允许不满足约束的情况存在，但是求解前会设定一个置信水平来保证约束条件被满足的概率在可控范围内。一般数学形式为式(7-4)，其中 α 为置信水平：

$$\min_{x \in X} f(x,z)$$

$$\text{s.t. } P\{g(x,z) \leqslant 0\} \geqslant \alpha \tag{7-4}$$

3. 相关机会约束规划模型

相关机会约束规划是当决策者面临多个事件时，希望最大化满足这些事件的概率而产生的一种规划方法。无论是期望模型还是机会约束规划模型，最终目标都是确定性优化求解并得出准确值。相关机会规划虽然求解结果是确定的，但并不代表一定实现，规划的目的是极大化该事件的实现概率。

鲁棒优化由鲁棒控制理论发展而来,鲁棒优化考虑的是不确定参数集合内所有的不确定参数,即在集合中参数向量最坏情况下的目标函数最优问题。鲁棒优化考虑不确定参数的所有情况,保证在所有情况下的约束条件都是严格成立的,其一般数学形式如式(7-5)所示:

$$\min_{x \in X} \sup \{f(x,z), z \in U\} \tag{7-5}$$

比较可知,随机规划模型依赖于精确的参数概率信息,而在实际问题中,不仅参数本身具有不确定性,参数所服从的分布也具有不确定性,因此大部分场景下都难以得到准确的分布情况。而鲁棒优化则忽略了概率信息,考虑所有可能情况,是一个半无限优化问题,求解难度大并且过于保守。分布式鲁棒优化就是一个适中的解决方案,它结合了随机规划和鲁棒优化的优点,既考虑了参数的不确定性,又考虑了参数分布的不确定性。

分布式鲁棒优化不需要准确的概率分布,它根据不确定参数的历史信息构建一个包含参数真实分布的分布模糊集,以这个模糊集中参数的最坏分布情况下目标函数的期望值求解目标,此时,优化问题的一般数学形式变为

$$\min_{x \in X} \sup_{p \in \Omega} \{E_p[f(x,z)]\} \tag{7-6}$$

其中,Ω 是根据历史信息构建的参数分布模糊集合。

应用分布式鲁棒优化求解不确定优化问题有两个关键问题需要考虑,一个是如何根据参数历史信息构造一个合适的包含参数真实分布的模糊集;另一个是如何求解分布式鲁棒优化模型。根据构造模糊集的方式不同,可将分布式鲁棒优化模型分为基于矩不确定的分布式鲁棒优化和基于概率距离的分布式鲁棒优化。

7.1.2　分布集设计方法

1. 基于矩不确定的分布式鲁棒优化

在统计学中,常用均值和方差来描述样本的分布特征,进而做出分析,其中的均值和方差其实就是样本的矩信息,均值是一阶矩,方差是二阶矩。基于矩不确定的分布式鲁棒优化根据参数历史信息中的矩信息来构建模糊集,它考虑的是参数所服从分布的期望、方差等矩的不确定性,限定这些矩满足一定的约束条件,构建矩的波动集合从而构建参数分布的模糊集,其一般数学形式如式(7-7)所示:

$$\Omega = \left\{ p \in \Psi \,\middle|\, \begin{array}{c} P[z \in \Psi] = 1 \\ E[z] \leqslant \mu \\ E[Z^{\mathrm{T}} Z] \leqslant \sigma \\ \cdots \end{array} \right\} \tag{7-7}$$

式中,Ψ 是参数分布所属的空间集合, $E[z]$ 和 $E[Z^{\mathrm{T}}Z]$ 分别是参数的一阶矩和二阶矩,μ 和 σ 分别是一阶矩和二阶矩的限定参数。Ω 中的第一个限定条件表示参数 z 的所有值都在空间 Ψ 内,第二个限定条件表示参数 z 的所有分布一阶矩都小于等于 μ ,第三个限定条件表示参数 z 所有分布的二阶矩都小于等于 σ 。

2. 基于概率距离的分布式鲁棒优化

基于概率距离的分布式鲁棒优化基于参数的历史数据得到参数的经验分布,在概率空间中构建一个以经验分布为中心的概率球,并认为参数的真实分布在这个球中。其模糊集的一般数学形式如式(7-8)所示:

$$\Omega = \{p \in \Psi | d(p_N, p) \leqslant \rho\} \tag{7-8}$$

其中，p_N 是参数 z 的经验分布，$d(p_N,p)$ 表示在某种度量下经验分布 p_N 与其他分布的距离，ρ 为设定的距离值，即概率球的半径。那么决定这个概率球的两大因素就是球心 p_N 和半径 ρ，其中球心一般由经验分布所得，半径的选择则是决定概率球能否有效包含经验分布的决定因素。在决定半径大小之前，需要明确的是衡量距离的度量，即采取何种度量方式来衡量两个分布之间的距离。衡量分布距离或分布相似度的方式有多种，比如常见的 Kullback-Leibler 散度、Hellinger 距离、Totao Variation 距离、Wasserstein 距离等。

7.2 铁路集装箱空箱调配分布式鲁棒优化模型

研究全路空箱调配方案优化问题，还面临如下难点：

(1)空箱供需不平衡时，如何通过空箱调配使得所有办理站将在站空箱维持在合适水平。如空箱供给大于需求时，需将以到达重箱为主的办理站的部分空箱排出，避免办理站拥堵导致不能正常接车与卸箱，同时给部分没有空箱需求的办理站调配空箱，以确保集装箱的有序周转。

(2)办理站空箱调配周期内发重、到重受运输市场波动、路网条件等影响，导致该问题具有不确定性，如何得到具有较强鲁棒性的空箱调配方案，适应集装箱供需不确定的影响。

为解决上述问题，依托既有“集装箱运输全程追踪系统”的基础数据，计算历史计划周期内的“净空箱需求”和“净空箱余量”，并设计满足这些概率信息的分布集合，从集装箱周转流程出发，构建一定概率条件下满足空箱调配需求的机会约束，从而提出适应中国铁路两层级调配模式下的全路集装箱空箱调配分布式鲁棒机会约束优化模型，研究分布不确定集合最坏情况下仍能以一定概率满足车站发重需求和车站到重接车需求的空箱调配优化问题，实现以下空箱调配效果：

(1)车站当前在站空箱与计划周期调入空箱之和不能超过办理站的集装箱堆存能力。

(2)在满足办理站货物装箱的前提下，根据当前在站空箱、堆存能力将一定数量空箱排出至空箱需求站或有空闲堆存能力的办理站，实现供需不平衡时集装箱空箱的有序周转。

其中，定义计划周期内发重与到重之差为“净空箱需求”，到重与发重之差为“净空箱余量”。

全路空箱调配方案以 5 d 为周期进行滚动编制，重箱转化为可用空箱的时间初步测算约为 20 h，因此假设当前编制周期到达的重箱都可转化为可用空箱用于满足后续装箱发重需求。与此同时，本模型不考虑箱种代用。模型参数、集合及变量定义见表 7-1。

表 7-1　参数、集合及变量定义

类　型	符　号	定　　义
集合	B	铁路局集团公司的集合，b 和 b' 为索引
	I	集装箱办理站的集合，定义 I_b 为属于铁路局集团公司 b 的集装箱办理站的集合，所以 $I=\bigcup_{b\in B} I_b$
	I_b	属于铁路局集团公司 b 的集装箱办理站的集合，i 和 j 为索引
	K	集装箱集结站的集合，K_b 为属于铁路局集团公司 b 的集装箱集结站的集合，$k \in K_b$
参数	μ_i^1	集装箱办理站 i 净空箱需求的期望
	σ_i^2	集装箱办理站 i 净空箱需求的方差

续上表

类型	符号	定义
参数	μ_i^2	集装箱办理站 i 净空箱余量的期望，且净空箱余量的方差等于净空箱需求的方差
	d_{ij}	集装箱站(包括办理站和集结站) i 和 j 之间的运输距离
	c_i	集装箱办理站 i 的空箱堆存能力限制
	s_i	集装箱办理站 i 的当前实际在站空箱数量
	$c_{bb'}$	铁路局集团公司 b 和 b' 间的跨局空箱调配能力，由铁路局集团公司 b 和 b' 间的空车调配方案和局别分界口月计划决定
	n_b	铁路局集团公司 b 局管范围内实际参与空箱调配的集装箱集结站数量上限
	Γ^1	概率分布 P^1 的集合，其中 P^1 表示满足分布约束条件的随机变量 l_i^1 任一概率分布
	Γ^2	概率分布 P^2 的集合，其中 P^2 表示满足分布约束条件的随机变量 l_i^2 任一概率分布
	p^1,p^2	机会约束的概率下界
	R,M	一个很大的正整数
变量	l_i^d	随机变量，集装箱办理站 i 在空箱调配方案制订周期内发出的重集装箱数量
	l_i^a	随机变量，集装箱办理站 i 在空箱调配方案制订周期内到达的重集装箱数量
	l_i^1	随机变量，集装箱办理站 i 在空箱调配方案制订周期内的"净空箱需求"量，$l_i^1=l_i^d-l_i^a$
	l_i^2	随机变量，集装箱办理站 i 在空箱调配方案制订周期内的"净空箱余量"，$l_i^2=l_i^a-l_i^d=-l_i^1$
	x_{ij}	实型决策变量，从集装箱站 i 运输至 j 的空箱数量
	$z_{kk'}$	实型决策变量，从集装箱集结站 k 运输到 k' 的空箱数量
	y_k	0-1 决策变量，当集装箱集结站 k 实际参与空箱调配时取 1，否则取 0
	$y_{kk'}$	0-1 决策变量，当集装箱集结站 k 与 k' 间有空箱调配时取 1，否则取 0。
	m_i	实型决策变量，集装箱办理站 i 虚拟的空箱数
	n_i	实型决策变量，集装箱办理站 i 虚拟的空箱堆存能力

为了实现集装箱办理站在不确定性环境下对空箱资源进行合理调配，考虑每个集装箱办理站 i 分别至少以 p^1、p^2 的概率使得可用的空箱数量不少于该办理站发出的重箱数量 l_i^d，集装箱堆场空闲堆存位不小于该办理站到达的重箱数量 l_i^a，分别如式(7-9)、式(7-10)所示。其中，可用空箱数量取决于该办理站的目前在站空箱数量、下一计划周期到重数量、空箱调出量和调入量；集装箱堆场空闲堆存位取决于空箱堆存能力、目前在站空箱数量、下一计划周期发重数量、空箱调出量和调入量。

$$P\left(s_i + l_i^a + \sum_{j\in I_b} x_{ji} + \sum_{k\in K_b} x_{ki} - \sum_{j\in I_b} x_{ij} - \sum_{k\in K_b} x_{ik} + m_i \geqslant l_i^d\right) \geqslant p^1 \tag{7-9}$$

$$P\left(c_i - s_i + l_i^d - \sum_{j\in I_b} x_{ji} - \sum_{k\in K_b} x_{ki} + \sum_{j\in I_b} x_{ij} + \sum_{k\in K_b} x_{ik} + n_i \geqslant l_i^a\right) \geqslant p^2 \tag{7-10}$$

因此铁路集装箱空箱调配分布式鲁棒优化模型可表示为

$$\min Z = \sum_{b\in B}\left[\sum_{i\in I_b}\sum_{j\in I_b} x_{ij}d_{ij} + \sum_{i\in I_b}\sum_{k\in K_b} x_{ik}d_{ik} + \sum_{k\in K_b}\sum_{k'\in K/K_b} z_{kk'}d_{kk'} + \sum_{j\in I_b}\sum_{k\in K_b} x_{kj}d_{kj} + \sum_{i\in I_b} R(m_i + n_i)\right] \tag{7-11}$$

$$\min_{P^1 \in \Gamma^1} P\left(s_i + \sum_{j \in I_b} x_{ji} + \sum_{k \in K_b} x_{ki} - \sum_{j \in I_b} x_{ij} - \sum_{k \in K_b} x_{ik} + m_i \geqslant l_i^1\right) \geqslant p^1, \forall i \in I_b, b \in B \tag{7-12}$$

$$\min_{P^2 \in \Gamma^2} P\left(c_i - s_i - \sum_{j \in I_b} x_{ji} - \sum_{k \in K_b} x_{ki} + \sum_{j \in I_b} x_{ij} + \sum_{k \in K_b} x_{ik} + n_i \geqslant l_i^2\right) \geqslant p^2, \forall i \in I_b, b \in B \tag{7-13}$$

$$\sum_{j \in I_b} x_{ij} + \sum_{k \in K_b} x_{ik} \leqslant s_i, \forall i \in I_b, b \in B \tag{7-14}$$

$$\sum_{j \in I_b} x_{ji} + \sum_{k \in K_b} x_{ki} \leqslant c_i - s_i, \forall i \in I_b, b \in B \tag{7-15}$$

$$\sum_{i \in I_b} x_{ik} \leqslant M y_k, \forall k \in K_b, b \in B \tag{7-16}$$

$$\sum_{j \in I_b} x_{kj} \leqslant M y_k, \forall k \in K_b, b \in B \tag{7-17}$$

$$\sum_{k \in K_b} y_k \leqslant n_b, \forall b \in B \tag{7-18}$$

$$\sum_{i \in I_b} x_{ik} = \sum_{k' \in K/K_b} z_{kk'}, \forall k \in K_b, b \in B \tag{7-19}$$

$$\sum_{j \in I_b} x_{kj} = \sum_{k' \in K/K_b} z_{k'k}, \forall k \in K_b, b \in B \tag{7-20}$$

$$z_{kk'} \leqslant M y_{kk'}, \forall k \in K_b, k' \in K_{b4'}, b \neq b' \in B \tag{7-21}$$

$$y_{kk'} \leqslant y_k, \forall k \in K_b, k' \in K_{b'}, b \neq b' \in B \tag{7-22}$$

$$y_{kk'} \leqslant y_{k'}, \forall k \in K_b, k' \in K_{b'}, b \neq b' \in B \tag{7-23}$$

$$y_{kk'} \geqslant y_k + y_{k'} - 1, \forall k \in K_b, k' \in K_{b'}, b \neq b' \in B \tag{7-24}$$

$$\sum_{k \in K_b} \sum_{k' \in K_{b'}} z_{kk'} \leqslant c_{bb'}, \forall b, b' \in B, b \neq b' \tag{7-25}$$

$$y_k, y_{kk'} \in \{0,1\}; x_{ij}, x_{ik}, x_{kj}, z_{kk'}, m_i, n_i \in N \tag{7-26}$$

模型中，目标函数(7-11)为最小化空箱走行距离与调度虚拟空箱惩罚值；约束(7-12)和约束(7-13)为考虑集装箱办理站 i 不确定净空箱需求 l_i^1 和不确定净空箱余量 l_i^2 最坏分布情况下的机会约束，式中变量 m_i、n_i 用于保证模型在任意参数条件下都有解；约束(7-14)表示集装箱办理站空箱调出量的数量限制；约束(7-15)表示集装箱办理站空箱调入量的数量限制；约束(7-16)至约束(7-18)表示集装箱集结站参与空箱调配的选择，其中约束(7-16)、约束(7-17)表示只有被选为集结站才能中转跨局空箱，约束(7-18)表示每个铁路局集团公司最多参与空箱调配的集装箱集结站的数量；约束(7-19)和约束(7-20)表示跨局空箱调配的流平衡约束；约束(7-21)至约束(7-24)用于线性化约束 $z_{kk'} \leqslant M y_k y_{k'}$，详细表述可见文献[59]；约束(7-25)确保两个铁路局集团公司间调配的空箱数量不能超过能力限制；约束(7-26)为决策变量逻辑关系约束。

7.3 模型转换与求解

上述模型因机会约束(7-12)及约束(7-13)的存在无法直接求解，需进行转换处理，对于约束(7-12)，因为 $P\left(s_i + \sum_{j \in I_b} x_{ji} + \sum_{k \in K_b} x_{ki} - \sum_{j \in I_b} x_{ij} - \sum_{k \in K_b} x_{ik} + m_i \geqslant l_i^1\right) \geqslant p^1$ 和 $P\Big(s_i +$

$\sum_{j\in I_b} x_{ji} + \sum_{k\in K_b} x_{ki} - \sum_{j\in I_b} x_{ij} - \sum_{k\in K_b} x_{ik} + m_i \leqslant l_i^1 \Big) \leqslant 1 - p^1$ 等价,所以约束(7-12)等价于约束(7-27),进一步可转换得到确定性约束(7-28)。

$$\max_{P^1 \in \Gamma^1} P\left(s_i + \sum_{j\in I_b} x_{ji} + \sum_{k\in K_b} x_{ki} - \sum_{j\in I_b} x_{ij} - \sum_{k\in K_b} x_{ik} + m_i \leqslant l_i^1 \right) \leqslant 1 - p^1, \forall i \in I_b, b \in B \tag{7-27}$$

$$\sqrt{\frac{p^1}{1-p^1}} \sqrt{\sigma_i^2} + \mu_i^1 \leqslant s_i + \sum_{j\in I_b} x_{ji} + \sum_{k\in K_b} x_{ki} - \sum_{j\in I_b} x_{ij} - \sum_{k\in K_b} x_{ik} + m_i, \forall i \in I_b, b \in B \tag{7-28}$$

转换过程证明如下(数学符号说明,$\boldsymbol{A} \geqslant \boldsymbol{B}$、$\boldsymbol{A} > \boldsymbol{B}$ 分别表示矩阵 $\boldsymbol{A} - \boldsymbol{B}$ 为半正定、正定矩阵):

首先定义 $s_i + \sum_{j\in I_b} x_{ji} + \sum_{k\in K_b} x_{ki} - \sum_{j\in I_b} x_{ij} - \sum_{k\in K_b} x_{ik} + m_i$ 为 ω_i,并提出引理1:式(7-27)等价于式(7-29)。

$$\begin{gathered} \langle \boldsymbol{M}_i, \textstyle\sum_i \rangle \leqslant 1 - p^1, \lambda_i \geqslant 0, \boldsymbol{M}_i \geqslant 0 \\ \boldsymbol{M}_i + \begin{bmatrix} 0 & -\lambda_i \\ -\lambda_i & 2\lambda_i \omega_i - 1 \end{bmatrix} \geqslant 0 \end{gathered} \tag{7-29}$$

式(7-29)中,$\sum_i$ 为二阶矩阵,当已知第 i 个集装箱办理站净空箱需求 L_i^1 的均值和方差时,$\sum_i = E\left(\begin{bmatrix} L_i^1 \\ 1 \end{bmatrix} \begin{bmatrix} L_i^1 \\ 1 \end{bmatrix}^{\mathrm{T}} \right) = \begin{bmatrix} \sigma_i^2 + (\mu_i^1)^2 & \mu_i^1 \\ \mu_i^1 & 1 \end{bmatrix}$,其中 $\sigma_i^2 + (\mu_i^1)^2$ 为二阶矩量,且若 $\sigma_i^2 > 0$,则 $\sum_i > 0$,为正定矩阵;$\langle \boldsymbol{M}_i, \sum_i \rangle = \mathrm{tr}(\boldsymbol{M}_i, \sum_i)$,表示矩阵 $\boldsymbol{M}_i$、$\sum_i$ 的迹。

证明:对于 $\forall i \in I_b, b \in B$,定义示性函数

$$\phi(L_i^1) = \begin{cases} 1, & \omega_i \leqslant L_i^1 \\ 0, & \text{其他} \end{cases} \tag{7-30}$$

则优化问题 $\max_{P^1 \in \Gamma^1} P(\omega_i \leqslant l_i^1)$ 可表示为

$$\begin{gathered} \max \int \phi(L_i^1) \mathrm{d}P^1 \\ \text{s.t.} \int \begin{bmatrix} L_i^1 \\ 1 \end{bmatrix} \begin{bmatrix} L_i^1 \\ 1 \end{bmatrix}^{\mathrm{T}} \mathrm{d}P^1 = \textstyle\sum_i \end{gathered} \tag{7-31}$$

通过引入拉格朗日乘积项变量矩阵 $\boldsymbol{M}_i$,将式(7-31)转化为求解无约束的极值问题:

$$\begin{aligned} L(P^1, \boldsymbol{M}_i) &= \int \phi(L_i^1) \mathrm{d}P^1 + \left\langle \boldsymbol{M}_i, \textstyle\sum_i - \int \begin{bmatrix} L_i^1 \\ 1 \end{bmatrix} \begin{bmatrix} L_i^1 \\ 1 \end{bmatrix}^{\mathrm{T}} \mathrm{d}P^1 \right\rangle \\ &= \langle \boldsymbol{M}_i, \textstyle\sum_i \rangle + \int \left[\phi(L_i^1) - \left(\begin{bmatrix} L_i^1 \\ 1 \end{bmatrix}^{\mathrm{T}} \boldsymbol{M}_i \begin{bmatrix} L_i^1 \\ 1 \end{bmatrix} \right) \right] \mathrm{d}P^1 \end{aligned} \tag{7-32}$$

因为 $\sum_i > 0$,强对偶条件成立,定义 $f(L_i^1) = \begin{bmatrix} L_i^1 \\ 1 \end{bmatrix}^{\mathrm{T}} \boldsymbol{M}_i \begin{bmatrix} L_i^1 \\ 1 \end{bmatrix}$,则上述问题与式(7-33)等价。

$$\min_{\boldsymbol{M}_i = \boldsymbol{M}_i^{\mathrm{T}}} \max_{P^1 \in \Gamma^1} \langle \boldsymbol{M}_i, \textstyle\sum_i \rangle + \int (\phi(L_i^1) - f(L_i^1)) \mathrm{d}P^1 \tag{7-33}$$

其中，

$$\max_{P^1 \in \Gamma^1} \langle \boldsymbol{M}_i, \sum_i \rangle + \int (\phi(L_i^1) - f(L_i^1)) \mathrm{d}P^1 = \begin{cases} \langle \boldsymbol{M}_i, \sum_i \rangle, \phi(L_i^1) \leqslant f(L_i^1) \\ +\infty, 其他 \end{cases} \tag{7-34}$$

当且仅当 $\varphi(L_i^1) - f(L_i^1) \leqslant 0$ 时，式(7-33)存在有限最小值，共包括以下两种情况：

①$f(L_i^1) \geqslant 0$，对于任意的 $L_i^1 \in R$。

②$f(L_i^1) \geqslant 1$，对于任意的 $L_i^1 \in R$，$\omega_i \leqslant L_i^1$ 成立。

其中情况①等价于 $\boldsymbol{M}_i \geqslant 0$，情况②成立于当且仅当存在 $\lambda_i \geqslant 0$ 使得 $f(L_i^1) \geqslant 1 - 2\lambda_i(\omega_i - L_i^1)$ 的情况，即存在 $\lambda_i \geqslant 0$，使

$$\boldsymbol{M}_i > 0$$

$$\boldsymbol{M}_i + \begin{bmatrix} 0 & -\lambda_i \\ -\lambda_i & 2\lambda_i\omega_i - 1 \end{bmatrix} \geqslant 0 \tag{7-35}$$

因此式(7-31)等价于式(7-36)[60]：

$$\begin{gathered} \min \langle \boldsymbol{M}_i, \sum_i \rangle \\ \text{s.t. } \lambda_i \geqslant 0, \\ \boldsymbol{M}_i \geqslant 0 \\ \boldsymbol{M}_i + \begin{bmatrix} 0 & -\lambda_i \\ -\lambda_i & 2\lambda_i\omega_i - 1 \end{bmatrix} \geqslant 0 \end{gathered} \tag{7-36}$$

因此证明机会约束(7-27)改写后等价于式(7-29)中的问题。进一步地，由参考文献[61]可知以下两条性质等价：

①$\sqrt{\dfrac{1-\varepsilon}{\varepsilon}} \| \Sigma^{1/2} \boldsymbol{w} \|_2 - \boldsymbol{x}^{\mathrm{T}} \boldsymbol{w} \leqslant \gamma$，其中 $\varepsilon \in (0,1]$，Σ 为协方差矩阵，$\boldsymbol{x}$ 为期望向量，$\boldsymbol{w}$ 为分配向量，$\gamma \in \mathrm{R}$。

②存在一个对称矩阵 $\boldsymbol{M}$ 和 $\tau \in R$，令

$$\langle \boldsymbol{M}, \sum \rangle \leqslant \tau\varepsilon, \boldsymbol{M} \geqslant 0, \tau \geqslant 0$$

$$\boldsymbol{M} + \begin{bmatrix} 0 & \boldsymbol{w} \\ \boldsymbol{w}^{\mathrm{T}} & 2\gamma - \tau \end{bmatrix} \geqslant 0 \tag{7-37}$$

将式(7-29)中各式两边均除以 λ_i，再令 $\boldsymbol{M}_i/\lambda_i$ 替换为 $\boldsymbol{M}_i$，$1/\lambda_i$ 替换为 λ_i，则

$$\langle \boldsymbol{M}_i, \sum_i \rangle \leqslant \lambda_i(1 - p^1), \boldsymbol{M}_i \geqslant 0, \lambda_i \geqslant 0$$

$$\boldsymbol{M}_i + \begin{bmatrix} 0 & -1 \\ -1 & 2\omega_i - \lambda_i \end{bmatrix} \geqslant 0 \tag{7-38}$$

最终得到式(7-29)的等价形式为 $\sqrt{\dfrac{p^1}{1-p^1}} \sqrt{\sigma_i^2} + \mu_i^1 \leqslant s_i + \sum_{j \in I_b} x_{ji} + \sum_{k \in K_b} x_{ki} - \sum_{j \in I_b} x_{ij} - \sum_{k \in K_b} x_{ik} + m_i, \forall i \in I_b, b \in B$。同理将关于不确定净空箱余量的分布式鲁棒机会约束(7-13)转换为式(7-39)。

$$\sqrt{\frac{p^2}{1-p^2}} \sqrt{\sigma_i^2} + \mu_i^2 \leqslant c_i - s_i - \sum_{j \in I_b} x_{ji} - \sum_{k \in K_b} x_{ki} + \sum_{j \in I_b} x_{ij} + \sum_{k \in K_b} x_{ik} + n_i, \forall i \in I_b, b \in B \tag{7-39}$$

将式(7-28)的$\sqrt{\frac{p^1}{1-p^1}}\sqrt{\sigma_i^2}+\mu_i^1$定义为集装箱办理站“可能净空箱需求”，将式(7-39)的$\sqrt{\frac{p^2}{1-p^2}}\sqrt{\sigma_i^2}+\mu_i^2$定义为集装箱办理站“可能净空箱余量”。机会约束(7-12)、约束(7-13)转换后，模型变为确定性的混合整数规划模型，可采用 Cplex 等优化软件求解。

7.4　案例分析

7.4.1　数据说明

中国铁路“集装箱运输全程追踪系统”包含各周期全路集装箱办理站日均发重、日均到重、日均发空、日均到空、当日在站空箱以及箱型、箱类等数据。分箱型、箱类对 2022 年 7 月日均发重数据统计可知，全路对于 20 英尺 35 t 敞顶箱的需求最大，约占全部箱型发重的 69.8%，因此选取 2021 年 7 月至 2022 年 7 月一年的 20 英尺 35 t 敞顶箱相关数据进行全路空箱调配优化的研究，以编制 8 月 1 日至 8 月 5 日的空箱调配方案，其中各集装箱办理站空箱堆存能力参数 c_i 取一年所有周期中最大当日实际在站空箱数量值。另外，虽然开通办理此敞顶箱业务的集装箱办理站共有 2 000 余个，但结合办理站到发重、到发空等指标，发现部分车站实际生产中涉及集装箱相关业务较少。根据各集装箱办理站相关统计数据对输入模型车站数量进行排序及筛选，最终选取办理量较大的 509 个车站，再对其一年到发重数据进行处理得到各办理站净空箱需求和净空箱余量的均值和方差。在 Windows11 操作系统，CPU 为 AMD Ryzen 7 5800H 的电脑上运用 Cplex 对模型进行求解，计算时间都在 3 s 左右。

7.4.2　分布式鲁棒机会约束的作用分析

首先将式(7-39)进行移项，得到式(7-40)：

$$\sum_{j\in I_b}x_{ji}+\sum_{k\in K_b}x_{ki}\leqslant c_i-s_i-\sqrt{\frac{p^2}{1-p^2}}\sqrt{\sigma_i^2}-\mu_i^2+\sum_{j\in I_b}x_{ij}+\sum_{k\in K_b}x_{ik}+n_i,\forall i\in I_b,b\in B \tag{7-40}$$

对比式(7-15)与式(7-40)可知，约束(7-13)与约束(7-15)对模型最优解的影响程度决于式(7-40)中$-\sqrt{\frac{p^2}{1-p^2}}\sqrt{\sigma_i^2}-\mu_i^2+\sum_{j\in I_b}x_{ij}+\sum_{k\in K_b}x_{ik}+n_i$与 0 的大小关系。为了验证分布式鲁棒机会约束空箱调配模型中约束(7-13)的作用，设计三种情形进行对比分析。情形一为不考虑原模型中的约束(7-13)和约束(7-15)；情形二为不考虑原模型中的约束(7-13)，即在情形一的基础上进一步考虑集装箱办理站的空箱堆存能力；情形三即为原模型，该情形除将情形二的约束条件全部纳入外，还考虑集装箱办理站净空箱余量处于最坏分布情况下，堆场在调出调入空箱后还能以一定概率堆放得下计划周期内所有到重，确保不妨碍后续的接车作业。

图 7-1 显示了三种情形下实际空箱总的走行公里与调配空箱数量随 p^1、p^2 的变化情况(其中情形一与情形二未涉及 p^2)。在服务水平参数均逐渐增大的过程中，三种情形的线条在 p^1、$p^2\in[0.1,0.5]$时十分接近，即此时三种情形所得的空箱调配方案差异较小。但当

$p^1=p^2\geqslant 0.6$ 时，情形三与其他两种情形在实际空箱走行公里、调配空箱数量上开始出现差异，且差值不断扩大。这说明在所有服务水平参数组合下约束(7-15)对于模型的影响均较小，大部分集装箱办理站的空箱堆存能力相较于空箱调入量较为富余；而约束(7-13)在 p^2 取较大值时影响极大，表现为部分典型空箱“排空站”(历史上车站到重始终远大于发重)在 p^2 取较大值时，为确保计划周期内到重接车作业的正常进行，需排出较多的当前在站空箱，以便将空箱堆存位空出，即为避免典型“排空站”因堆存能力不足而不能正常接车，进而导致运输站点、网络拥堵，而排出超过实际需求量的空箱。该结论与实际生产组织策略相符，如在空箱供给大于需求的季节，为确保集装箱的有序周转，调度部门将空箱由“排空站”调配至其他铁路局集团公司内有堆存能力富余的办理站，使得这些“排空站”的堆存能力处于较高的服务水平。

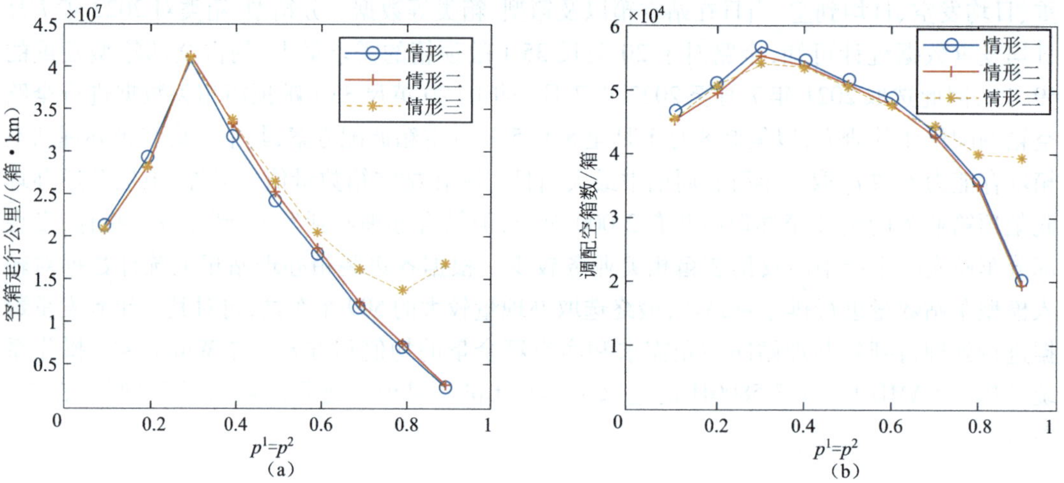

图 7-1　三种情形空箱走行公里、调配空箱数量随 p^1、p^2 的变化情况

选择典型“排空站”奈曼站做进一步说明，表 7-2 中展示了当 p^1、p^2 取 0.2 及 0.8 时三种情形下奈曼站涉及的相关参数与空箱调配量。$p^1=p^2=0.2$ 时，三种情形下调配空箱数相同；而 $p^1=p^2=0.8$ 时，情形三为保证能堆放到重转化后的 236 箱空箱，相较于其他情形多排出了当前在站空箱中的 108 箱空箱。

表 7-2　奈曼站变化情况

p^1、p^2 取值	情　形	空箱堆存能力/箱	在站空箱/数	可能净空箱需求量/箱	可能净空箱余量/箱	虚拟空箱变量/箱	虚拟堆存变量/箱	调出空箱数/箱	调入空箱数/箱
$p^1=p^2=0.2$	情形一	—	136	-6	—	0	—	46	0
	情形二	261			—	0	—	46	0
	情形三				98	0	0	46	0
$p^1=p^2=0.8$	情形一	—		133	—	0	—	3	0
	情形二	261			—	0	—	3	0
	情形三				236	108	0	111	0

为了从数值上说明分布式鲁棒机会约束(7-13)对模型的决定性作用，对情形二、三中

所有集装箱办理站的约束(7-13)或约束(7-15)是否为紧约束进行分析。在运筹学中,紧约束指的是一组不等式约束条件在满足最优解时达到等号成立的情况,为起作用约束,反之为松约束,表7-3展示了所有集装箱办理站中约束(7-13)及约束(7-15)为紧约束的比例。从表7-3中可看出情形二与情形三在 p^1、p^2 取0.1至0.5区间内值时,约束(7-13)或约束(7-15)为紧约束的比例都处于一个较低的水平。$p^1 = p^2 = 0.6$ 及继续增大时,情形三约束(7-13)为紧约束的比例快速提升,同时情形二与情形三约束(7-15)为紧约束的比例仍在一个较低的范围内波动,与图7-1中三种情形线条的变化趋势相符,验证了分布式鲁棒机会约束(7-13)的作用,即集装箱办理站的在站空箱不应影响到重接车作业的"排空"思想。

表7-3　情形二、三中约束(7-13)或约束(7-15)为紧约束的比例

p^1、p^2 取值	情形二		情形三	
	约束(7-13)	约束(7-15)	约束(7-13)	约束(7-15)
0.1	—	1.96%	8.06%	1.96%
0.2		2.16%	9.43%	2.16%
0.3		4.52%	10.02%	3.54%
0.4		5.30%	11.59%	5.30%
0.5		6.48%	12.97%	5.50%
0.6		7.66%	17.09%	6.88%
0.7		9.63%	27.31%	6.88%
0.8		11.79%	39.69%	3.73%
0.9		7.07%	61.89%	2.16%

7.4.3　灵敏度分析

基于情形三的空箱调配分布式鲁棒机会约束模型,对 p^1、p^2 进行灵敏度分析。

1. p^1、p^2 同时改变

图7-2为总可能净空箱需求(所有集装箱办理站可能净空箱需求之和)随 p^1、p^2 的变化情况($\sqrt{\frac{p^1}{1-p^1}}\sqrt{\sigma_i^2}+\mu_i^1$ 决定了可能净空箱需求随 p^1 递增,而不受 p^2 影响),结合图7-1及约束(7-13)对模型影响的分析,可知在 p^1、p^2 取值0.1~0.3时,实际空箱走行公里、调配空箱数增长的原因为总在站空箱基本能满足总可能净空箱需求,且总可能净空箱需求越大,调配箱数越大,实际空箱走行公里越大;而当 p^1、p^2 取值0.4~0.9时,总在站空箱小于总可能净空箱需求,各办理站会将更多的空箱留在本站以满足计划周期的装箱与发重需求,导致总体空箱调配箱数减少。至于因约束(7-13)影响下的部分集装箱办理站为到重接车而调出的更多在站空箱,这一部分无法抵消空箱调配箱数的整体下降趋势,只能在一定程度上减缓下降幅度。$p^1 = p^2 > 0.8$ 时实际空箱走行公里提升,原因在于空箱供给站、需求站的变化导致更远运输距离空箱调配OD的出现,使得虽然调配箱数比较小,但实际空箱走行公里数更大。

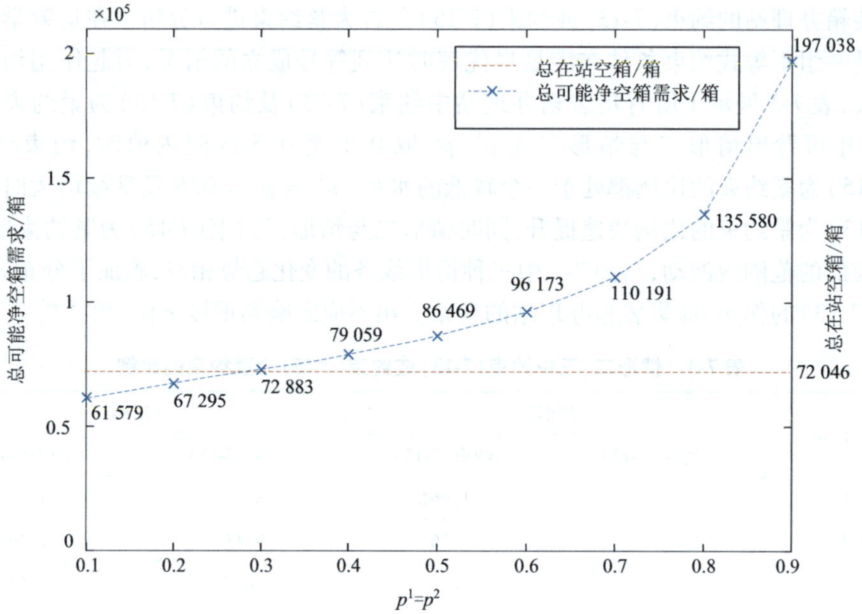

图 7-2　总可能净空箱需求随 p^1、p^2 变化情况

图 7-3 为 p^1、p^2 取 0.4、0.6、0.8、0.9 服务水平参数组合时，全路空箱调配方案中，经由集结站运输的空箱数量分别为 17 511、9 840、4 847、8 651 箱，分别占总调配空箱的 32.9%、20.8%、12.2%、22.1%，结合图 7-1 中情形三的空箱走行公里变化趋势，说明长距离运输的跨局空箱对空箱走行公里影响较大。以济南局集团公司为例，各组合下外局调入的空箱数分别为 2 716（哈尔滨局集团公司、南昌局集团公司、郑州局集团公司）、0、0、1 207（哈尔滨局集团公司、郑州局集团公司）箱。

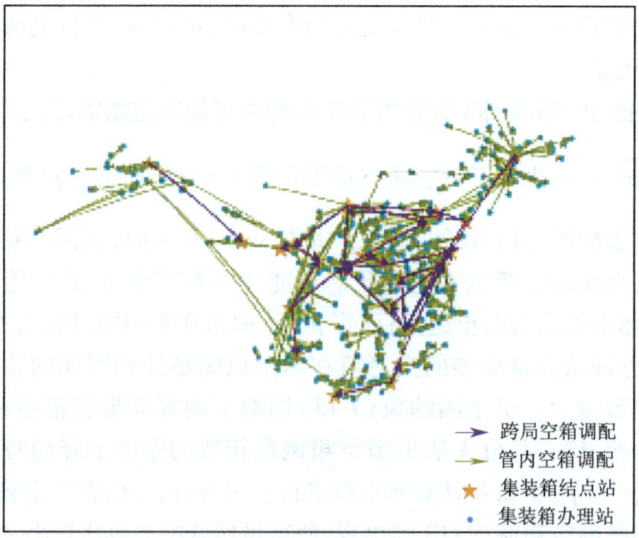

（a）$p^1=p^2=0.4$

图 7-3　部分 p^1、p^2 参数组合下的空箱调配方案

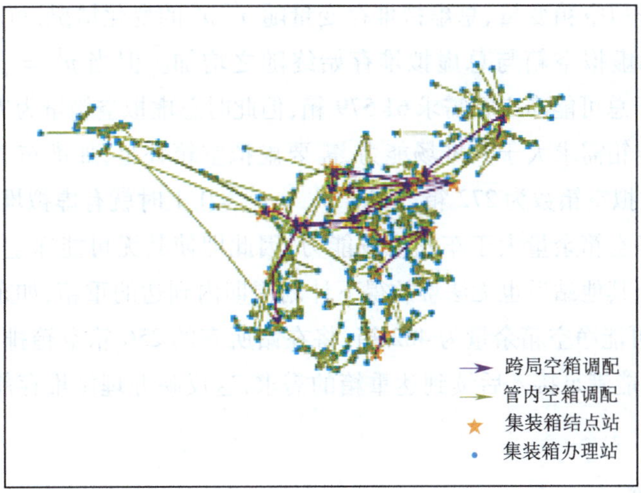

(b) $p^1=p^2=0.6$

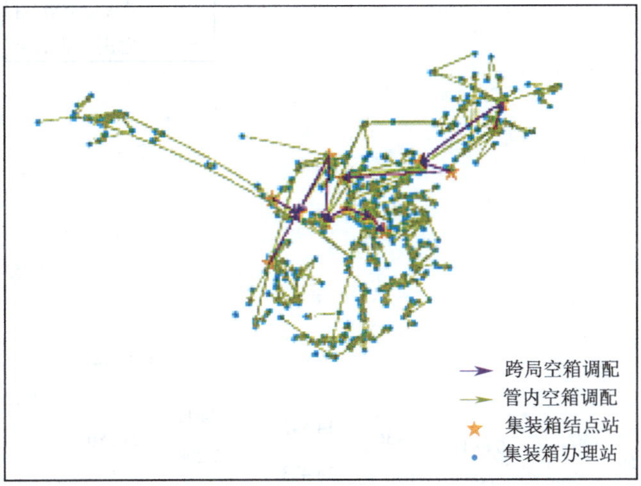

(c) $p^1=p^2=0.8$

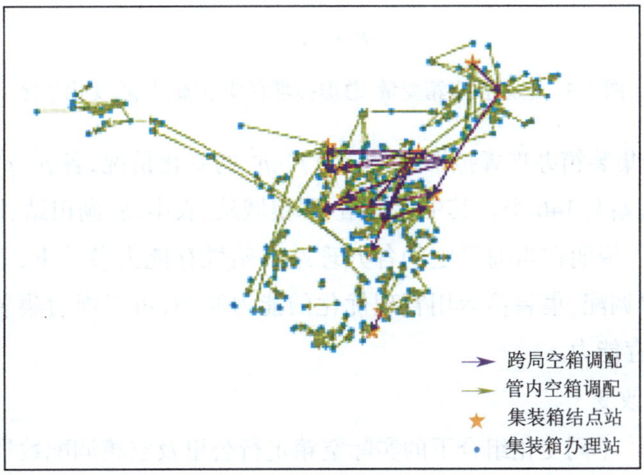

(d) $p^1=p^2=0.9$

图 7-3　部分 p^1、p^2 参数组合下的空箱调配方案(续)

图 7-4 为总虚拟空箱变量、总虚拟堆存变量随 p^1、p^2 的变化情况，可看出在 p^1、p^2 同时增大的过程中，总虚拟空箱与总虚拟堆存始终随之增加。但当 $p^1 = p^2 = 0.1$ 时，在站 72 046 箱空箱大于总可能净空箱需求 61 579 箱，但此时总虚拟空箱量为 7 559 箱，说明部分办理站的可能净空箱需求大于其堆场能力，需要虚拟空箱补足，如准东北站的可能净空箱需求为2 634箱，虚拟空箱数为 272 箱。同时 $p^1 = p^2 = 0.1$ 时就有虚拟堆存量产生，原因在于部分车站可能净空箱余量大于车站堆场能力，因此即使其无可能净空箱需求，将当前在站空箱全部排出至其他站后也无法堆放得下计划周期内到达的重箱，如东镇站可能净空箱需求为 −321 箱，可能净空箱余量为 462 箱，将在站所有的 256 箱空箱排出后，虚拟堆存变量取值为 92，仍不能满足接入后续到达重箱的需求，这反映办理站堆存能力对空箱调配结果的影响。

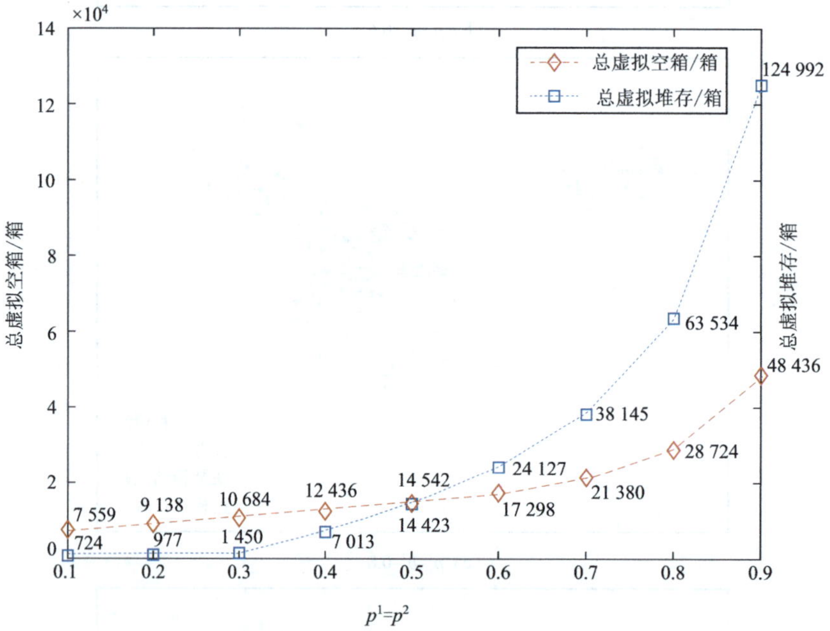

图 7-4　总虚拟空箱变量、总虚拟堆存变量随 p^1、p^2 变化情况

图 7-5 为部分集装箱办理虚拟堆存变量随 p^1、p^2 的变化情况，各 p^1、p^2 水平下虚拟变量求和大于 0 的办理站共 146 个。其中瓦窑站、军粮城站、农中站、湖田站、桓台站等为虚拟变量之和较大的车站，说明在当前设定的各办理站空箱堆存能力参数下，上述集装箱办理站的堆场能力是空箱调配、集装箱运用管理优化的能力瓶颈，可考虑对集装箱堆场进行改扩建，提高办理站堆存能力。

2. p^1、p^2 分别改变

图 7-6 为 p^1、p^2 不同变化组合下的实际空箱走行公里及空箱调配数量。当 p^2 取某一固定值时，实际空箱走行公里、空箱调配数量随 p^1 的提高而降低，原因为随着 p^1 的提升，需为各办理站预留更多当前在站空箱用于保证更高服务水平的装箱与发重。在实际生产调度

过程中，可通过 p^1 的合理取值，促进集装箱空箱在供需不平衡时的合理调配。如空箱需求大于供给时，p^1 取较小值可减少各办理站预留空箱的数量；空箱需求小于供给时，p^1 取较大值可减少空箱的无效周转。

当 p^1 取某一固定值时，实际空箱走行公里、空箱调配数量随 p^2 的变化呈现先上升后下降

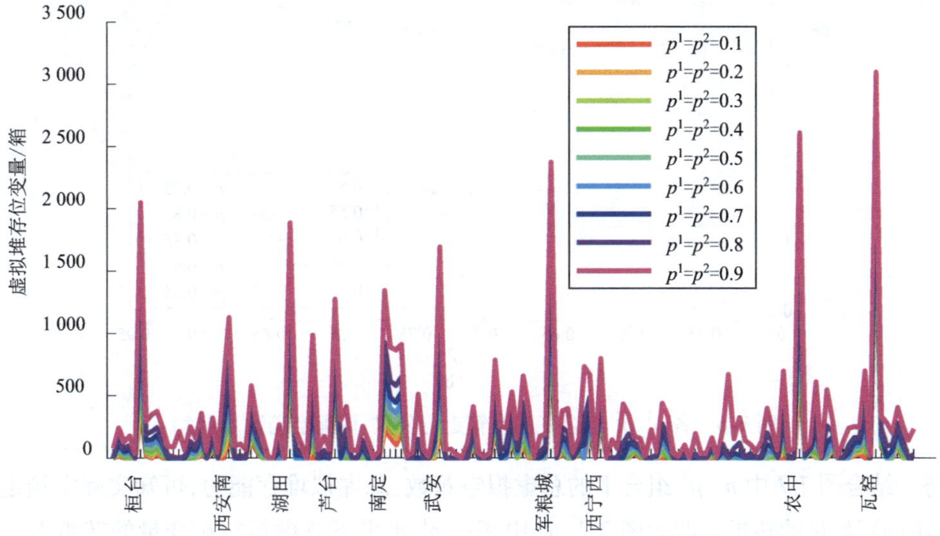

图 7-5　各集装箱办理虚拟堆存变量随 p^1、p^2 的变化情况

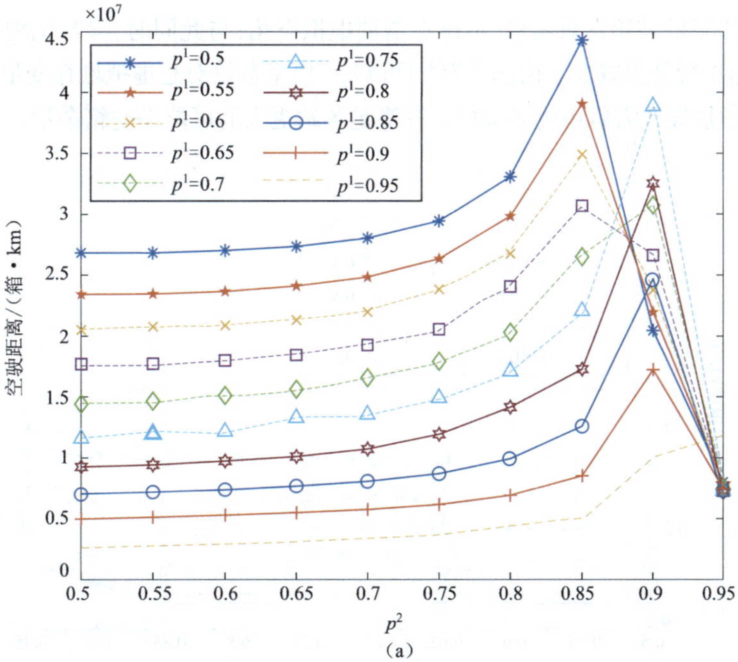

图 7-6　各 p^1、p^2 组合下的空箱走行公里、调配空箱数量

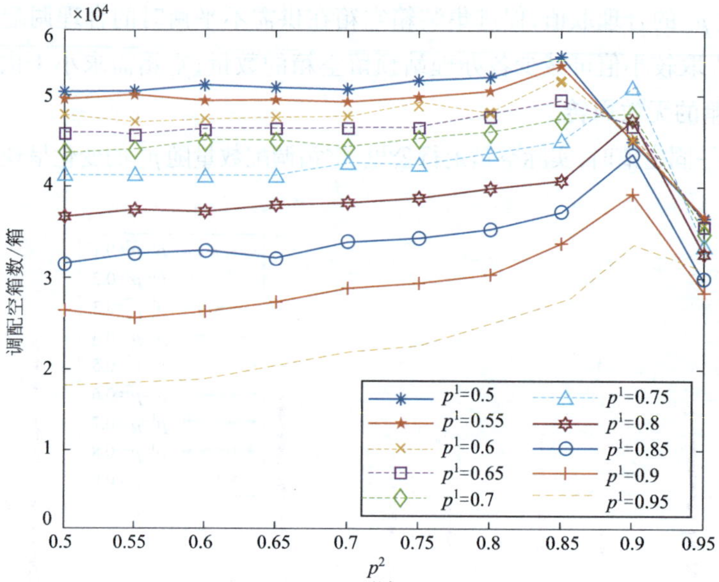

(b)

图 7-6　各 p^1、p^2 组合下的空箱走行公里、调配空箱数量(续)

的趋势。结合图 7-7 中 p^1、p^2 组合下的总虚拟空箱数、总虚拟堆存能力,可知实际空箱走行公里、空箱调配数量的转折点即为图 7-7(a)中相应 p^1 水平下总虚拟空箱变量的转折点。当 p^2 取转折点之后的值时,更多办理站的可能净空箱需求、可能净空箱余量均大于 0,可能净空箱需求大于 0 说明办理站需确保有一定空箱,若当前在站空箱不够需调入,但结合大于 0 的可能净空箱余量,可能出现办理站受空箱堆存能力限制而无法从其他车站调入空箱的情况,最终为了满足一定概率下的装箱发重需求,不得不增加虚拟空箱;与此同时,参与调配的空箱数不断减少,实际空箱走行公里减少。由图 7-7(b)可知 p^2 概率参数对总虚拟堆存变量的影响占主导地位,p^2 值的增加导致需启用更多虚拟堆存满足各站更大的可能净空箱余量。

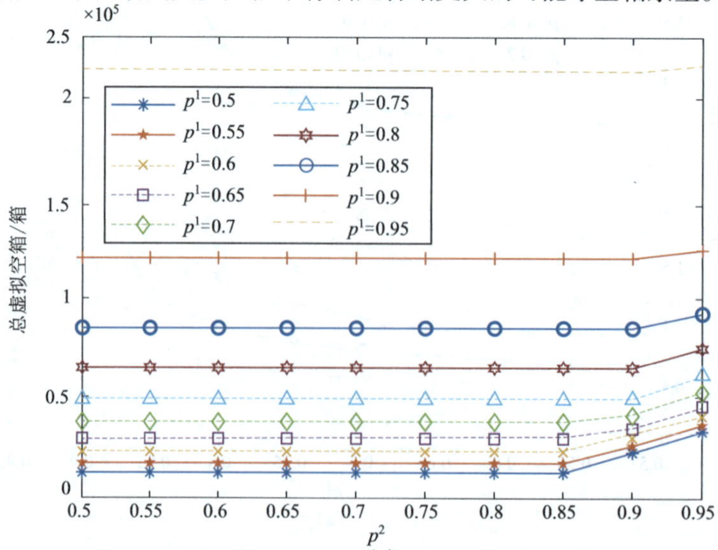

(a)

图 7-7　各 p^1、p^2 组合下的总虚拟空箱变量、总虚拟堆存变量

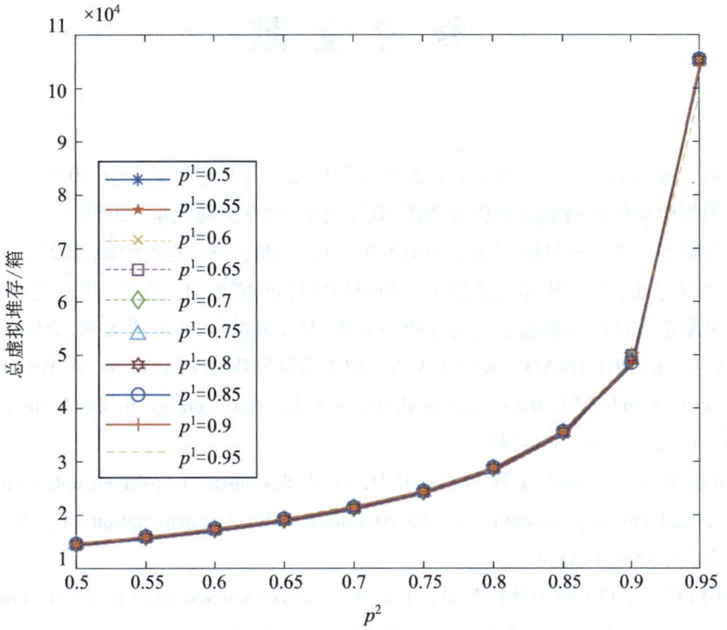

(b)

图7-7　各 p^1、p^2 组合下的总虚拟空箱变量、总虚拟堆存变量(续)

图7-8 为各 p^1、p^2 组合下的奈曼站调出空箱数(相应调入空箱数均为0),可知当 p^2 固定时,p^1 概率参数通过影响全路调配空箱数量确定奈曼站调出空箱数的总体水平;当 p^1 固定时,若对系统服务水平提出更高要求,p^2 概率参数通过促进典型空箱"排空站"外排空箱来影响奈曼站调出空箱的数量。

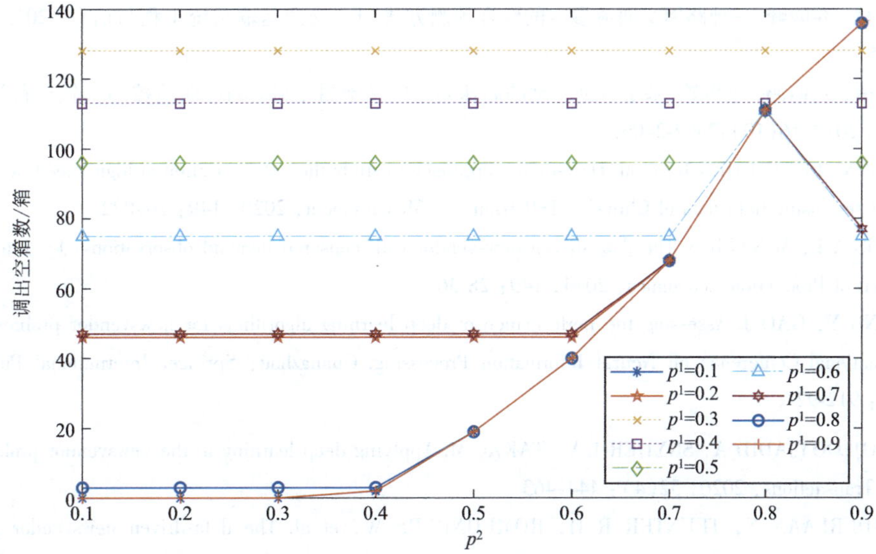

图7-8　各 p^1、p^2 组合下的奈曼站调出空箱数

参 考 文 献

[1]卢水生. 基于数据驱动的铁路集装箱空箱调配研究[D]. 北京:北京交通大学,2022.

[2]王舒啸. 基于数据驱动的铁路事故分析及预测[D]. 北京:北京交通大学, 2017.

[3]曹文秀. 基于数据驱动的高速铁路客运量预测研究[D]. 兰州:兰州交通大学, 2021.

[4]李诗林. 基于运输与维修数据驱动的铁路集装箱耐用性评价方法[D]. 北京:北京交通大学, 2018.

[5]鲁斌. 基于数据驱动方法的车辆跟驰行为建模与分析[D]. 成都:西南交通大学, 2017.

[6]MELNIKOV V R, KRZHIZHANOVSKAYA V V, BOUKHANOVSKY A V, et al. Data-driven modeling of transportation systems and traffic data analysis during a major power outage in the Netherlands[J]. Procedia Computer Science, 2015, 66: 336-345.

[7]KAMANDANIPOUR K, NASIRI M M, KONUR D, et al. Stochastic data-driven optimization for multi-class dynamic pricing and capacity allocation in the passenger railroad transportation[J]. Expert Systems With Applications, 2020, 158: 113568.

[8]HUBER J, MÜLLER S, FLEISCHMANN M, et al. A data-driven newsvendor problem: From data to decision [J]. European Journal of Operational Research, 2019, 278(3): 904-915.

[9]BAN G Y, RUDIN C. The big data newsvendor: Practical insights from machine learning[J]. Operations Research, 2019, 67(1): 90-108.

[10]LEVI R, PERAKIS G, UICHANCO J. The data-driven newsvendor problem: New bounds and insights[J]. Operations Research, 2015, 63(6): 1294-1306.

[11]CHEN C, XU X H, ZOU B P, et al. Optimal decision of multiobjective and multiperiod anticipatory shipping under uncertain demand: A data-driven framework [J]. Computers & Industrial Engineering, 2021, 159: 107445.

[12]聂佩林, 龚峻峰. 一种路网交通流参数的融合预测方法[J]. 交通运输系统工程与信息, 2015,15(6): 39-45.

[13]连文博, 刘伯鸿, 李婉婉. 基于数据驱动的高速列车广义预测控制器的性能监控[J]. 铁道科学与工程学报, 2019,16(10):2402-2406.

[14]CHI Z X, LIN J, CHEN R, et al. Data-driven approach to study the polygonization of high-speed railway train wheel-sets using field data of China's HSR train[J]. Measurement, 2020, 149: 107022.

[15]SACHS A L, MINNER S. The data-driven newsvendor with censored demand observations[J]. International Journal of Production Economics, 2014, 149: 28-36.

[16]ZHANG Y, GAO J. Assessing the performance of deep learning algorithms for newsvendor problem[C]// International Conference on Neural Information Processing. Guangzhou: Springer International Publishing, 2017: 912-921.

[17]OROOJLOOYJADID A, SNYDER L V, TAKÁČ M. Applying deep learning to the newsvendor problem[J]. IISE Transactions, 2020, 52(4): 444-463.

[18]VANDERLAAN N, TEUNTER R H, ROMEIJNDERS W, et al. The data-driven newsvendor problem: Achieving on-target service-levels using distributionally robust chance-constrained optimization [J]. International Journal of Production Economics, 2022, 249: 108509.

[19]NEGHAB D P, KHAYYATI S, KARAESMEN F. An integrated data-driven method using deep learning for a newsvendor problem with unobservable features[J]. European Journal of Operational Research, 2022, 302

(2): 482-496.

[20]PRAK D, TEUNTER R. A general method for addressing forecasting uncertainty in inventory models[J]. International Journal of Forecasting, 2019, 35(1): 224-238.

[21]MAMANI H, NASSIRI S, WAGNER M R. Closed-form solutions for robust inventory management[J]. Management Science, 2017, 63(5): 1625-1643.

[22]ZHI B, WANG X, XU F. Managing inventory financing in a volatile market: A novel data-driven copula model[J]. Transportation Research Part E: Logistics and Transportation Review, 2022, 165: 102854.

[23]MISRA S C. Linear programming of empty wagon disposition[J]. Rail International, 1972, 3(3): 151-158.

[24]JORDAN W C, TURNQUIST M A. A stochastic dynamic network model for rational car distribution[J]. Transportation Science, 1983,17(2): 123-145.

[25]GORMAN M F, ACHARYA D, SELLERS D. CSX railway uses OR to cash in on optimized equipment distribution[J]. Interfaces, 2012, 40(1): 5-16.

[26]GORMAN M F, CROOK K, SELLERS D. North American freight rail industry real-time optimized equipment distribution systems: State of the practice[J]. Transportation Research Part C: Emerging Technologies, 2011, 19(2): 103-114.

[27]WANG R, ZHAO X, YU W H, et al. The study on empty containers allocation in the container transportation[C]//2008 International Conference on Industrial Engineering and Engineering Management. Singapore: Institute of Electrical and Electronics Engineers, 2008: 1678-1683.

[28]张高鹏.箱种及车种代用下铁路集装箱空箱调配研究[J].交通科技与经济, 2015,17(5):95-98.

[29]CHANG H, JULA H, CHASSIAKOS A, et al. A heuristic solution for the empty container substitution problem[J]. Transportation Research Part E : Logistics and Transportation Review, 2008, 44(2): 203-216.

[30]SHINTANI K, KONINGS R, IMAI A. Combinable containers: A container innovation to save container fleet and empty container repositioning costs[J]. Transportation Research Part E: Logistics and Transportation Review, 2019, 130: 248-272.

[31]胡剑鹏, 罗霞, 甘易玄.基于时间窗和最低排空要求的集装箱空箱调运优化研究[J].铁道运输与经济, 2020,42(7):79-85.

[32]FLOREZ H. Empty container repositioning and leasing: An optimization model[D]. New York: Polytechnic Institute of New York, 1986.

[33]CRAINIC T G, GENDREAU M, DEJAX P. Modelling the container fleet management problem using a stochastic dynamic approach[C]//Operational Research. New York: Pergamum Press, 2003:473-483.

[34]刘超.基于 Petri 网的铁路集装箱空箱调运优化研究[D].上海:同济大学, 2009.

[35]张得志, 谢如鹤, 黄孝章.铁路集装箱空箱调度模型及求解算法[J].中国铁道科学, 2003(3): 126-130.

[36]段刚, 陈莉, 李引珍, 等.基于鲁棒软时间窗的铁路集装箱空箱调运优化研究[J].铁道学报, 2015,37(9):8-16.

[37]SHEN W S, KHOONG C M. A DSS for empty container distribution planning[J]. Decision Support Systems, 1995, 15(1): 75-82.

[38]彭华.铁路集装箱空箱动态优化调度研究[D].重庆:重庆大学, 2008.

[39]常空.不确定条件下铁路集装箱空箱调运优化研究[D].成都:西南交通大学, 2019.

[40]邢磊, 靳志宏, 王小寒, 等.基于分布式鲁棒机会约束的中欧班列空箱调运优化[J].铁道学报, 2020,42(9):17-25.

[41]李永军, 段刚, 陈莉, 等.基于技术站改编作业的集装箱空箱调运鲁棒优化[J].铁道科学与工程学报, 2016,13(3):583-589.

[42]王勇. 基于海铁联运的集装箱空箱调运研究[D]. 成都:西南交通大学, 2013.
[43]许晓毅. 多式联运下的集装箱空箱调运问题研究[D]. 大连:大连海事大学, 2008.
[44]ZHENG J, SUN Z, ZHANG F. Measuring the perceived container leasing prices in liner shipping network design with empty container repositioning[J]. Transportation Research Part E: Logistics and Transportation Review, 2016, 94: 123-140.
[45]WONG E Y, TAI A H, RAMAN M. A maritime container repositioning yield-based optimization model with uncertain upsurge demand[J]. Transportation Research Part E: Logistics and Transportation Review, 2015, 82: 147-161.
[46]KO M D. An intelligent, empty container dispatching system model using fuzzy set theory and genetic algorithm in the context of industry 4.0[J]. Enterprise Information Systems, 2020, 15(9): 1298-1321.
[47]LU T, LEE C Y, LEE L H. Coordinating pricing and empty container repositioning in two-depot shipping systems[J]. Transportation Science, 2020, 54(6): 1697-1713.
[48]LUO T, CHANG D, XU Z. Forwarder's empty container ordering and coordination considering option trading in the container transportation service chain[J]. Computers & Industrial Engineering, 2021, 156: 107251.
[49]CHEN K, LU Q, XIN X, et al. Optimization of empty container allocation for inland freight stations considering stochastic demand[J]. Ocean Coastal Manage, 2022, 203: 106366.
[50]刘殿兴. 基于 OD 的差异化铁路货物运到期限研究[D]. 北京:北京交通大学, 2017.
[51]邓蕲. 基于随机森林算法的铁路货物运到时间预测研究[D]. 北京:北京交通大学, 2020.
[52]BAI S, KOLTER J Z, KOLTUN V. An empirical evaluation of generic convolutional and recurrent networks for sequence modeling[J]. arXiv:1803.01271, 2018.
[53]LIPTON Z C, BERKOWITZ J, ELKAN C. A critical review of recurrent neural networks for sequence learning[J]. arXiv:1506.00019, 2015.
[54]CHUNG J, GULCEHRE C, CHO K H, et al. Empirical evaluation of gated recurrent neural networks on sequence modeling[J]. arXiv:1412.3555, 2014.
[55]WANG X, ZHOU P, PENG X, et al. Fault location of transmission line based on CNN-LSTM double-ended combined model[J]. Energy Reports, 2022, 8: 781-791.
[56]LUO S, NI Z, ZHU X, et al. A novel methanol futures price prediction method based on multicycle CNN-GRU and attention mechanism[J]. Arabian Journal for Science and Engineering, 2023, 48(2): 1487-1501.
[57]薛薇. SPSS 统计分析方法及应用[M]. 3 版. 北京: 电子工业出版社, 2013.
[58]AHMADIZAR F, ZEYNIVAND M. Bi-objective supply chain planning in a fuzzy environment[J]. Journal of Intelligent & Fuzzy Systems, 2014,26(1): 153-164.
[59]CAI M Y, LI H D, GUO Z Q, et al. Data-driven empty container repositioning for large scale railway network with fuzzy demands[J]. IEEE Transactions on Fuzzy Systems, 2023, 31(2): 557-570.
[60]JIANG R, GUAN Y. Data-driven chance constrained stochastic program[J]. Mathematical Programming, 2016, 158(1): 291-327.
[61]GHAOUI L E, OKS M, OUSTRY F. Worst-case value-at-risk and robust portfolio optimization: A conic programming approach[J]. Operations research, 2003, 51(4): 543-556.

附录 集装箱办理站空箱供需预测值及预测误差

附表 1 集装箱办理站空箱供给预测值及预测误差

序号	车站	供给预测值	RMSE	序号	车站	供给预测值	RMSE
1	吴集站	930	41	35	昌吉站	83	6
2	魏家泉站	752	21	36	勉西站	82	9
3	玉溪南站	416	12	37	马龙站	79	6
4	呼和浩特南站	363	4	38	青白江站	74	3
5	巢湖西站	349	1	39	喀什站	73	2
6	金泉南站	346	5	40	湛江西站	71	6
7	桓台站	341	20	41	杭州北站	69	9
8	奎屯站	317	11	42	四平站	69	11
9	石河子站	255	22	43	俄霍布拉克站	68	2
10	马鞍山站	247	4	44	水城站	66	7
11	兴卫村站	242	7	45	双辽站	62	3
12	锦州港站	224	12	46	大弯镇站	61	14
13	碱柜站	203	3	47	商洛站	60	7
14	富蕴站	175	5	48	遵化北站	57	2
15	新兴镇站	174	14	49	滁州北站	57	1
16	沧州站	168	26	50	东镇站	57	11
17	五五站	162	1	51	金帛湾站	57	13
18	莱芜东站	161	11	52	连界站	57	7
19	阜阳站	156	5	53	枝城站	57	4
20	玛纳斯站	152	8	54	阿克苏站	56	1
21	春湾站	132	8	55	包头北站	55	7
22	农中站	129	37	56	惠州站	55	7
23	芦草沟站	125	3	57	哲里木站	53	4
24	八里庄站	118	18	58	湖田站	51	18
25	瓦窑站	107	16	59	修文站	50	4
26	二连站	106	2	60	金港站	48	7
27	漯口站	102	4	61	准东站	47	5
28	菏泽站	100	0	62	长春东站	47	9
29	公乌素站	100	4	63	桃花村站	47	5
30	库车站	92	8	64	开封站	46	5
31	铜山站	91	14	65	蒲阳站	46	5
32	京唐港站	86	6	66	汉沽站	45	10
33	叶城站	84	1	67	东光站	44	9
34	平原站	84	6	68	召壕站	42	7

续上表

序号	车站	供给预测值	RMSE	序号	车站	供给预测值	RMSE
69	轮台站	41	9	105	呼和浩特站	25	6
70	常平站	41	12	106	吉林北站	25	3
71	甘泉堡站	40	10	107	青龙寺站	25	6
72	绿化站	40	2	108	邹城站	25	8
73	玉门沟站	40	7	109	袁北站	24	7
74	庙梁站	40	10	110	包头东站	24	3
75	蒙自北站	39	12	111	晏城站	24	8
76	前卫站	39	11	112	晏城北站	24	2
77	钦州港站	39	5	113	顺昌站	23	1
78	芦台站	38	11	114	邢台南站	23	19
79	养马河站	38	8	115	沈丘站	23	5
80	霍州站	37	1	116	坂田站	23	5
81	青龙场站	37	3	117	江高镇站	23	4
82	泊头站	37	10	118	贾庵子站	22	4
83	新香坊站	36	6	119	西宁西站	22	4
84	钱清站	36	3	120	兴义站	22	0
85	狮子营站	34	8	121	杜尔伯特站	22	3
86	辰溪站	34	6	122	花园子站	22	4
87	大理东站	34	4	123	梅州站	21	3
88	侯家坪站	34	5	124	谭家场站	21	4
89	大朗站	33	6	125	锡林浩特站	21	3
90	义马站	32	3	126	梅家坪站	20	5
91	德保站	31	12	127	渑池站	18	2
92	颜庄站	31	5	128	兴隆山站	18	8
93	王家营西站	31	8	129	珠海西站	18	5
94	富拉尔基站	30	4	130	双寨站	17	2
95	合肥北站	30	1	131	读书铺站	17	6
96	梧州站	30	3	132	六盘水站	17	1
97	瓦房店站	29	0	133	丽江东站	17	2
98	增城西站	29	3	134	平湖南站	17	7
99	徐州北站	28	9	135	闫庄则站	17	34
100	迁安站	27	4	136	小黄山站	16	2
101	东大沽站	26	29	137	库尔勒东站	16	6
102	渭城站	26	10	138	康城站	16	9
103	武安站	26	20	139	沙良站	16	7
104	鱼嘴站	26	4	140	石龙站	16	10

续上表

序号	车站	供给预测值	RMSE	序号	车站	供给预测值	RMSE
141	小李庄站	16	5	177	呼和温都尔站	10	5
142	自贡南站	16	4	178	涡阳站	10	6
143	莫嘎图站	15	4	179	兴县站	9	3
144	大足站	15	3	180	柳树泉站	9	1
145	西安国际港站	15	6	181	金珠站	9	2
146	宣化站	15	4	182	茂名东站	9	2
147	驻马店站	15	4	183	牌楼站	9	3
148	漳平站	14	4	184	万盛南站	9	7
149	曲沃站	14	5	185	乌海西站	8	2
150	塔城站	14	2	186	安阳西站	8	7
151	策克站	14	3	187	陶思浩站	8	7
152	格尔木站	14	3	188	博乐东站	7	6
153	贵港站	14	4	189	大桥站	7	2
154	资阳站	14	3	190	德州站	7	5
155	资中站	14	3	191	宁县南站	7	1
156	邹坞站	14	5	192	农安站	7	3
157	黑石铺站	13	2	193	王木匠站	7	8
158	团瓢庄站	13	3	194	镇海西站	7	11
159	三葛庄站	12	9	195	和田站	6	1
160	咸水沽站	12	6	196	平山站	6	4
161	杨行站	12	4	197	新乡站	6	1
162	旧堡站	12	3	198	达州站	6	2
163	七台河站	12	9	199	蔺家楼站	6	4
164	迤资站	12	1	200	眉山站	6	2
165	米泉站	11	3	201	木里图站	6	5
166	曲靖站	11	3	202	滥坝站	5	3
167	厦门高崎站	11	3	203	聂庄站	5	1
168	白银市站	11	3	204	杨屯站	5	3
169	聊城站	11	9	205	远达站	5	9
170	龙津沟站	11	2	206	芦家屯站	5	3
171	枝江站	11	5	207	长兴岛港站	5	5
172	巴音达拉站	10	2	208	蔡家沟站	5	4
173	奎屯西站	10	5	209	向塘站	4	3
174	北屯市站	10	1	210	改貌站	4	1
175	西林站	10	5	211	霍林河站	4	1
176	安口南站	10	1	212	酒泉站	4	1

续上表

序号	车站	供给预测值	RMSE	序号	车站	供给预测值	RMSE
213	阳春站	4	3	226	都拉营站	2	3
214	南定站	4	4	227	合川站	2	2
215	普兴站	4	13	228	马林站	2	4
216	伊通站	4	3	229	无锡西站	1	1
217	牛栏山站	4	5	230	西邑站	1	2
218	罕台川站	3	3	231	玉门东站	1	11
219	巴特站	3	4	232	新河镇站	1	3
220	东胜西站	3	11	233	新浦东站	1	1
221	新港站	3	18	234	曹妃甸南站	1	1
222	长沙北站	3	7	235	广安站	1	2
223	宝鸡东站	2	1	236	黄梅站	1	2
224	马仗房站	2	5	237	三门峡西站	1	3
225	北安站	2	2	238	兖州西站	1	12

附表 2　集装箱办理站空箱需求预测值及预测误差

序　号	车　　站	需求预测值	RMSE	序　号	车　　站	需求预测值	RMSE
1	将军庙站	1 236	43	33	海石湾站	82	13
2	准东北站	942	48	34	渤海西站	80	14
3	沙河驿镇站	912	39	35	穿心店站	79	8
4	防城港站	578	39	36	马兰站	77	2
5	洼里站	494	2	37	五家子站	76	10
6	墟沟北站	493	33	38	哈尔滨南站	75	13
7	黄岛站	294	58	39	包头西站	74	19
8	乐土驿站	284	2	40	衢州东站	70	3
9	嘉峰站	258	14	41	钟山站	69	6
10	燕岗站	216	7	42	阿拉山口站	57	5
11	上板城站	208	2	43	分宜站	57	3
12	柏果站	197	4	44	鱼儿沟站	55	6
13	定南站	193	24	45	京山站	53	5
14	烟台站	192	15	46	马角坝站	50	11
15	乌西站	187	5	47	戎庄站	50	4
16	青町站	165	2	48	喀谷站	47	4
17	喀拉玉尔滚站	159	1	49	明城站	47	6
18	侯马北站	154	16	50	玛纳斯湖站	47	2
19	红果站	136	13	51	大新站	42	3
20	鲅鱼圈北站	132	7	52	孝南站	42	10
21	潘集西站	116	8	53	年家岗站	40	4
22	烟筒山站	110	5	54	枣林站	40	9
23	鲁舒站	108	11	55	高头窑站	40	17
24	新台子站	106	2	56	得胜台站	39	9
25	日照站	103	24	57	山城镇站	39	5
26	珠江源站	99	6	58	平定站	38	4
27	石家庄西站	99	6	59	昭通站	38	3
28	惠农站	98	10	60	定州站	38	5
29	隆化站	95	8	61	林歹南站	38	5
30	王瞳站	93	5	62	庙岭站	38	6
31	兴国站	87	15	63	发耳站	37	7
32	凤州站	84	7	64	赤峰东站	37	6

续上表

序 号	车 站	需求预测值	RMSE	序 号	车 站	需求预测值	RMSE
65	榆树站	36	2	97	祥云西站	20	9
66	宁武站	35	7	98	小宋站	20	15
67	玉田县站	35	2	99	白城北站	19	5
68	殷庄站	34	3	100	芦岭站	19	10
69	嘉祥站	33	9	101	查汗淖站	19	8
70	吐鲁番站	32	6	102	平罗站	19	3
71	承德站	31	4	103	阳城站	18	0
72	万州站	31	4	104	随阳店站	18	5
73	延安北站	31	1	105	武昌南站	18	4
74	清河门站	30	4	106	乌东站	17	8
75	阁老坝站	29	1	107	饮马峡站	17	0
76	界河站	29	5	108	蔡家崖站	17	12
77	哈密站	29	7	109	安达站	17	4
78	海拉尔站	29	2	110	白羊墅站	17	4
79	久长站	29	3	111	灯塔站	17	7
80	喀什北站	29	1	112	二郎庙站	17	5
81	凯里西站	26	5	113	平遥站	16	3
82	连云站	25	41	114	东来站	16	0
83	华亭站	25	11	115	中滩站	16	8
84	中谊村站	25	6	116	圣佛站	16	6
85	上铺站	25	5	117	清涧站	15	0
86	乌海北站	25	8	118	郴州南站	15	5
87	大佛寺站	25	8	119	敖日格勒站	15	3
88	石林南站	25	7	120	察尔汗站	14	2
89	商水站	24	5	121	军粮城站	14	25
90	滦县东站	23	5	122	小屯站	14	12
91	辛置站	23	4	123	新街站	14	2
92	曹家伙场站	22	3	124	元宝山站	14	8
93	中宁东站	22	8	125	长征站	14	7
94	本溪站	22	3	126	茂名西站	13	5
95	长子站	21	7	127	下南泉站	13	4
96	铜仁东站	20	5	128	苏桥站	13	3

续上表

序　号	车　　站	需求预测值	RMSE	序　号	车　　站	需求预测值	RMSE
129	金坑站	13	4	165	石家站	9	4
130	林歹站	13	5	166	兖州北站	8	1
131	寿阳站	13	2	167	大红门站	8	9
132	阳泉站	12	5	168	金沙湾站	8	9
133	董家口南站	12	9	169	丽水站	8	3
134	黎塘站	12	3	170	千河站	8	7
135	昔阳站	12	1	171	双河站	8	3
136	赵城站	12	13	172	小雨谷站	8	5
137	西河站	12	5	173	里澜城站	7	8
138	坎市站	12	4	174	李家平站	7	2
139	南关站	12	6	175	水目山站	7	4
140	云梦站	12	2	176	东莞东站	7	14
141	长治北站	12	5	177	黄堡站	7	3
142	彬州西站	11	2	178	星火乡站	7	6
143	疏勒站	11	1	179	曹妃甸站	6	5
144	伊宁东站	11	6	180	皋埠站	6	11
145	义安站	11	5	181	官庄站	6	8
146	布列开站	10	4	182	马海站	6	5
147	商丘站	10	6	183	团结村站	6	2
148	曹妃甸西站	10	14	184	新安镇站	6	3
149	查布嘎站	10	7	185	克拉玛依北站	5	3
150	满洲里站	10	10	186	五星站	5	2
151	圃田站	10	2	187	塔什店站	5	2
152	三原站	10	3	188	南宁南站	5	0
153	周口站	10	1	189	九江北站	5	2
154	新立屯站	10	5	190	黄山站	4	1
155	八景站	9	2	191	阿荣旗站	4	2
156	石窑店站	9	5	192	韩城站	4	3
157	三门峡站	9	5	193	河边站	4	3
158	铁山港站	9	1	194	江油站	4	8
159	乌苏站	9	5	195	柳沟站	4	4
160	察汗诺站	9	6	196	西宁站	4	4
161	白壁关站	9	8	197	襄阳站	4	3
162	勃利站	9	3	198	鹰潭南站	4	7
163	邯郸站	9	4	199	佳木斯站	3	0
164	神头站	9	4	200	介休站	3	7

续上表

序号	车站	需求预测值	RMSE	序号	车站	需求预测值	RMSE
201	红光站	3	0	211	广顺场站	2	2
202	密山站	3	2	212	陆良站	2	2
203	遂溪站	3	3	213	章丘站	2	7
204	达布逊站	3	8	214	小寺沟站	2	5
205	化处站	3	4	215	师宗站	1	2
206	骆驼巷站	3	7	216	大保当站	1	3
207	漯河南站	3	3	217	城厢站	1	9
208	万安站	3	7	218	二塘区站	1	4
209	平陵城站	2	1	219	老边站	1	7
210	黟县站	2	3				